AVANT-PROPOS

COMMENT APPRENDRE A PARLER CHINOIS SANS PEINE

En lisant ou en écoutant les leçons un quart d'heure chaque jour, et en répétant plusieurs fois chaque phrase, les unes après les autres, vous parviendrez peu à peu à apprendre à parler chinois, sans trop de difficultés.

La méthode "ASSIMIL" consiste à comprendre **puis** à parler. En lisant le texte transcrit en phonétique chinoise et en le comparant au texte français situé en regard, en vous aidant de la traduction mot à mot qui figure dans les premières leçons, en étudiant attentivement les notes puis en relisant chaque phrase de la leçon vous consacrerez de façon efficace un quart d'heure quotidien à l'apprentissage de la langue chinoise.

Si vous disposez des enregistrements, il vous sera plus facile de répéter sans regarder le livre, et vous irez encore plus vite.

Les cinquante premières leçons constituent la période d'assimilation passive. Il vous est uniquement demandé de comprendre ce que vous lisez et entendez. **A partir de la cinquantième leçon, tout en continuant à étudier une nouvelle leçon chaque jour, vous reprendrez, en plus, dès la leçon un, l'étude, cette fois active, que nous appelons la "deuxième vague".** Vous traduirez la leçon, du français en chinois, et parviendrez ainsi à vous remémorer tous les éléments qui auraient pu s'estomper dans votre mémoire. De l'étude régulière, chaque jour, dépend la réussite de cette méthode ; consacrez quinze à vingt minutes uniquement à l'étude de chaque leçon, et vous parviendrez à participer à une conversation courante en chinois . . . . plus vite que vous ne le pensez !

SOMMAIRE

LE CHINOIS PARLÉ SANS PEINE

Introduction

Le chinois est une langue parlée par près d'un milliard d'habitants, en Chine et dans d'autres pays d'Asie du sud-est. Il existe en Chine une cinquantaine de dialectes, dont les plus importants sont le *cantonais*, le *shanghaïen*, le *hakka*. . . Dans certaines régions c'est même une langue totalement différente qui est parlée, comme au Tibet ou en Mongolie, où l'alphabet n'a rien à voir avec les "idéogrammes" chinois.
Cependant, sur tout le territoire, on parle aussi la "langue officielle", basée sur le parler de la Chine du Nord, et notamment sur le **dialecte de Pékin**. Cette langue, appelée autrefois "mandarin", est désignée en chinois sous le nom de "pŭtōnghuà", ou *langue commune.* Elle est en effet enseignée dans tous les établissements scolaires du pays, et désormais utilisée par presque toute la population des régions où existe une seconde langue ou un dialecte local.
C'est ce chinois "officiel" que nous vous aiderons à apprendre avec "LE CHINOIS PARLÉ SANS PEINE".
Il convient cependant tout de suite de signaler que la présente méthode n'insiste pas sur l'écriture chinoise et l'apprentissage des "idéogrammes".
Bien sûr, les livres et journaux en provenance de Chine sont pour l'instant encore tous imprimés en "caractères" chinois ; cependant le présent manuel n'a pas pour but dès à présent d'enseigner la lecture de ces documents. Il reste un manuel de **langue parlée**, et c'est la raison pour laquelle les textes sont donnés à la fois en idéogrammes, et retranscrits au moyen d'un système de transcription codifié, mis au point en Chine populaire pour l'enseignement de la langue et les communications internationales. Cet alphabet, le "pinyin", ou A.P.C. (Alphabet Phonétique Chinois)' est une étape vers le stade ultime de la simplification de l'écriture chinoise,

qui doit être une *écriture alphabétique.* Le code phonétique, préconisé par la Chine, et utilisé dans ce manuel, comporte quelques règles d'utilisation, qui sont exposées un peu plus bas. Dans un premier temps, les leçons contiendront également une transcription figurée, "à la française", pour soulager l'apprentissage oral lors de la phase initiale.

Il n'est donc pas nécessaire d'avoir assimilé en totalité le système phonétique de transcription pour commencer l'étude des premières leçons. On pourra consulter la prononciation figurée, ou se reporter au tableau des sons présenté à la suite de cette introduction. L'enregistrement du cours comporte, lui aussi, la liste des sons du chinois parlé.

Le principe de ce "CHINOIS PARLÉ SANS PEINE" : répéter les dialogues plusieurs fois, en comparant avec le texte français, étudier soigneusement les explications des constructions propres au chinois, puis reprendre le texte de la leçon, pour arriver à une mémorisation des expressions de base. Utilisez, si vous le pouvez, les enregistrements qui sont un outil précieux pour l'apprentissage d'une **langue à tons,** comme le chinois. Pour les plus courageux, qui souhaiteraient apprendre, non pas seulement à *parler* et à *comprendre* mais aussi à *lire* et à *écrire*, alors, l'étude minutieuse des leçons, en **idéogrammes**, s'avèrera indispensable.

La régularité dans l'étude est absolument nécessaire : mieux vaut y consacrer un quart-d'heure chaque jour plutôt que deux journées complètes par semaine !! Les leçons sont conçues pour être étudiées les unes après les autres. Rien n'empêche d'étudier plusieurs unités à la suite, à condition que ce ne soit pas au détriment de l'ensemble : assurez-vous que les leçons précédentes sont bien assimilées.

Quelques indications générales sur la grammaire chinoise permettront de comprendre l'utilisation de l'alphabet "pinyin" : Les caractères chinois sont des unités du langage qui permettent, en se combinant les uns avec les autres, de former des *mots .* Chaque caractère est monosyllabique, mais puisque notre étude, tout en donnant les "idéogrammes",s'appuie sur une transcription phonétique codée, nous ne considérerons que les *mots*, et non plus les caractères qui les composent : Un mot chinois peut être composé de une, deux ou plus de deux syllabes :

马 *mǎ*, "cheval" ;
方法 *fāngfǎ*, "méthode" ;
录音机 *lùyīnjī*, "magnétophone".

Les mots sont invariables ; les verbes ne se conjuguent pas :

我走 *wǒ zǒu* je m'en vais
他走 *tā zǒu* il s'en va
我们走 *wǒmen zǒu* nous nous en allons,
où 走 *zǒu* signifie "s'en aller".

Prononciation:
Chaque syllabe de la langue chinoise est prononcée avec un *ton* : c'est la hauteur et la courbe mélodique de la voix pour chaque syllabe. Il y a quatre tons en chinois, qu'il convient d'étudier avec le plus grand soin : une erreur de prononciation des tons peut entraîner les contresens les plus comiques . . . . . . ou les plus dangereux : 买 *mǎi* signifie "acheter", alors que 卖 *mài* veut dire "vendre", 你 *nǐ* veut dire "tu, toi" alors que 腻 *nì* signifie "gras". Il y a autant de différence entre 北极 *běijí*, "pôle nord", et 背脊 *bèiji* "le dos", *que po*ur un français entre "passage" et "basâge"!

Les quatre tons sont représentés avec les quatre signes suivants : ˉ ˊ ˇ ˋ . Ils sont expliqués en détail à la suite de la présentation de l'alphabet phonétique.

* * *

Rappelons une dernière fois que les deux composantes de l'introduction phonétique sont liées, et qu'il faut les étudier avec soin : *Les sons du chinois parlé* et *les quatre tons de la langue chinoise.* Ces deux étapes sont indispensables pour pouvoir comprendre . . . . . et se faire comprendre.
Et maintenant . . . . Bonne chance !

* * *

I – LES SONS DU CHINOIS PARLÉ

représentés au moyen de l'alphabet chinois "pinyin"

[Les sons introduits ci-dessous sont chacuns prononcés deux fois dans l'enregistrement. Reportez-vous si besoin est, à l'**INDEX** des sons de l'introduction]

LES VOYELLES

Il y a six voyelles de base : *a, o, e, i, u, ü*

a comme dans "ma", "malin"

o comme dans "mort", o ouvert

e e ouvert, comme dans "je", "leur"

i i comme dans "lit", "nid"

u ou comme dans ,"nou", "loup"

ü u comme dans "lu", "vu", "rue"

ainsi que trois diphtongues : *ie, ei, üe*

ie comme dans "nier", "loyer", "scié"

ei comme dans "paye", "raye", "oseille", "veille"

üe comme dans "hué", "ruée"

Ces voyelles peuvent se **combiner entre elles**, et donner les sons : *ai, ao, ou, ia, ua, uo, iao, iou, uai, uei*

ai comme dans "vaille", "ail", "limaille"

ao a + le "o" de "mort" comme "aorte"

ou le "o" de "mort" + le "ou" de "loup". Comme en anglais "low"

ia comme dans "piaf"

ua le "ou" de "loup" + a : comme "moi", " **loua**ble"

uo le "ou" de "houx" + le "o" de **mo**derne

iao i + a + le "o" de "mort"

iou i + le "o" de "mort" + le "ou" de "loup"

uai comme dans "**ouailles**"

uei le "ou" de "loup" + le "èye" de "veille"

Il y a 16 **voyelles consonantiques** : certaines sont nasalisées, dans ce cas elles se terminent par un "g" : *an, en, ang, eng, ong, ian, in, ing, iang, iong, uan, uen, uang, ueng, üan, üen*

an comme dans "Anne", mais sans trop prononcer le "n" !

en comme dans le "when" anglais, entre "aine" et "jeune", entre "mène" et "m**en**u"

ang comme dans "sang", mais **nasalisé**, sans toutefois prononcer trop le "g" !

eng comme "eung", comme dans "**un**tel", "**nain**", mais nasalisé, sans toutefois trop prononcer le "g" !

ong comme dans "long", "non", mais nasalisé

ian **Attention** ! cette voyelle se prononce comme le son "iène", comme "hyène", "mienne"

in comme dans "mine", "fine"

ing la même voyelle, mais nasalisée : la dynastie "Ming" (ne pas trop prononcer le"g")

iang nasalisée. Comme dans "client", "pliant", avec une nasale ; ne pas trop prononcer le "g" !

iong comme dans "plions", mais avec la nasalisation

uan "ou" + "ann" ; comme dans l'anglais "one". Comme "moine"

uen comme dans l'anglais "when", le "ou" de "loup" + "aine"

uang "ou" de "loup" + ang nasalisé (Monsieur WANG) (sans insister sur le "g")

ueng Comme dans "point", "moins", "loin", nasalisé

üan	le "u" de "jus" + le "ann" de "Anne"
üen	le "u" de "jus" + le "enn" de "mener"

Il faut enfin ajouter la voyelle er, qui correspond à la terminaison du mot anglais "flower" : la langue se recourbe et monte vers le haut du palais.

TABLEAU RECAPITULATIF DES VOYELLES du chinois parlé

	i	u	ü
a	ia	ua	
o		uo	
	ie		üe
e			
er			
ai		uai	
ei		uei	
ao	iao		
ou	iou		
an	ian	uan	üan
en	in	uen	üen
ang	iang	uang	
eng	ing	ueng	
ong	iong		

Conventions d'écriture :

— Le son **iou** précédé d'une consonne se transcrit **iu**, non précédé d'une consonne il s'écrit **you**.

— le son **uei** précédé d'une consonne se transcrit **ui**, non précédé d'une consonne on l'écrit **wei**.

— Le son **ian** est plus proche du français "hyène" que du "iane" de "liane".

— Lorsque les voyelles commençant par le son i ne sont pas précédées d'une consonne, le i se transcrit alors y. (Exception : pour i, in, ing qui conservent également dans ce cas le "i"). On a donc : yi, ya, ye, yao, you, yan, yin, yang, ying et yong.

— Lorsque les voyelles commençant par le son u ne sont pas précédées d'une consonne, le u se transcrit alors w (exception : u s'écrit wu). On a donc : wu, wa, wo, wai, wei, wan, wen, wang, weng

— Lorsque les voyelles commençant par le son ü ne sont pas précédées d'une consonne, le ü se transcrit alors yu : yu, yue, yuan, mais üen se transcrit yun.

— La voyelle uen, précédée d'une consonne, se transcrit un.
La voyelle üen, précédée d'une consonne, s'écrit ün.

— Pour les voyelles à terminaison nasale, il ne faut pas prononcer le "n" ni le "g" final. Ce n'est qu'une convention d'écriture pour distinguer par exemple le an (proche du "ann" de "**ann**iversaire"), du son ang (proche du "ang" de "m**en**songe").

* * *

LES CONSONNES

En chinois, les consonnes n'existent qu'**en tête** d'une syllabe. –n, et –ng signifient uniquement qu'une voyelle est **nasalisée.**

Il y a 21 consonnes, classées traditionnellement en 6 groupes : b p m f d t n l g k h z c s zh ch sh / r j q x

Les consonnes b, p, m, f : **exemples** : *ba pa ma fa, ban pan man fan, ...*

b entre le "b" et le "p" français : entre "bout" et "pou" ; consonne très brève. Pas d'air qui sort : *ba* ("pa"), *bei* ("pèy (e)") ; *bian* ("piènn(e)") ; *bu* ("pou")

p cette consonne est "aspirée", c'est-à-dire qu'elle est accompagnée d'un souffle expiratoire (!) "De l'air doit sortir brusquement à travers les lèvres". (Encore plus d'air que pour le "p" anglais de "pipe".) *pa* ("p'ha") ; *pai* ("p'hay (e)") ; *piao* ("p'hiao") ; *pu* ("p'hou")

m comme le "m" de "maison", "mouton", "ma" *ma, mao, mai* ("may(e)") ; *ming, mian* ("miènn"), *mu* ("mou")

f comme le "f" français de "foule", "fable" *fa, fu* ("fou"), *fan* ("fann") *fei* ("fèy (e)") *fang*

Les consonnes d, t, n, l : *da ta na la dan tan nan lan*

d entre le "d" de "doigt" et le "t" de "toit". Consonne très brève. Pas d'air ne doit passer. Entre "**da**mier" et "**ta**pis". Le bout de la langue s'appuie contre les dents supérieures : *da* ("ta"), *dai* ("tay (e)"), *du* ("tou"), *duan* ("touann")

t consonne "aspirée" : le son est accompagné d'un souffle expiratoire. Plus d'air encore que pour le "t" anglais de "time" "tea". *ta* ("t'ha"), *tai* ("t'hay (e)"), *tuan* ("t'houann") *tui* ("t'houé"), *ting* ("t'hing")

n le "n" français de "nous", "nage" . . . *na, nei* ("nèy (e)"), *nu* ("nou"), *niu* ("nio"), *nan* ("nann")

l le "l" français, de "laver", "loup" : *la, lu* ("lou"), *li, lian* ("liènn (e)"), *long, luan* ("louann")

Les consonnes g, k, h, : *gai, kai, hai*

g entre le "g" de "*g*arage", "gouffre", et le "k" de "carton", "coco". *ga, gai* ("kaye") *gu* ("kou"), *gan* ("kann(e)"), *gei* ("kèye")

k consonne "aspirée". De l'air doit être violemment et rapidement expiré ; comme un peu en anglais "corn", "cow", "coke", avec plus d'air encore. *kou* ("k'ho") ; *kao* ("k'hao") ; *ken* (k'hènn (e)") ; *kai* ("k'hai (e)") ; *kong* ("k'hong") *ku* ("k'hou")

h	c'est la "jota" espagnole de "Juan". Comme l'allemand "Ach!" ; *ha* ("r'ha") *hu* ("r'hou") ; *huan* (r'houann") *hen* ("r'hènn (e)") ; *hai* ("r'hay (e)") ; *hong* ("r'hong")

Les consonnes z, c, s : *zai, cai, sai*

z	un "d" suvi d'un "z" : *zai* ("dzaye") ; *zuan* ("dzouann") ; *za* ; *zui* ("dzoué")
Note :	Le son z, sans voyelle finale, est noté *zi* ("dzeu")
c	Le son tss, suivi d'une forte et rapide expiration d'air : *cai* (tss'haye") ; *cu* ("tss'hou") ; *cuan* ("tss'houann")
Note :	Le son c,sans voyelle finale, est noté *ci* ("tss'heu")
s	le "s" français de "Simon", "Saint-Cyr": *sa* ("sa"), *sai* ("saye"), *suan* ("souann"), *sui* ("soué"), *su* ("sou")
Note :	Le son s, sans voyelle finale, est noté *si* ("sseu")

Les consonnes zh, ch, sh, r : *zhan chan shan ran*

zh	entre "dj" et "tch" ; entre "a**dj**acent" et "**tch**èque" ; proche de l'anglais "John". *zha*("dja") ; *zhe* ("dje") ; *zhu* ("djou") ; *zhan* ("djann")
Note :	Il existe le son **zh**, sans voyelle finale. On note ce son *zhi* ("djeu")

ch proche du "tch. (aspiré) ; De l'air doit être violemment expiré. (Hi**tch**cok) *cha* ("tch'ha") ; *chu* ("tch'hou") ; *chuan* ("tch'houann")

Note : Le son **ch**, sans voyelle finale, est noté *chi* ("tch'heu")

sh c'est le "ch" français de "cheval" , "chemin" *shu* ("chou") ; *sha* ("cha") ; *shuai* ("chouay (e)") *shang*

Note : le son **sh**, sans voyelle finale, est noté *shi* ("sheu")

r assez proche du "j" de "jeton". Consonne correspondant au "r" anglais de "road". *ru* ("jou") ; *re* ("je") ; *rou* ("jow"); *ruan* ("jouann(e)")

Note : Le son r, sans voyelle finale, est noté *ri* ("jeu")

–r final : Le son **r** comme élément final, est un suffixe très employé dans la région de Pékin ; la langue s'avance puis se redresse vers le haut du palais : *er* ("eurr") ; pensez à l'américain "flo**w**er".

Les consonnes j, q, x : *ji qi xi*

Ces trois consonnes ne peuvent être suivies que des voyelles i et ü, ou de voyelles commençant par i ou ü. Pour cette raison on se dispense du tréma sur le "u" avec j, q, x.

entre le "dz" et le "d**j**". ***j**i* ("tji") / ***j**u* ("tju") ; ***j**ue* ("tjué") ; ***j**ian* ("tjiènn") ; ***j**iu* ("tjio")

q consonne "aspirée". De l'air doit être expiré violemment *qi* ("tshi") ; *qu* ("tshu") ; *que* ("tshué") ; *qian* ("tshiènn (e)") ; *qiu* ("tshio")

x entre le "sh" et le "s". Entre "**ci**gare" et "**chi**mère" *xi* ("hsi") ; *xu* ("hsu") ; *xue* ("hsué") ; *xian* ("hsiènn(e)") *xiu* ("hsio")

Rappel :
La lettre "i" correspond à la voyelle française "i" (comme dans "lit"), **sauf** après z, c, s, zh, ch, sh, et r. Après ces sept consonnes, elle indique seulement une syllabe sans voyelle. Comme si la consonne initiale était uniquement suivie d'un "e muet".

* * *

Le tableau des sons combinés du chinois classe sur une même ligne les syllabes ayant même consonne initiale, et par colonne les syllabes ayant même voyelle. Vous pourrez vous y reporter lorsque vous aurez oublié la signification des conventions d'écriture, ou pour faire des exercices phonétiques.

* * *

TABLEAU DES SONS COMBINÉS DU CHINOIS

TABLEAU DES SONS COMBINÉS DU CHINOIS

	a	o	e	-i	er	ai	ei	ao	ou	an	en	ang	eng	ong
b	ba	bo				bai	bei	bao		ban	ben	bang	beng	
p	pa	po				pai	pei	pao	pou	pan	pen	pang	peng	
m	ma	mo				mai	mei	mao	mou	man	men	mang	meng	
f	fa	fo					fei		fou	fan	fen	fang	feng	
d	da		de			dai	dei	dao	dou	dan		dang	deng	dong
t	ta		te			tai		tao	tou	tan		tang	teng	tong
n	na		ne			nai	nei	nao	nou	nan	nen	nang	neng	nong
l	la		le			lai	lei	lao	lou	lan		lang	leng	long
z	za		ze	zi		zai	zei	zao	zou	zan	zen	zang	zeng	zong
c	ca		ce	ci		cai		cao	cou	can	cen	cang	ceng	cong
s	sa		se	si		sai		sao	sou	san	sen	sang	seng	song

TABLEAU DES SONS COMBINÉS DU CHINOIS

	a	o	e	-i	er	ai	ei	ao	ou	an	en	ang	eng	ong
zh	zha		zhe	zhi		zhai	zhei	zhao	zhou	zhan	zhen	zhang	zheng	zhong
ch	cha		che	chi		chai		chao	chou	chan	chen	chang	cheng	chong
sh	sha		she	shi		shai	shei	shao	shou	shan	shen	shang	sheng	
r			re	ri				rao	rou	ran	ren	rang	reng	rong
j														
q														
x														
g	ga		ge			gai	gei	gao	gou	gan	gen	gang	geng	gong
k	ka		ke			kai	kei	kao	kou	kan	ken	kang	keng	kong
h	ha		he			hai	hei	hao	hou	han	hen	hang	heng	hong
	a	o	e		er	ai	ei	ao	ou	an	en	ang	eng	

TABLEAU DES SONS COMBINÉS DU CHINOIS

	i	ia	iao	ie	iou	ian	in	iang	ing	iong
b	bi		biao	bie		bian	bin		bing	
p	pi		piao	pie		pian	pin		ping	
m	mi		miao	mie	miu	mian	min		ming	
f										
d	di		diao	die	diu	dian			ding	
t	ti		tiao	tie		tian			ting	
n	ni		niao	nie	niu	nian	nin	niang	ning	
l	li	lia	liao	lie	liu	lian	lin	liang	ling	
z										
c										
s										

TABLEAU DES SONS COMBINÉS DU CHINOIS

	i	ia	iao	ie	iou	ian	in	iang	ing	iong
zh										
ch										
sh										
r										
j	ji	jia	jiao	jie	jiu	jian	jin	jiang	jing	jiong
q	qi	qia	qiao	qie	qiu	qian	qin	qiang	qing	qiong
x	xi	xia	xiao	xie	xiu	xian	xin	xiang	xing	xiong
g										
k										
h										
	yi	ya	yao	ye	you	yan	yin	yang	ying	yong

TABLEAU DES SONS COMBINÉS DU CHINOIS

	u	ua	uo	uai	uei	uan	uen	uang	ueng		ü	üe	üan	ün
b	bu													
p	pu													
m	mu													
f	fu													
d	du		duo		dui	duan	dun							
t	tu		tuo		tui	tuan	tun							
n	nu		nuo			nuan					nü	nüe		
l	lu		luo			luan	lun				lü	lüe		
z	zu		zuo		zui	zuan	zun							
c	cu		cuo		cui	cuan	cun							
s	su		suo		sui	suan	sun							

TABLEAU DES SONS COMBINÉS DU CHINOIS

	u	ua	uo	uai	uei	uan	uen	uang	ueng		ü	üe	üan	ün
zh	zhu	zhua	zhuo	zhuai	zhui	zhuan	zhun	zhuang						
ch	chu	chua	chuo	chuai	chui	chuan	chun	chuang						
sh	shu	shua	shuo	shuai	shui	shuan	shun	shuang						
r	ru	rua	ruo		rui	ruan	run							
j											ju	jue	juan	jun
q											qu	que	quan	qun
x											xu	xue	xuan	xun
g	gu	gua	guo	guai	gui	guan	gun	guang						
k	ku	kua	kuo	kuai	kui	kuan	kun	kuang						
h	hu	hua	huo	huai	hui	huan	hun	huang						
	wu	wa	wo	wai	wei	wan	wen	wang	weng		yu	yue	yuan	yun

II – LES QUATRE TONS DE LA LANGUE CHINOISE

Chaque syllabe en chinois comporte un **ton**. Il y a **quatre tons**. Le ton est la hauteur et la courbe mélodique de la voix pour prononcer chaque syllabe.
Chaque ton est représenté par un signe graphique, placé sur la voyelle qui porte l'accent. Ces quatre signes sont : ˉ ˊ ˇ ˋ

Le premier ton, symbolisé ˉ
C'est le ton plat.
La voix reste à la même hauteur, sans monter ni descendre : mā. Comme si l'on chantait une note de musique, sans baisser ni monter la hauteur de cette note : *ā. mā lā*

exemples : *māo*, "chat"
lā, "tirer"
kāi chē, "conduire une voiture"
guānghuī "éclatant"

Pour aider à comprendre la prononciation de chaque ton, on les représente sur un croquis :
On indique de 1 à 5 la hauteur de la voix : le point 1 représente la hauteur la plus basse. Le point 2 est mi-bas. Le point 3 est la hauteur moyenne, le point 4 est mi-haut, et le point 5 représente la hauteur la plus aigüe. (L'écart entre 1 et 5 dépend des régions, des individus, du contexte, mais correspond environ à un octave).

Le premier ton : —

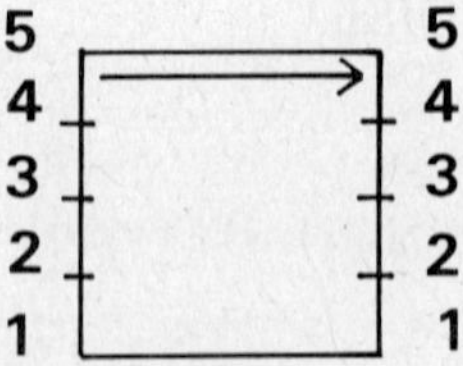

On représente avec la flèche le temps pendant lequel est prononcé le son, la "durée d'émission" de la syllabe.
Le premier ton est symbolisé 5 – 5, La voix part du point le plus haut, et reste à la même hauteur.

Le deuxième ton , est symbolisé /

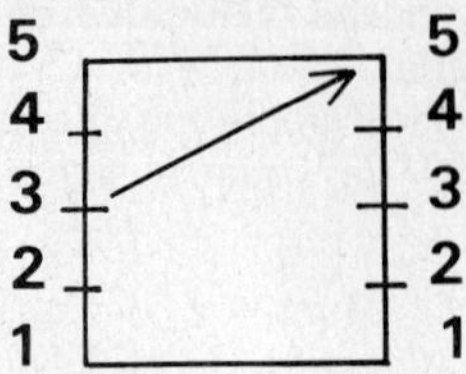

On le représente sur le tableau par le tracé 3 – 5
La voix part d'une hauteur moyenne, et monte jusqu'à la hauteur maximale.
má lá ní cháng

exemples : *qiáoliáng* "pont"
tóudí " passer à l'ennemi"
cháoliú "courant"
gélí "éloigner"
cányú "débris"
nán "difficile"

Le troisième ton, symbolisé ˇ

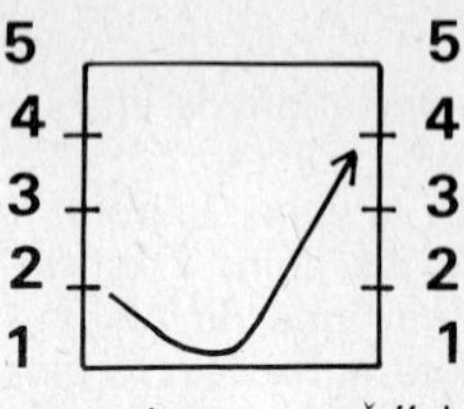

est représenté sur le croquis par le tracé 2 – 1 – 4 : La voix part d'une hauteur mi-basse, descend jusqu'à la hauteur minimum puis remonte jusqu'au point mi-haut.
mǎ lǎ měi

exemples : *mǎ* "cheval"
měi "beau"
shǒuzhǎng "supérieur"

Le quatrième ton, symbolisé ˋ

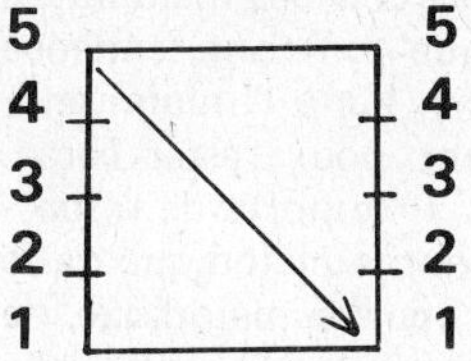

est le ton descendant. C'est le plus court des quatres. On le note 5 – 1. En partant du point le plus haut, la voix descend jusqu'au point le plus bas.
mà là lèi

exemples : *kàn* "regarder"
tiàodòng "palpiter"
shènglì "victoire"

A ces quatre tons, il convient également d'ajouter le "ton léger", ou "ton nul", qui indique que la syllabe n'est pas accentuée, et se prononce très légèrement. Notamment sur la dernière syllabe de nombreux mots :
zhuōzi table
yǐzi chaise
mùtou bois
fángzi maison

Le ton est inscrit sur la voyelle qui porte l'intonation : Le ton est toujours inscrit sur la première voyelle de la syllabe, **sauf** quand celle-ci est un i, un u, ou un ü.
exemples : *lǐlùn* théorie
lǎodiào rengaine
niúnǎi lait
nüèdài brutaliser
luànchuī se vanter

L'apostrophe sert parfois à éviter les confusions ; par exemple, pour ne pas confondre *lì'àn* (avaliser) et *liàn* (exercer)

Il convient de signaler que, plus une phrase chinoise est prononcée rapidement, et plus les courbes mélodiques de chaque syllabe (et donc, chaque ton) ont tendance à se rapprocher, chacune d'une ligne "minimum", suffisamment éloquente cependant pour rester caractéristique du ton de ces syllabes. Il importe de respecter, lors du dialogue rapide, la courbe mélodique de la phrase, aussi importante que la courbe mélodique de chacun des mots qui la composent.

Ainsi, une syllabe originellement au troisième ton, lorsqu'elle est devant une syllabe au premier, au deuxième ou au quatrième ton, est prononcée "à moitié" : seule la partie descendante du ton est prononcée : 2 – 1 – 1 –
exemples :
xǐhuān (aimer)
xiǎoxué (école primaire)
mǐfàn (riz cuit)

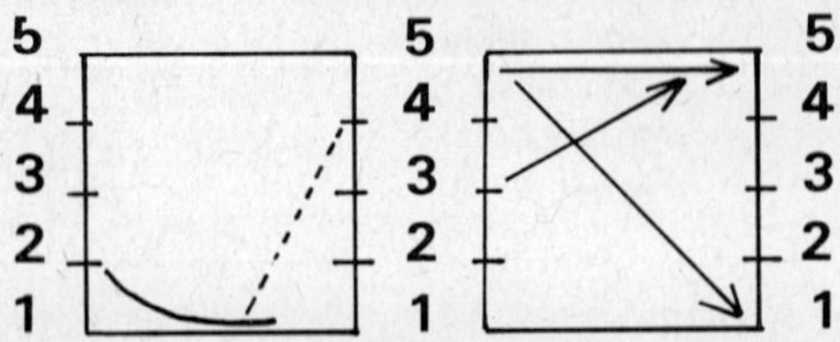

Cependant, devant une autre syllabe au troisième ton, le premier troisième ton se prononce au deuxième ton :

hěn hǎo ! (très bien !) se prononce en fait hén hǎo
gǎnlǎn (olive) se prononce gánlǎn.

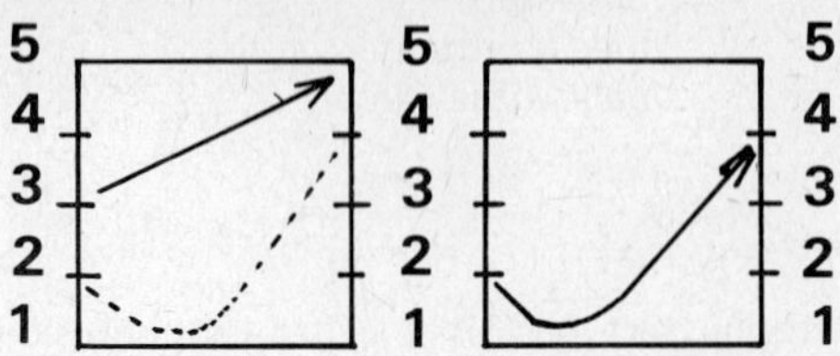

* * *

La grammaire chinoise est relativement aisée : pas de déclinaison, pas de conjugaison, pas de genre . . . Les mots sont invariables. C'est un jeu de particules ainsi que la place des mots les uns par rapport aux autres qui déterminera leur fonction grammaticale :

是 *shì* (le verbe être) sera aussi bien traduit pas "suis", "es", "est", "sommes", "êtes", "sont". Seul le pronom personnel donnera la traduction correcte : 我是 *wǒ shì* "je suis", 你是 *nǐ shì* "tu es, ...

好人 *hǎo rén* signifie "un homme bon", 人好 *rén hǎo* signifie "l'homme est bon"

Dans un cas 好 *hǎo* est employé comme adjectif, déterminant du nom, dans l'autre, c'est un verbe. C'est la place de 好 *hǎo* par rapport à 人 *rén* qui détermine sa fonction.

Ces brèves notions suffisent à montrer que, plus que pour toute autre langue, le chinois s'apprend en le "pratiquant". C'est à force de répéter les phrases et les dialogues, que se dégageront peut-être quelques notions générales sur la formation de la phrase chinoise. L'essentiel n'est pas là : il importe de comprendre le sens d'un dialogue, sans essayer de décrypter chaque élément des répliques qui le composent. Répétez le plus possible à haute voix les textes de chaque leçon, et ne passez à la suivante que si l'ensemble du dialogue est compris.

* * *

III – INTRODUCTION A L'ÉCRITURE

* * *

Vous trouverez ci-dessous une brève introduction à l'écriture idéographique. Si vous souhaitez apprendre à **lire** *et à* **écrire** *en caractères chinois, en utilisant la transcription phonétique le moins possible, alors munissez-vous de papier quadrillé, d'un stylo fin, et . . . . bon courage !*

* * *

Vous le savez certainement, le chinois s'écrit au moyen de signes, appelés "idéogrammes", ou "idéophonogrammes". Chaque signe écrit correspond à une syllabe de la langue parlée. Ainsi, lorsque vous prononcez deux syllabes, par exemple pour dire 吃饭 *chī-fàn* le mot s'écrira avec deux idéogrammes. Chaque idéogramme occupe le même espace dans la feuille de papier, et les caractères sont écrits les uns à la suite des autres, comme si, écrivant sur une feuille quadrillée, vous disposiez un caractère par carreau. L'écriture chinoise date de plus de trois mille ans. A l'origine, les signes étaient gravés sur des écailles de tortue ou sur des os. Depuis cette époque, lentement, l'écriture s'est simplifiée, a évolué. Récemment, en 1956, les autorités chinoises ont adopté une simplification de l'écriture, qui a réduit considérablement le nombre de traits des caractères les plus usuels. C'est cette écriture "simplifiée" que nous utiliserons ici pour transcrire les dialogues.

L'unité de base : le trait

Les mots de la langue chinoise sont pour la plupart polysyllabiques. Comme chaque syllabe est représentée graphiquement par un idéogramme, nous pouvons en déduire que la plupart des mots seront écrits en plusieurs caractères.

L'unité d'écriture de base, pour la formation des mots, est donc le caractère (ou idéogramme).
Un idéogramme se compose de plusieurs traits constitutifs. Certains caractères simples sont composés de deux, trois, six traits, les plus compliqués pouvant être écrits en dix, douze, quinze traits, voire plus !

Il y a huit traits fondamentaux, qui, combinés entre eux, permettent d'écrire les caractères chinois. Ce sont :

Le point : 丶
l'horizontal : 一
le relevé ㇀
le vertical : 丨
la courbe à gauche : 丿
la courbe à droite : ㇏
le crochet gauche : 亅
le crochet droit : ㇙

Ces traits peuvent se combiner entre eux, pour former une série de traits composés ; par exemple: l'horizontal avec le vertical, pour donner ㇕
Le vertical avec l'horizontal, pour donner : ㇗
la courbe à droite et le crochet, pour donner : ㇂
etc. (il y a une vingtaine de ces traits composés)

Certaines règles de base doivent être respectées, comme :
- l'horizontal s'écrit toujours de gauche à droite ;
- le vertical s'écrit toujours de haut en bas ;
- lorsqu'il y a un horizontal coupé par un vertical, on écrit toujours l'horizontal d'abord : 一 十
- lorsqu'il y a, dans un caractère, une courbe à gauche et une courbe à droite. On écrit toujours la courbe à gauche en premier : 丿 人

— lorsque le caractère est composé de plusieurs parties disposées les unes au dessus des autres, on commence par le haut, pour écrire les éléments les uns après les autres, en descendant.
— lorsque le caractère contient des éléments disposés de gauche à droite on écrit ces éléments en commençant par la gauche, vers la droite ; etc.

On distingue traditionnellement trois types de caractères;
— les **pictogrammes** : ils sont la représentation graphique de la chose qu'ils servent à désigner. En cela, on peut les rapprocher des hiéroglyphes. A l'origine, le caractère qui désignait le cheval, représentait un cheval. Nous l'avons dit, l'écriture chinoise a lentement évolué depuis des siècles, et aujourd'hui, le caractère qui désigne "cheval", 马 bien que venant directement de ce dessin originel, lui ressemble assez peu. Cependant, on peut encore repérer la ligne générale qui avait prévalu à son choix pour représenter cet animal : 馬

De la même manière, le caractère "éléphant" représentait la tête d'un éléphant : 象 le caractère "arc" représentait un arc : 弓 le caractère "filet" représentait un filet : 网

— les **idéogrammes** : Plus abstraits, ils sont la représentation imagée d'un concept ; ainsi "se reposer" s'écrit au moyen de l'élément "homme" 亻 et de l'élément "arbre" 木 (Un homme sous un arbre, n'est-ce pas exactement l'idée que l'on se fait du repos parfait !) : 休
Le mot "foule" est formé de trois fois l'élément "homme" 众 le mot "paisible" est formé de l'élément "femme" 女 sous l'élément "toit" 宀 : 安

— les **idéophonogrammes** : Ce sont des caractères

composés de deux éléments : un élément qui donne une idée approchée du **sens**, la "clé", et un élément phonétique, qui donne une idée approchée de la **prononciation.**

On distingue traditionnellement 214 **clés** de base ; ce sont des éléments que l'on retrouve dans tous les idéogrammes ; ils indiquent le champ sémantique du caractère. Il y a la clé de l'eau, du feu, du bois, de la main, de la lune, du soleil, du pied, du coeur, etc. Tous les idéogrammes désignant par exemple des éléments atmosphériques, contiennent un élément commun : **la clé de la pluie** ; tous les noms de plantes, de fleurs, contiennent **la clé de l'herbe** : la plupart des caractères désignant les mouvements de la main contiennent la **clé de la main** ; les sentiments sont pour la plupart exprimés au moyen d'idéogrammes contenant la **clé du coeur** ;

Les différents modes de cuisson de la cuisine chinoise, sont exprimés au moyen d'idéogrammes qui contiennent tous la **clé du feu**, etc. Les idéophonogrammes sont donc des caractères qui contiennent un élément indiquant le sens (ou le **registre** à l'intérieur duquel il convient de chercher le sens approché) et un second élément, qui donne la **prononciation**, ou une prononciation approchée.

Ainsi, le mot "grillon" 蝈 est formé d'une clé : 虫 la **clé de l'insecte** ; l'autre élément 国 qui se prononce *guó*, est la partie **phonétique**. "Grillon" se prononce en effet guó.
Le mot "ammoniaque" : 氨 est formé de la **clé du gaz :** 气 et de l'élément phonétique 安 *(ān)* ; "ammoniaque" se prononcera *ān*.
"Anguille" 鳝 est composé de la clé du poisson : 鱼 et de l'élément 善 qui indique sa prononciation : *shàn* ; "Mère" 妈 est composé de la clé de la femme 女 , et de l'élément 马 qui donne la prononciation (au **ton** près !) : *mā*. En effet, 马 se prononce *mǎ*, mais "mère" se prononce *mā*.

De la même façon qu'il convient de faire attention, en chinois parlé, aux **tons**, il faut, lorsqu'on écrit les idéogrammes, se garder d'écrire des traits en trop, ou de les mal placer.
Par exemple : regardez la différence entre
大 grand *(dà),* 太 trop *(tài),* 天 jour *(tiān)* 夫 mari *(fū)* ; ou entre 大 grand *(dà),* 天 *tiān,* entre 千 mille *(qiān),* 干 sec *(gān),* 十 dix *(shí) ; ou entre* 小 petit *(xiǎo)* et 少 peu *(shǎo)* ou entre 白 blanc *(bái),* et 百 cent (bǎi).

Une des principales difficultés du chinois parlé est la multiplicité des homophones, des syllabes qui se prononcent de la même façon. Ces ambiguïtés disparaissent lorsqu'on passe à l'écriture idéographique.
Ainsi,
"être assis" (*zuò*) s'écrit : 坐
"faire " (également prononcé *zuò*) s'écrit lui : 作
"le sud", *(nán)* s'écrit : 南
alors que "difficile", (également prononcé *nán)* s'écrit : 难

* * *

Vous trouverez pour chaque leçon le dialogue et les exercices transcrits en idéogrammes ; ainsi, vous pourrez si vous le souhaitez vous initier progressivement à l'écriture chinoise, en repérant dans le texte en idéogrammes les mots que vous connaissez déjà phonétiquement.

Procédez lentement, en comparant le texte phonétique et le texte en idéogrammes, et ne vous laissez pas effrayer par la multiplicité des traits. Sachez déjà **reconnaître** les caractères les plus courants, vous y trouverez certainement un grand plaisir. Vous trouverez en fin de manuel la liste des clés et une liste, non exhaustive, des mots les plus courants que l'on rencontre en Chine, dans les rues, sur les affiches, sur les portes, dans les magasins, les aéroports, les autobus, etc.

* * *

IV – TRANSCRIPTION DES TEXTES ET DES EXERCICES EN IDEOGRAMMES

Vous trouverez pour chaque leçon, au dessus de chaque réplique transcrite phonétiquement, le texte des dialogues et des exercices en caractères chinois. Comparez le texte en caractères et la transcription phonétique afin de repérer l'écriture des mots que vous savez prononcer. Ne vous laissez pas effrayer par la complexité de certains idéogrammes ; vous vous apercevrez rapidement que la plupart sont constitués d'éléments de base, les **clés** (ou "radicaux"), qu'il vous sera bientôt facile de repérer dans de nombreux caractères. Ainsi, essayez de repérer les caractères qui contiennent la clé de l'eau 氵 la clé du bambou ⺮ , la clé de la main, 扌 la clé de la parole, 讠 la clé du feu 灬 etc.

Reportez-vous à **l'introduction à l'écriture idéographique** pour connaître les quelques règles élémentaires qui vous permettront d'écrire sans trop de fautes les idéogrammes.
Sachez que l'ordre des traits, pour chaque caractère, est fixe. On ne commence pas par n'importe quel trait, et le sens de chacun de ces traits constitutifs est également imposé.

Pour vous faciliter le travail de mémorisation, écrivez, dans le cours des leçons, en marge, les caractères des mots les plus usuels, ou les plus importants, dont vous souhaitez retenir la graphie. Ainsi, en feuilletant les pages du CHINOIS PARLÉ sans peine, vous pourrez également vous initier à l'écriture idéographique.
Et n'oubliez pas que la calligraphie est également . . . .
. . . un art ! Bon courage !

* * *

Conseils pour la lecture des leçons en idéogrammes
Le but du **CHINOIS PARLÉ sans peine** est de permettre l'acquisition des bases du **chinois parlé**. Cependant il est utile de connaître les règles fondamentales de **l'écriture chinoise**, et de s'initier à la lecture et l'écriture des caractères chinois. C'est pourquoi vous trouverez également la transcription en idéogrammes des 105 leçons de la méthode.

Voici quelques conseils pour parvenir à mémoriser les caractères chinois utilisés dans les leçons :

— Ecrivez plusieurs fois chaque caractère. Plusieurs dizaines de fois par exemple.
— Ne cherchez pas à mémoriser trop de caractères à la fois. C'est en reprenant, à plusieurs jours d'intervalle, les exercices d'écriture, que vous parviendrez à retenir le plus naturellement les idéogrammes.
— Lisez à haute voix les phrases que vous écrivez, afin de fixer sur la graphie d'un mot la prononciation que vous avez déjà mémorisée. Ne vous aidez qu'en cas de besoin de la transcription phonétique.
— Fermez le livre et répétez à voix haute, phrase par phrase.
— Exercez-vous à transposer les phrases affirmatives à la forme négative, et inversement.
— Ecoutez l'enregistrement, livre fermé, et copiez, phrase par phrase, les idéogrammes, en vérifiant à chaque fois que vous ne vous êtes pas trompé.

La calligraphie chinoise est un art. En Chine, les calligraphes utilisent un pinceau, et des batonnets d'encre de . . . . . . Chine. Cependant, dans la vie courante, on se contente d'un stylo. Bien sûr, cela ne permet pas d'exprimer toutes les possibilités artistiques ! Mais, pour le moment, nous nous en contenterons.

Munissez-vous donc d'un stylo, ou d'un crayon-feutre, suffisamment fin pour pouvoir écrire dans des petits carreaux les caractères de plus de dix traits, mais assez

mou pour pouvoir rendre les pleins et les déliés.
Attention au nombre de traits de chaque caractère ! Ne liez pas deux traits s'ils sont distincts ! Levez le crayon entre chaque trait distinctif !

Par exemple, le caractère 口 (*kǒu*, la bouche) s'écrit en trois traits, dans l'ordre :
丨 , puis 𠃍 , puis 口 .
"Moi, "je", 我 , *wǒ*, s'écrit de la façon suivante :

Ecrivez une bonne dizaine de fois chaque nouveau caractère, en faisant bien attention à l'ordre des traits ! Peu à peu, vous découvrirez que la plupart des idéogrammes contiennent des éléments communs : Les éléments constitutifs, ou "clés" (appelées parfois "radicaux").

Dans les dictionnaires récents, les caractères sont souvent rangés par ordre alphabétique de leur transcription phonétique. Mais si vous rencontrez un idéogramme que vous ne savez pas lire, il vous faudra alors repérer sa **clé**. Vous vous reporterez ensuite en tête de dictionnaire, où se trouve la liste de tous les caractères, classés par clé. Sous une même **clé**, les caractères sont rangés par ordre croissant du nombre de leurs traits. Il vous faudra donc compter les traits du caractère que vous cherchez. C'est notamment pour cette raison qu'il convient de ne pas se tromper dans les traits en écrivant les idéogrammes.

Par exemple, le caractère 说 *shuō*, "parler", est classé à la clé de la parole : 讠 ; il contient en plus de cette clé 7 traits. On le trouvera donc, dans les index de dictionnaires, parmi les idéogrammes de la "clé de la parole" qui ont en plus de cette clé 7 traits.

Exercez-vous à reconnaître les clés des caractères que vous rencontrez. Notez sur un carnet les caractères, classés par clés ; sur un autre carnet, notez les caractères, classés par **transcription phonétique** (et tons !). Ainsi, vous aurez immédiatement une liste des caractères homophones étudiés.

Vous trouverez en fin de livre la liste des clés, avec leur signification. N'oubliez pas enfin que, pour l'instant, tous les textes écrits, en Chine, le sont au moyen des **idéogrammes**, qu'il s'agisse de la presse, des livres, des affiches, ou des lettres échangées entre particuliers ! Alors . . . . . .bon courage !

* * *

V – NOTE SUR L'ENREGISTREMENT :

Vous trouverez dans l'enregistrement, mise à part l'introduction phonétique, les numéros des leçons, le titre des dialogues, les dialogues [lus deux fois pendant les deux premières semaines], les deux exercices de chaque leçon, et les mots cités dans certaines notes de fin de leçon.

Tous ces éléments, à l'exception du deuxième exercice de chaque leçon, sont imprimés en idéogrammes ainsi qu'en phonétique.

Les exemples présentés dans les leçons de révision, en fin de chaque semaine, sont tous enregistrés. Vous en trouverez le relevé détaillé en fin de chaque tome, dans l'**INDEX** des leçons de révision.

* * *

Sans l'aide et la patience de TAN Hsue-mei, sans le concours de ZHAO Jialing, sans la participation de SUN Lixian, PANG Jinsheng et WANG LU, cet ouvrage aurait difficilcment pu voir le jour.

Leurs critiques, leurs conseils (et leurs voix !) nous ont été indispensables, et nous les en remercions.

Et pourtant, sans doute, bien des imperfections pourront encore être découvertes. Que le lecteur veuille bien, à l'avance, nous en excuser.

* * *

INDEX DE L'INTRODUCTION

L'introduction phonétique est relativement longue, et peut-être quelque peu rébarbative, mais elle est nécessaire pour exposer correctement les **sons inconnus,** les **tons**, et les conventions d'écriture de l'alphabet pinyin.

Sons lus à l'enregistrement :

mǎ . . . .(cheval)
fāngfǎ . . . .(méthode)
lùyīnjī . . . .(magnétophone)
wǒ zǒu . . . .(je pars)
tā zǒu . . . .(il part)
wǒmen zǒu . . . .(nous partons)
zǒu . . . .(partir)

mǎi . . . .(acheter)
mài . . . .(vendre)
nǐ . . . .(tu, toi)
nì . . . .(gras)
běijí . . . .(le pôle nord)
bèijǐ . . . .(le dos du corps humain)

L

Les sons qui suivent sont tous lus deux fois dans l'enregistrement.

a a
o o
e e
i i
u u
ü ü

ie ie
ei ei
üe üe

ai ai
ao ao
ou ou
ia ia
ua ua
uo uo
iao iao
iou iou
uai uai
uei uei

an an
en en
ang ang
eng eng
ong ong
ian ian
in in
ing ing
iang iang
iong iong
uan uan
uen uen

uang uang
ueng ueng
üan üan
üen üen

ba ba
pa pa
ma ma
fa fa

ban ban
pan pan
man man
fan fan

ba ba
bei bei
bian bian
bu bu

pa pa
pai pai
piao piao
pu pu

ma ma
mao mao
mai mai
ming ming
mian mian
mu mu

fa	ga
fu	fu
fan	fan
fei	fei
fang	fang
da	da
ta	ta
na	na
la	la
dan	dan
tan	tan
nan	nan
lan	lan
da	da
dai	dai
du	du
duan	duan
ta	ta
tai	tai
tuan	tuan
tui	tui
ting	ting
na	na
nei	nei
nu	nu
niu	niu
nan	nan
la	la
lu	lu
li	li
lian	lian
long	long
luan	luan
gai	gai
kai	kai
hai	hai

ga	ga
gai	gai
gu	gu
gan	gan
gei	gei
kou	kou
kao	kao
ken	ken
kai	kai
kong	kong
ku	ku
ha	ha
hu	hu
huan	huan
hen	hen
hai	hai
hong	hong
zai	zai
cai	cai
sai	sai
zai	zai
zuan	zuan
za	za
zui	zui
zi	zi
cai	cai
cu	cu
cuan	cuan
ci	ci
sa	sa
sai	sai
suan	suan
sui	sui
su	su
si	si

zhan	zhan	er	er
chan	chan		
shan	shan	ji	ji
ran	ran	qi	qi
		xi	xi
zha	zha		
zhe	zhe	ji	ji
zhu	zhu	ju	ju
zhan	zhan	jue	jue
zhi	zhi		
		jian	jian
cha	cha	jiu	jiu
chu	chu		
chuan	chuan	qi	qi
chi	chi	qu	qu
		que	que
shu	shu		
sha	sha	qian	qian
shuai	shuai	qiu	qiu
shang	shang		
shi	shi	xi	xi
		xu	xu
ru	ru	xue	xue
re	re		
rou	rou		
ruan	ruan	xian	xian
ri	ri	xiu	xiu

Le premier ton :		Le deuxième ton :	
ā	ā	má	má
mā	mā	lá	lá
lā	lā	ní	ní
		cháng	cháng
māo	māo		
lā	lā	qiáoliáng	qiáoliáng
kāi-chē	kāi-chē	tóudí	tóudí
guānghuī	guānghuī	cháoliú	cháoliú

gélí	gélí
cányú	cányú
nán	nán

Le troisième ton :

mǎ	mǎ
lǎ	lǎ
měi	měi
mǎ	mǎ
měi	měi
shǒuzhǎng	
shǒuzhǎng	

Le quatrième ton :

mà	mà
là	là
lèi	lèi
kàn	kàn
tiàodòng	tiàodòng
shènglì	shènglì
zhuōzi	zhuōzi
yǐzi	yǐzi
mùtou	mùtou
fángzi	fángzi

lǐlùn	lǐlùn
lǎodiào	lǎodiào
niúnǎi	niúnǎi
nüèdài	nüèdài
luànchuī	luànchuī
lì'àn	lì'àn
liàn	liàn
xǐhuan	xǐhuan
xiǎoxué	xiǎoxué
mǐfàn	mǐfàn
hěn hǎo	hěn hǎo
gǎnlǎn	gǎnlǎn
shì	shì
wǒ shì	wǒ shì
nǐ shì	nǐ shì
hǎo rén	hǎo rén
rén hǎo	rén hǎo
hǎo	hǎo
hǎo	hǎo
rén	rén

* * *

Pour terminer, rappelons que les dialogues des treize premières leçons sont lus deux fois. Une première fois lentement, pour que vous puissiez répéter après chaque réplique. La seconde lecture est faite à vitesse d'élocution normale.

* * *

第一课

DÌ YĪ (1) KÈ

(ti i k'he)

你好！

1 – Nǐ hǎo ! **(1)**

(ni r'hao)

你好！

2 – Nǐ hǎo !

(ni r'hao)

你饿吗？

3 – Nǐ è ma ? **(2)**

(ni e ma)

我不饿！

4 – Wǒ bú è ! **(3)**

(ouo pou e)

你累吗？

5 – Nǐ lèi ma ?

(ni lèye ma)

我不累！

6 – Wǒ bú lèi !

(ouo pou lèye)

RAPPEL : *Les douze premiers dialogues sont enregistrés deux fois. La première fois, les interprètes ont laissé un blanc après chaque réplique pour que vous puissiez répéter. La deuxième lecture a été jouée à vitesse "normale".*

CONSEIL : *Pour faciliter votre étude, nous indiquons sous chaque réplique en* **idéogrammes** *et en* **phonétique**

PREMIERE LEÇON
(numéro / un / leçon)

1 – Bonjour !
(toi / bien !)
2 – Bonjour !
(toi / bien !)
3 – Est-ce que tu as faim ?
(toi / avoir faim / est-ce que ?)
4 – Non ! Je n'ai pas faim !
(moi / ne pas / avoir faim)
5 – Est-ce que tu es fatigué ?
(toi / être fatigué / est-ce que ?)
6 – Non ! Je ne suis pas fatigué !
(moi / ne pas / être fatigué)

NOTES

(1) "Bonjour" se dit : *nǐ hǎo* ! (toi, bien !), ou : *nǐ hǎo ma ?* (tu / (vas) bien / est-ce que ?). Lorsque deux syllabes au troisième ton se suivent, la première se prononce alors au deuxième ton. (Voir Introduction). Ici *nǐ hǎo* est prononcé en fait *ní hǎo !*

(2) La particule interrogative *ma* signifie : "Est-ce que ... ?", et se place toujours en **fin de phrase.** Elle est prononcée au ton léger.

(3) "Oui", et "non'!" s'expriment en reprenant le verbe énoncé dans la question. La négation *bù* se place juste devant le verbe. Lorsque le verbe est au quatrième ton, *bù* se prononce alors au deuxième ton : *bú.*

---

chinoise *la transcription phonétique "à la française". Mais, pour ne pas surcharger, et pour éviter toute mauvaise interprétation, notamment pour la lettre "e", la transcription phonétique "française" ne comporte pas les tons. Il est indispensable de bien retenir ceux-ci en lisant la phonétique chinoise "pinyin", et en écoutant l'enregistrement.*

*Dans la phonétique "française", prononcez donc le "e" comme dans "j*eu*nesse" ; le "é" comme un* **e accent aigu**, *et le "è" comme un* **e accent grave.**

Ne confondez pas avec les transcriptions en phonétique "pinyin", dans lesquelles **é** *signifie "le son e au deuxième ton" et* **è** *signifie "le son e au quatrième ton" !*

好！走！

7 – Hǎo ! Zǒu ! **(4)**
(r'hao ! dzo)

走！

8 – Zǒu !
(dzo)

LIÀNXÍ 练习
(liènn hsi)

你好！

1 – Nǐ hǎo !
(ni r'hao)

你好吗？

2 – Nǐ hǎo ma ?
(ni r'hao ma)

你饿。

3 – Nǐ è.
(ni e) (prononcer comme dans "mesurer" !)

你不饿。

4 – Nǐ bú è.
(ni pou e)

你不累。

5 – Nǐ bú lèi.
(ni pou lèye)

我饿。

6 – Wǒ è.
(ouo e)

Wánchéng jùzi : (compléter les phrases)
(ouann tch'eung t ju dzeu)

1 *Bonjour !*
Nǐ ... !

7 – Bon ! (alors,) Allons-y !
(Bon / Allons !)
8 – Allons-y !
(allons)

NOTES (suite)

(4) L'impératif s'exprime souvent en employant uniquement le verbe : *zǒu* ! (Allons-y !), sans pronom personnel. Souvenez-vous que les mots chinois sont invariables, et que les verbes "ne se conjuguent pas" ! C'est le pronom personnel, ou le contexte qui permet de déterminer de quelle personne il s'agit.

EXERCICES

1 Bonjour !
2 Est-ce que tu vas bien ? (Bonjour !)
3 Tu as faim.
4 Tu n'as pas faim.
5 Tu n'es pas fatigué.
6 J'ai faim.

你饿吗？

Corrigé de l'exercice leçon 1.

1 hǎo.

5 wǔ (ou)

2 *Je n'ai pas faim !*

Wǒ . . è.

3 *Est-ce que tu es fatigué ?*

Nǐ lèi . . ?

4 *Est-ce que tu as faim ?*

Nǐ . ma ?

5 *Est-ce que tu vas bien ?*

Nǐ haǒ . . ?

第二课

DÌ ÈR (2) KÈ

(ti eurr k'he)

要不要饭？

1 – Yào-bú-yào fàn ? **(1)**
(iao-pou-iao fann)

不要。

2 – Bú yào. **(2)**
(pou iao)

要不要汤？

3 – Yào-bú-yào tāng ?
(liao-pou-iao t'hang)

不要。

4 – Bú yào.
(pou iao)

Corrigé de l'exercice leçon 1

2 bú. – **3** ma. – **4** è. – **5** ma.

En principe, dans chaque leçon, vous trouverez en page gauche le texte chinois (en idéogrammes et en **pinyin***), ainsi que la prononciation figurée "à la française". Sur la page de droite figure la traduction française, ainsi que le mot à mot, puis les notes. La seconde partie de la leçon est constituée par les exercices avec le corrigé toujours en page de droite.*

Tous les sept jours, en fin de semaine, une **leçon de révision** *vous permettra de vérifier vos connaissances.*

DEUXIEME LEÇON

(numéro / deux / leçon)

1 – Est-ce que (tu) veux du riz ?
(vouloir / pas / vouloir ? / riz)
2 – Non !
(pas / vouloir)
3 – Est-ce que (tu) veux de la soupe ?
(vouloir / pas / vouloir ? / soupe)
4 – Non !
(pas / vouloir)

NOTES

(1) Pour une interrogation en "est-ce que... ?", on peut utiliser l'interrogatif de fin de phrase *ma*, comme vu dans la leçon 1. On peut aussi employer l'interrogation "alternative" : on fait suivre le verbe de sa forme négative : *yào-bú-yào* ? (vouloir / pas vouloir ?).

(2) Bien souvent dans les dialogues on n'emploie pas de pronom personnel lorsque le sens est clair. Notamment en réponse à une question portant sur soi.

你要不要菜？
5 – Nǐ yào-bú-yào cài ?
(ni iao-pou-iao tss'haye)

我不要。
6 – Wǒ bú yào.
(ouo pou iao)

你要什么？
7 – Nǐ yào shénme ? **(3)**
(ni iao chemme)

我要面包。
8 – Wǒ yào miànbāo. **(4)**
(ouo iao miènn-pao)

LIÀNXÍ 练习
(liènn hsi)

你要不要汤？
1 – Nǐ yào-bú-yào tāng ?

你要汤吗？
2 – Nì yào tāng ma ?

你要什么？
3 – Nǐ yào shénme ?

我要什么？
4 – Wǒ yào shénme ?

我不要面包。
5 – Wǒ bú yào miànbāo

你要不要面包？
6 – Nǐ yào-bú-yào miànbāo ?

5 – Est-ce que tu veux des plats (de résistance) ?
(toi / vouloir / pas / vouloir ? / plats)
6 – Non ! Je n'en veux pas !
(moi / pas / vouloir)
7 – Qu'est-ce que tu veux (alors) ?
(toi / vouloir / quoi ?)
8 – Je veux du pain !
(moi / vouloir / pain)

NOTES (suite)

(3) L'interrogatif "quoi ?", *shénme* ?, se place là où est attendue la réponse. Après le verbe, lorsque l'interrogation porte sur le complément d'objet direct. Mot à mot : *nǐ yào shénme* ? Tu / veux / quoi ?.

(4) En comparant les dialogues des leçons 1 et 2 vous avez tout de suite compris qu'en chinois il y a deux sorte de verbes : les verbes d'*action*, comme "partir", "courir", "parler", "mordre", qui peuvent être suivis d'un complément d'objet, et les verbes d'*état*, ou de *qualité*, comme "(être) fatigué", "(avoir) faim", "(être) bien",..., qui sont proches des *adjectifs* français, mais contiennent en plus, en soi, l'élément *verbal*, qui fait qu'on les utilise directement après le sujet : *wǒ lèi*, "je (suis) fatigué".

EXERCICES

1 Est-ce que tu veux de la soupe ?
2 Est-ce que tu veux de la soupe ?
3 Qu'est-ce que tu veux ?
4 Q'est-ce que je veux ?
5 Je ne veux pas de pain !
6 Est-ce que tu veux du pain ?

9 jiǔ (tjio)

Wánchéng jùzi : (compléter les phrases)
(Ouann tch' eung t ju dzeu)

1 *est-ce que tu veux de la soupe ?*

Nǐ yào-bú-yào . . . . ?

2 *Je ne veux pas de soupe.*

Wǒ bú . . . tāng.

3 *Est-ce que tu veux du pain ?*

Nǐ yào- . . -yào miànbāo ?

4 *Qu'est-ce que tu veux ?*

Nǐ yào . . . . . . ?

5 *Est-ce que tu (en) veux ?*

. . yào-bú-yào ?

第三课

DÌ SĀN (3) KÈ

(ti sann k'he)

你买不买书？

1 – Nǐ mǎi-bù-mǎi shū ? **(1)**
(ni maye pou maye chou)

我不买。

2 – Wǒ bù mǎi.
(ouo pou maye)

Corrigé de l'exercice leçon 2.

1 tāng. – **2** yào. – **3** bú. – **4** shénme. – **5** nǐ.

Conseil : *Il est indispensable, si vous voulez comprendre.. et vous faire comprendre, que vous prononciez correctement les* **tons** *: Une erreur de prononciation d'un ton peut entraîner de graves contre-sens : par exemple,* 要 **yào** *signifie "vouloir", mais* 咬 **yǎo** *veut dire ..."mordre" ! Attention au son* **c**, *qui se prononce comme* **tss'**, *avec un souffle violent expiré en même temps !*

Si vous avez les enregistrements, écoutez plusieurs fois chaque leçon. En chinois, plus que pour toute autre langue, il faut porter une attention particulière à la **prononciation**. *Etudiez à haute voix le plus souvent possible, et répétez les phrases comme si c'était une mélodie que vous appreniez par coeur.*

TROISIEME LEÇON

(numéro / trois / leçon)

1 – Est-ce que tu (veux) acheter des livres ?
(toi / acheter-pas-acheter ? / livres)

2 – Non !
(moi / pas / acheter)

NOTES

(1) En chinois, on utilise moins, dans les questions, le verbe "vouloir" (*yào*). Ici, on se contente de demander : "est-ce que tu achètes des livres ?", mais, en français, le sens est bien : "est-ce que tu veux acheter des livres ?".

你买不买笔？

3 – Nǐ mǎi-bù-mǎi bǐ ? (2)
(Ni maye pou maye pi)

不买。

4 – Bù mǎi.
(pou maye)

你买报吗？

5 – Nǐ mǎi bào ma ? (3)
(ni maye pao ma)

也不买。

6 – Yě bù mǎi ! (4)
(ié pou maye)

那，你要买什么？

7 – Nà, nǐ yào mǎi shénme ? (5)
(na, ni iao maye chemme)

我要买裤子。

8 – Wǒ yào mǎi kùzi. (6)
(ouo iao maye k'hou dzeu)

那，你要买什么？

3 – Est-ce que tu veux acheter des crayons ?
(toi / acheter-pas-acheter ? / crayons)
4 – Non !
(pas / acheter)
5 – Veux-tu acheter un journal ?
(toi / acheter / journal / est-ce que ?)
6 – Non ! (Je ne veux pas acheter de journal non plus)
(également / ne pas / acheter)
7 – Mais alors, qu'est-ce que tu veux acheter ?
(alors ! / toi / vouloir / acheter / quoi ?)
8 – Je veux acheter un pantalon !
(moi / vouloir / acheter / pantalon)

NOTES (suite)

(2) Attention, ici deux syllabes au troisième ton se suivent : la première sera prononcée au deuxième ton : *mái bǐ.*
(3) Attention au "demi troisième ton", lorsque le troisième ton est suivi d'une syllabe au premier, au deuxième ou au quatrième ton. (Ici, *mǎi bào, mǎi* sera en fait prononcé au "demi troisième ton" : la voix descend, comme au début d'un troisième ton, mais elle ne remontera pas.Voir schéma dans l'introduction).
(4) *Yě*, "aussi", précède toujours le verbe. Dans une phrase à la forme négative, "aussi" se place avant la négation, et l'ensemble se traduira par ".... non plus ..."
Notez en chinois l'économie de pronom personnel !
(5) *Nà* !, exclamation, signifie "eh bien", "mais alors", "donc",... *Yào* ("vouloir") peut être suivi d'un nom (vouloir quelque chose) ou d'un verbe (vouloir faire quelque chose). Le schéma est toujours : Sujet/verbe/complément. *Shénme* ? signifie "quoi ?", "quel".
(6) Attention ! La lettre *i*, après les consonnes z, c, s, zh, ch, sh et r n'indique pas le son "i", mais uniquement une "consonne sans voyelle", un "e muet".

Les premières leçons sont surtout destinées à vous familiariser avec les différents sons de la langue chinoise. N'hésitez pas à répéter plusieurs fois chaque dialogue. Progesssivement, la phonétique française disparaîtra, et vous devrez, lorsque vous rencontrerez un son que vous ne savez pas prononcer, revenir aux leçons précédentes, ou vous référer au Tableau des sons qui se trouve dans l'introduction.

LIÀNXÍ 练习
(liènn hsi)

你要不要买裤子？

1 – Nǐ yào-bú-yào mǎi kùzi ?

你也要买书吗？

2 – Nǐ yě yào mǎi shū ma ?
(prononcé en fait ní yě ......)

我也要买报。

3 – Wǒ yě yào mǎi bào.
(prononcé en fait wó yě ......)

你也累吗？

4 – Nǐ yě lèi ma ?
(prononcé en fait : ní yě lèi ma)

我也要。

5 – Wǒ yě yào !
(prononcé en fait : wó yě yào)

Wánchéng jùzi : (compléter les phrases)
(Ouann tch' eung t ju dzeu)

1 *Est-ce que tu veux acheter un journal ?*

Nǐ yào-bú-yào ... bào ?

2 *Est-ce que tu (en) achètes aussi ?*

Nǐ .. mǎi ma ?

3 *Eh bien alors, qu'est-ce que tu veux ?*

.. , nǐ yào shénme ?

4 *Est-ce que tu veux aussi acheter des livres ?*

Nǐ yě ... mǎi shū ma ?

EXERCICES

1 Est-ce que tu veux acheter (un) pantalon ?
2 Tu veux acheter aussi des livres ? *
3 Moi aussi, je veux acheter le journal.
4 Toi aussi, tu es fatigué ?
5 J'(en) veux, moi aussi !

* En l'absence de tout contexte, il n'est pas possible de déterminer si *yě*, "aussi", porte sur le sujet ou sur le complément d'objet ; s'il faut traduire "*Toi aussi*, tu veux acheter des livres, ou bien "tu veux acheter *aussi* des livres (en plus de ce que tu as déjà acheté) ... !

Les mots chinois sont invariables, et donc ne prennent pas la marque du pluriel. Seul le contexte pourra permettre de déterminer s'il s'agit d'un pluriel ou d'un singulier, mais, contrairement à bien d'autres langues, en l'absence de toute indication précise, un nom chinois se traduira le plus souvent par un pluriel : 书 **shū** *: "des livres" ;* 笔 **bǐ** *: "des crayons".*

N'oubliez pas : lorsqu'une syllabe au troisième ton est suivie par une syllabe au premier, au deuxième ou au quatrième ton, la première syllabe se prononce alors au "demi troisième ton" ; si vous avez les enregistrements, vous noterez clairement cette règle phonétique. (Voir Introduction).

Corrigé de l'exercice leçon 3

1 mǎi. – **2** yě. – **3** Nà ! – **4** yào.

15 shí-wǔ (cheu-ou)

5 *Veux-tu acheter des crayons ?*

Nǐ yào mǎi .. ma ?

第四课

DÌ SÌ (4) KÈ

(ti sseu k'he)

他是谁？

1 – Tā shi shéi ? **(1)**
(t'ha cheu chèye)

他是我父亲。

2 – tā shi wǒ-fùqin. **(2)**
(t'ha cheu ouo foutshinn)

哦！就是他呀！

3 – Ò ! jiù shi tā ya ! **(3)**
(o tjio cheu t'ha ya)

你认识他吗？

4 – Nǐ rènshi tā ma ?
(ni jènncheu t'ha ma)

我见过他。

5 – Wǒ jiàn-guo tā. **(4)**
(ouo tjiènnkouo t'ha)

你见过他？

6 – Nǐ jiàn-guo tā ?

Corrigé de l'exercice leçon 3.

5 bǐ.

QUATRIEME LEÇON
(numéro / quatre / leçon)

1 — Qui est-ce, lui ?
(lui / est / qui ?)
2 — Lui, c'est mon père !
(lui / être / mon-père)
3 — Oh ! C'est (donc) lui !
(oh ! justement / c'est / lui / ah !)
4 — Tu le connais ?
(tu / connaître / lui / est-ce que ?)
5 — Je l'ai déjà rencontré !
(je / voir + "déjà-dans-le-passé" / lui)
6 — (Ah), tu l'as déjà rencontré !! ??
(toi / voir + "déjà-dans-le-passé.." / lui)

NOTES

(1) Le verbe "être", *shì,* le plus souvent prononcé au ton léger : *shi*, est *toujours* suivi d'un complément nominal. Ne pas confondre avec, en français, le verbe "être" suivi d'un adjectif attribut. Dans ce cas, en chinois, on n'utilise jamais *shi* car les adjectifs sont dans ce cas des *verbes de "qualité"* : souvenez-vous, "je suis fatigué" se dit : *wǒ lèi*. *Tā* signifie "il".

(2) Pour certains emplois, notamment les liens de parenté ou les objets familiers, on exprime le possessif (le génitif), tout simplement en faisant suivre le mot représentant la personne qui "possède", ou qui est le référent, de l'objet "possédé" : *wǒ-fùqin*, "mon père".

(3) L'adverbe *jiù*, "justement", sert à insister ou à mettre en relief un élément de la phrase. *Ya* est une interjection de fin de phrase : "oh !", "mais alors ...!", "eh bien ! ...", synonyme de l'exclamation *ò* !

(4) Le suffixe *guo*, placé après un verbe, indique un *passé d'expérience* : l'action a eu lieu, *au moins une fois*, dans le passé. On traduit le plus souvent au moyen de ". . . déjà . . . " et d'un passé composé.

是，我见过他。

7 – Shì, wǒ jiàn-guo tā. (5)
(cheu, ouo djiènnkouo t'ha)

你见过他，那你认识他！

8 – Nǐ jiàn-guo tā, nà, nǐ rènshi tā !
(ni djiènnkouo t'ha, na, ni jènncheu t'ha)

不，我不认识他！

9 – Bù, wǒ bú rènshi tā !
(pou, ouo pou jènncheu t'ha)

LIÀNXÍ 练习
(liènn hsi)

L'exercice ne comportant pas de mot nouveau, nous ne donnons pas la transcription phonétique française.

你是谁？

1 – Nǐ shi shéi ?

我是你父亲！

2 – Wǒ shi nǐ-fùqin !

你认识我吗？

3 – Nǐ rènshi wǒ ma ?

我见过你！

4 – Wǒ jiàn-guo nǐ !

我不认识你！

5 – Wǒ bú rènshi nǐ !

7 – Oui, (parfaitement) ! je l'ai déjà rencontré !
(oui ! / moi / avoir vu / lui)

8 – (Mais si) tu l'as déjà rencontré, eh bien alors, tu le connais !
(toi / avoir déjà vu / lui / alors / toi / connaître / lui/)

9 – (Mais) non ! Je ne le connais pas !
(non ! / moi / ne pas / connaître / lui)

NOTES (suite)

(5) *Shì*, prononcé avec force, est utilisé dans certains cas pour insister sur une réponse affirmative : "Oui !", ou "Si !", "Mais si !",. . .
Dans les autres cas, *shì* est prononcé au ton léger : *shi*

EXERCICES

1 Qui es-tu ?
(tu / es / qui ?)
2 Je suis ton père !
3 Est-ce que tu me connais ?
(tu / connais / moi / est-ce que ?)
4 Je t'ai déjà vu !
5 Je ne te connais pas !

19 shí-jiǔ (cheu-tjio)

Wánchéng jùzi (compléter les phrases)
(Ouann tch ' eung t ju dzeu)

1 *Est-ce que tu le connais ?*

Nǐ ...... tā ma ?

2 *Oh ! C'est toi ?*

.. ! shi nǐ ma ?

3 *Est-ce que je t'ai déjà vu (rencontré) ?*

wǒ .... nǐ ma ?

4 *Lui, ce n'est pas mon père.*

Tā ..... wǒ-fùqin.

第五课

DÌ WǓ (5) KÈ

(ti ou k'he)

这儿有书吗？
1 – Zhèr yǒu **(1)** shū ma ?
(djeu'rr io chou ma)

没有！
2 – Méiyǒu ! **(2)**
(mèyo)

这儿有报吗？
3 – Zhèr yǒu bào ma ?
(djeu'rr io pao ma)

Corrigé de l'exercice leçon 4

1 rènshi. — **2** ò ! — **3** jiàn-guo. — **4** bú shi.

Une fois assimilé l'ensemble de conventions qu'est **l'alphabet phonétique chinois,** *vous ne devriez pas avoir d'autre problème de prononciation que celui de bien prononcer les* **tons.**

Relisez bien les quatre premières leçons avant de passer à la suivante.

Répétez le plus possible à haute voix. Si vous avez un enregistrement, écoutez-le plusieurs fois.

CINQUIEME LECON
(numéro / cinq / leçon)

1 — Est-ce qu'il y a des livres, ici ?
(ici / y avoir / livres / est-ce que ?)
2 — Non ! (il n'y en a pas)
(ne pas y avoir)
3 — Est-ce qu'il y a des journaux (ici) ?
(ici / y avoir / journal / est-ce que ?)

NOTES

(1) *Yǒu* signifie "avoir" ou "y avoir". C'est le seul verbe dont la négation ne soit pas *bù*. La négation, "ne pas avoir" ou "ne pas y avoir", est *méiyǒu*.
(2) "Non !", en réponse à une phrase contenant le verbe "avoir" (*yǒu*), se dit *méiyǒu*.

没有！
4 – Méiyǒu !
(mèyo)

有画报吗？
5 – Yǒu huàbào ma ?
(io r'houa pao ma)

也没有！
6 – Yě méiyǒu ! **(3)**
(ié mèyo)

有什么？
7 – Yǒu shénme ?
(io chemme)

这儿不是书店！是邮局！
8 – Zhèr bú shi shūdiàn **(4)** shi yóujú !
(djeu'rr pou cheu choutiènn, cheu iodju)

哦！对不起！
9 – Ò ! Duìbuqǐ ! **(5)**
(o, toyé pou tchi)

4 – Non !
(ne pas y avoir)
5 – Est-ce qu'il y a des magazines (illustrés) ?
(y avoir / revues illustrées / est-ce que ?)
6 – Non plus !
(également / ne pas y avoir)
7 – Qu'est-ce qu'il y a, alors ?
(il y a / quoi ?)
8 – Ici, ce n'est pas une librairie ! C'est un bureau de poste !
(ici / ne pas / être / librairie / être / bureau de poste)
9 – Oh ! Excusez-moi !
(oh / désolé)

NOTES (suite)

(3) *Yě*, "aussi", dans une phrase négative, se traduit par ". . . non plus". Les adverbes se placent toujours *avant le groupe verbal*. Voir leçon 3 note n° 4.
(4) Attention ! Ne pas prononcer le "n" final ! Notez le sujet : *zhèr* ("ici"). Il est sous-entendu dans la deuxième partie de la phrase.
(5) Retenez cette expression très utile : *duìbuqǐ*, "je vous prie de bien vouloir m'excuser", ou plus simplement : "Excusez-moi", "désolé !",. . . *Ò* ! est l'équivalent du *oh* ! français.

Vous constatez sans doute que par certains côtés le chinois n'est pas difficile ; les mots sont invariables et les verbes ne se "conjuguent" pas ! Vous comprenez aussi pourquoi il faut respecter scrupuleusement la place des mots dans la phrase : leur fonction grammaticale en dépend. Dans cette leçon le seul élément nouveau est 有 **yoǔ** *et sa négation* 没有 **méiyǒu**. *Répétez plusieurs fois chaque leçon, c'est tout ce qui vous est demandé. Lisez le texte des leçons et des exercices à haute voix et répétez chaque phrase aussitôt après l'avoir lue, sans regarder le livre. Ne cherchez pas à comprendre chaque notion grammaticale nouvelle ; laissez le temps faire le travail ! Peu à peu, vous verrez, tout s'éclaircira.*
Pour mémoriser les idéogrammes, **une seule méthode** *: lire de nombreuses fois, puis écrire dix fois, vingt fois, cinquante fois chaque caractère !*

LIÀNXÍ 练习
(liènn hsi)

这儿有吗？

1 Zhèr yǒu ma ?

这儿没有！

2 Zhèr méiyǒu.

你有书吗？

3 Nì yǒu shū ma ?

我没有书。

4 Wǒ méiyǒu shū.

我也没有。

5 Wǒ yě méiyǒu.

Wánchéng jùzi (compléter les phrases)
(Ouann tch ' eung t ju dzeu)

1 *Est-ce qu'il y a des journaux, ici ?*

. . . . yǒu bào ma ?

2 *Ici, qu'est-ce qu'il y a ?*

Zhèr yǒu . . . . . . ?

3 *Moi non plus, je n'en ai pas.*

Wǒ . . méiyǒu.

4 *Est-ce que tu as des livres ?*

Nǐ . . . shū ma ?

EXERCICES

1 Est-ce qu'il y (en) a, ici ?
2 Ici, il n'y (en) a pas.
3 Est-ce que tu as des livres ?
4 Je n'ai pas de livres.
5 Moi non plus, je n'en ai pas.

Corrigé de l'exercice leçon 5

1 zhèr. — **2** shénme. — **3** yě. — **4** yǒu.

DÌ WǓ KÈ

5.2

La méthode est graduée de façon à introduire progressivement les difficultés. Ne vous inquiétez pas si vous rencontrez deux ou trois fois une tournure avant d'en trouver enfin l'explication détaillée : à ce moment là, l'explication vous convaincra plus facilement, puisque l'expression sera déjà familière ! Laissez-vous guider, étudiez régulièrement, un quart-d'heure chaque jour, et ainsi vous apprendez d'une façon naturelle, et sans trop d'efforts.

第六课
DÌ LIÙ (6) KÈ
(ti lio k'he)

他是谁？
1 – Tā (1) shi shéi ?
(t'ha cheu chèye)

他是老李。
2 – Tā shi Lǎo Lǐ (2).
(t'ha cheu lao li)

我不认识他。
3 – Wǒ bú rènshi tā.
(ouo pou jènncheu t'ha)

你认识谁？
4 – Nǐ rènshi shéi ?
(ni jènncheu chèye)

我认识老王。
5 – Wǒ rènshi Lǎo Wáng.
(ouo jènncheu lao ouang)

我也认识他！
6 – Wǒ yě rènshi tā !
(ouo ié jènncheu t'ha)

他在不在？
7 – Tā zài-bú-zài ? (3)
(t'ha dzaye-pou-dzaye)

他不在。
8 – Tā bú zài. (4)
(t'ha pou dzaye)

SIXIEME LEÇON
(numéro / six / leçon)

1 – Qui est-ce, lui ?
(lui / c'est / qui ?)
2 – Lui, c'est Li !
(lui / c'est / Vieux-Li)
3 – Je ne le connais pas.
(moi / ne pas / connaître / lui)
4 – Qui est-ce que tu connais ?
(toi / connaître / qui ?)
5 – Je connais Wang !
(moi / connaître / Vieux-Wang)
6 – Moi aussi je le connais !
(moi / aussi / connaître / lui)
7 – Est-ce qu'il est ici ?
(lui / se trouver ici / ne pas / se trouver ici ?)
8 – Non ! Il n'est pas ici !
(lui / ne pas / se trouver ici)

NOTES

(1) Le pronon personnel de la troisième personne du singulier est *tā* : "il, elle, lui". Nous connaissons donc maintenant *wǒ*, *nǐ* et *tā*. Ils peuvent être en position de **sujet**, en tête de phrase, ou en position de **complément,** après le verbe.
"Il" et "elle" sont prononcés de la même façon : **tā**. Cependant, les deux idéogrammes sont distincts. Pour "il","lui", "le", l'idéogramme contient en partie gauche la *clé de l'homme* ; pour "elle", la partie gauche est la *clé de la femme*. En position de sujet, *tā* est traduit par "il". Lorsqu'il s'agit d'un complément, c'est *le* ("je *le* connais"). (Wǒ / rènshi / tā) : [moi / connaître / lui], "je / le / connais".

(2) *Lǎo Lǐ*, "le Vieux Li" : pour désigner les personnes, dans une conversation courante où il n'est pas nécessaire d'employer le nom complet, ou d'utiliser une formule de politesse, on fait le plus souvent précéder le nom de famille d'un diminutif tel que "le **vieux** Untel", "le **petit** Untel", "la **petite** Unetelle", . . .

(3) *Zài* est ici verbe et signifie "se trouver ici". La forme interrogative alternative, qui consiste à faire suivre le verbe à l'affirmatif de sa forme négative est donc : . . . . . *zài-bú-zài* ? "Est-ce que . . . . . est ici ?"

(4) Attention à la prononciation et aux tons ! *zai* se prononce comme "dzaye" ; *bu* se prononce comme dans "**pou**ssin". La négation *bù* devant une syllabe au quatrième ton se prononce au deuxième ton : *bú*.

LIÀNXÍ 练习
(liènn hsi)

他是老李吗？

1 Tā shi Lǎo Lǐ ma ?

你认识不认识老王？

2 Nǐ rènshi-bú-rènshi Lǎo Wáng ?

老李在不在？

3 Lǎo Lǐ zài-bú-zài ?

他认识不认识你？

4 Tā rènshi-bú-rènshi nǐ ?

你是不是老王？

5 Nǐ shì-bú-shì Lǎo Wáng ?

Wánchéng jùzi (compléter les phrases)
(Ouann tch ' eung t ju dzeu)

1 *Qui es-tu ?*

Nǐ shi .... ?

2 *Est-ce qu'il te connait ?*

Tā ...... nǐ ma ?

3 *Moi aussi, je connais Wang !*

Wǒ .. rènshi Lǎo Wáng !

4 *Est-ce qu'il est là ?*

Tā ... bú ... ?

EXERCICES

1 Est-ce que c'est lui, Li ?
2 Est-ce que tu connais Wang ?
3 Est-ce que Li est ici ?
4 Est-ce qu'il te connait ?
5 Est-ce que c'est toi Wang ?

Corrigé de l'exercice leçon 6

1 Shéi. – **2** rènshi. – **3** yě. – **4** zài – zài.

Les textes des premières leçons sont relativement courts. A partir de la deuxième semaine, il vont être plus consistants. N'hésitez pas à revenir sur les leçons précédentes. La première semaine est surtout destinée à vous familiariser avec les **sons de base** *du chinois. Exercez-vous à les bien prononcer, et surtout respectez absolument les* **tons** *indiqués sur chaque syllabe ! Vous savez maintenant les quiproquos que toute erreur de prononciation peut entraîner !*

Les phrases interrogatives en "est-ce que ... ?" peuvent s'exprimer, nous l'avons vu, de deux façons : soit avec la particule interrogative de fin de phrase 吗 **ma** *(prononcée au ton léger), soit en faisant suivre le verbe à la forme affirmative de sa forme négative, c'est-à-dire : [verbe + négation + verbe].*
Du point de vue du sens, il n'y a aucune différence entre ces deux manières de poser une question. La pratique vous conduira à choisir instinctivement la plus adéquate en fonction de la longueur de la phrase et du contexte. Notez cependant que la tournure avec 吗 **ma** *est très courante.*

第七课
DÌ QĪ (7) KÈ
(ti tshi k'he)

SEPTIEME LEÇON
(numéro / sept / leçon)

REVISION ET NOTES

Voilà déjà une semaine que vous étudiez le chinois. Il est temps de recenser l'ensemble des notions introduites. Nous prendrons l'habitude, tous les sept jours, de consacrer une leçon à la révision des six leçons précédentes. Ces pauses seront pour vous l'occasion de vérifier que vous n'avez pas perdu le fil !

1 Relisez les notes suivantes, en vous reportant chaque fois au texte : 1re : (1), (2) ; – 2e : (1), (3) ; – 3e (2), (5) ; – 4e : (1), (2), (5) ; – 5e : (1), (2), (3) ; – 6e : (1), (3), (4).

2 Vous avez remarqué que le même mot chinois peut être traduit de différentes façons, notamment les verbes ; il serait faux de ne traduire 是 *shì* que par "être". On a vu que 是 *shì* peut être traduit "suis", "est", "c'est", . . ., en fonction du contexte. C'est l'ensemble de la phrase qui permet de connaître le temps, le mode et la personne à laquelle il conviendra de conjuguer le verbe en français.

3 Les pronoms personnels sont moins utilisés qu'en français. C'est parfois pour insister sur la personne en question que le pronom est employé : 走 ! *zoǔ* !, "allons-y !" ; 不要 ! *bú yào* !, "je n'en veux pas !", 他是谁 ? *tā shi shéi* ?' "qui est-ce, **lui** ?", etc.

4 Prononciation. – Il convient de respecter les tons, on ne le répètera jamais assez ! Respectez également les règles de **changement de ton** : pour la négation 不 *bù*, changement de 不 *bù* en *bú* lorsque la syllabe qui suit est au quatrième ton. Lorsque deux syllabes au troisième ton se suivent, la première se prononce au deuxième ton.

Dernière règle introduite : une syllabe au troisième ton suivie d'une syllabe au premier, au deuxième ou au quatrième ton : la première se prononce au **"demi troisième ton"**, c'est-à-dire que la voix descend jusqu'au point le plus grave du troisième ton habituel, mais ne remonte pas vers le point aigü : reportez-vous au tableau qui se trouve dans l'introduction pour visualiser le trajet de la voix. Ces trois règles de modification phonétique sont valables, que les syllabes soient dans un même mot ou que ce soient des syllabes de mots différents, qui se suivent.

5 N'oubliez pas la distinction entre les consonnes pour lesquelles de l'air doit violemment être expiré (comme le *t* de 汤 *tāng*, le *c* de 菜 *cài*, le *k* de 裤子 *kùzi*, le *q* de 父亲 *fùqin)*, et les consonnes "non aspirées" (comme le *z* de 在 *zài*, le *sh* de 书 *shū*, ou le *b* de 笔 *bǐ*). Nous rencontrons progressivement ces sons délicats qu'il conviendra de prononcer distinctement, pour éviter tout contresens ; notamment, les consonnes *j*, *q* et *x* : (lues deux fois sur l'enregistrement) *ji* est proche de "djinn", "jean", "gin" ; *qi* est entre le son "tchi" et le son "tssi" ; *xi* est entre "*chi*mère" et "*Si*mon". Vous découvrirez rapidement que la prononciation demande plus de temps que les constructions grammaticales. Le chinois n'est pas, en soi, difficile. Le bien **parler**, en revanche, demande quelque effort !

6 Le verbe 有 *yǒu* ("avoir", "y avoir"), (les sons qui suivent sont lus deux fois dans l'enregistrement), est le seul dont la négation ne soit pas 不 *bù*. La négation est 没有 *méiyǒu*. Il convient d'être très prudent lorsque l'on est amené à *traduire* une phrase en chinois ; c'est la raison pour laquelle cette méthode est basée sur la mémorisation et l'assimilation de phrases et de structures **complètes**, dans un contexte, et non pas sur la retenue mécanique de listes de mots nouveaux ! Les mots chinois ont une certaine "liberté" grammaticale. On peut rencontrer un mot, adjectif dans une phrase, verbe dans une autre ou adverbe dans une troisième. Vous devez faire attention à la place des mots dans la phrase et mémoriser **globalement** chaque réplique.

7 **Rappelez-vous** : après z,c,s, zh, ch,sh et r, le "i" ne se prononce pas "i" ! il indique une "non voyelle", un "e muet", une consonne sans voyelle finale ; *shi,chi,si* se prononcent en fait "ch", "tch" et "sss" ! Dans un premier temps, la phonétique "française" les note "cheu", "tch'heu" et "sseu".

8 Avez-vous retenu comment se prononcent les mots (lus deux fois dans l'enregistrement) 累 *lèi,* 走 *zǒu,* 什么 ? *shénme,* 要 *yào,* 谁 *shéi*, et 在 *zài* ? vous souvenez-vous de ce qu'ils signifient ? vous trouverez au paragraphe 13 de la présente leçon les réponses à ces questions.

9 La prononciation figurée va peu à peu disparaître. Elle a servi dans les premières leçons à éviter un "dépaysement" phonétique ; nous l'indiquerons encore pour les mots difficiles à prononcer, et les sons qui n'auront pas déjà été rencontrés. On trouvera cette transcription en bas de chaque texte. Mémorisez les **tons** comme si c'était la **mélodie** avec laquelle vous deviez prononcer chaque phrase ! Notons que les tons légers sont aussi importants que les quatre autres tons . Enfin, l'intonation globale de la phrase est également très importante pour "faire chinois" lorsque vous répétez le texte. Si vous avez un enregistrement, il vous sera facile d'habituer votre oreille à l'intonation chinoise.

10 Rappelons que pour les syllabes comprenant plusieurs voyelles dans la transcription, dont la dernière est un "i", on ne prononce pas de "e" final, même si la prononciation figurée en comporte : *shei* se prononce "chèy(e)". *zai* se prononce "dzay(e)". Faites aussi attention aux consonnes nasales : On ne prononce pas le "g" final : *tang* se prononce "t'hang" et non "t'han*gue*". Le "g" sert ici à distinguer le "an" de "Anne", et le "ang" de "Wang", "puiss*ant*", "carrém*ent*".

11 Vous avez certainement remarqué que les leçons sont numérotées de façon relativement simple : "leçon" se dit 课 *kè*. On passe d'un chiffre cardinal à un chiffre ordinal en faisant précéder le nombre de 第 *dì* ; ainsi : "une leçon" se dit 一课 *yī kè*, et "la **première** leçon", "leçon 1" se dit 第一课 *dì yī kè*.

12 Les phrases simples répondent au schéma général : [sujet / verbe / complément]. 我认识他。*Wǒ rènshi tā* : "je le connais" ; 他是谁？ *tā shi shéi* ? Qui est-il ? ([lui / est / qui ?]). Nous avons rencontré également une catégorie de verbes qu'il convient de mettre "à part" : **les verbes de qualité.** Ce sont des adjectifs qui sont verbes également, et donc se placent immédiatement après le sujet : 我累。 *wǒ lèi*, "je (suis) fatigué" ; 我饿。*wǒ è*, "j'(ai) faim".

13 Lèye (être fatigué) ; – dzo (marcher, partir, s'en aller) ; – chemme (quoi ?) ; – iao (vouloir) ; – chèye (qui ?) ; – dzaye (être ici).

我累！

14 *Exercice deuxième vague.* Lorsque vous atteindrez la cinquantième leçon il vous sera alors demandé de reprendre, de façon *active*, la première leçon, et de traduire le texte français en chinois, oralement et par écrit. C'est cela que nous appelons la **deuxième vague.** Chaque jour, à la suite de la leçon que vous venez d'étudier, vous reprendrez une à une les leçons du début du livre. Certaines contiennent des exercices notés "deuxième vague" ; cela signifie que vous ne les ferez *par écrit* que

lors de la deuxième vague. Provisoirement, contentez-vous de *lire* ces exercices et leurs corrections.
Ainsi, arrivé à la centième leçon, il vous restera encore à étudier de façon active les cinquante dernières leçons, pour terminer cette "deuxième vague".

TRADUIRE:

1 Est-ce que tu (veux) acheter des livres ?
2 Lui, c'est mon père !
3 Je ne le connais pas.
4 Est-ce que ton père est ici ?
5 Est-ce que tu veux de la soupe ?

15 Correction des exercices deuxième vague.

1 你买不买书？ Nǐ mǎi-bù-mǎi shū ? (*ou* : 你买书吗？ Nǐ mǎi shū ma ?)
2 他是我父亲！ Tā shi wǒ fùqin !
3 我不认识他。 Wǒ bú rènshi tā.
4 你父亲在不在这儿？ Nǐ fùqin zài-bú-zài (zhèr) ?
5 你要不要汤？ Nǐ yào-bú-yào tāng ?

第八课
DÌ BĀ (8) KÈ
(ti pa k'he)

去吃饭，好不好？
1 – Qù chī-fàn, hǎo-bù-hǎo (1)

好！
2 – Hǎo !

FĀYĪN (prononciation) 发音

1 Tshu tch'heu fann, r'hao-pou-r'hao ? – **2** r'hao !

Si vous avez les enregistrements, écoutez une nouvelle fois les six premières leçons avant de passer à l'étape suivante.

Vous trouverez toujours transcrits en caractères chinois le numéro des leçons, le titre, le dialogue et le premier exercice. Pour les leçons de révision, tous les mots seront transcrits, à la fois en idéogrammes et en phonétique "pinyin". Sur l'enregistrement, figurent également tous ces éléments, mais de plus vous y trouverez l'exercice d'incrustation, et les mots sur lesquels portent certaines remarques en fin de leçon.
Pour mémoriser la graphie des mots chinois, une seule méthode : cachez la phonétique, et exercez-vous à relire à haute voix les répliques **en idéogrammes.** *Ensuite, prenez un carnet, et écrivez chaque caractère une bonne vingtaine de fois !*

HUITIEME LEÇON
(numéro / huit / leçon)

1 – Allons manger, d'accord ?
(aller / manger (du riz) / bien-pas bien ?)
2 – D'accord !
(bien)

NOTES

(1) Encore une fois, vous notez que lorsque le contexte le permet, on se dispense d'employer les pronoms personnels. *Chī-fàn* signifie mot à mot "manger" (*chī*) / "du riz" (*fàn*), mais veut tout simplement dire, sauf cas précis, [manger / de la nourriture], "manger".

你饿不饿？
3 – Nǐ è-bú-è ?

我不太饿！
4 – Wǒ bú tài è ! (2)

你想吃什么？
5 – Nǐ xiǎng (3) chī shénme ?

吃面，行不行？
6 – Chī miàn (4), xíng-bù-xíng ? (5)

行！去吃面！
7 – Xíng ! Qù chī miàn !

FĀYĪN (prononciation) 发音

3 ni e-pou-e ? – **4** ouo pou t'haye e ! – **5** ni hsiang tch'eu chemme ? – **6** – tch'heu miènn, hsing pou hsing ? – **7** hsing ! tshu tch'heu miènn !

LIÀNXÍ 练习

好不好？
1 – Hǎo-bù-hǎo ?

你想不想吃？
2 – Nǐ xiǎng-bù-xiǎng chī ?

你去不去吃饭？
3 – Nǐ qù-bú-qù chī-fàn ?

我不太累。
4 – Wǒ bú tài lèi.

你要吃什么？
5 – Nǐ yào chī shénme ?

3 – Est-ce que tu as faim ?
(toi / faim-pas-faim ?)
4 – Non ! Je n'ai pas très faim !
(moi / pas / trop / faim)
5 – Qu'est-ce que tu as envie de manger ?
(toi / avoir envie de / manger / quoi ?)
6 – Et si on mangeait des nouilles ! Qu'en penses-tu ?
(manger / nouilles / aller-pas-aller ?)
7 – C'est d'accord ! Allons manger des nouilles !
(ça va ! // aller / manger / nouilles !)

NOTES (suite)

(2) *È* signifie "avoir faim" et se place immédiatement après le sujet. La négation **bù** se place avant le verbe. Quant à l'adverbe *tài*, "trop", il se place entre la négation et le verbe (et donc juste avant le verbe lorsqu'il n'est pas à la forme négative). *Tài* ne peut modifier directement le sens que des **verbes de qualité** (trop vite, trop cher, trop / avoir faim, trop / être fatigué, . . .) Ne **jamais** l'employer directement devant un verbe d'action.

(3) *Xiǎng*, "avoir envie de . . ." est toujours suivi d'un verbe d'action ; c'est en fait "avoir envie de (faire quelque chose)". Ne prononcez pas le "g", qui n'est là que pour indiquer une nasalisation de la voyelle.

(4) On trouve ici le verbe "manger", *chī*, et non pas *chī fàn*, car la discussion porte bien sur **ce que l'on va manger**, et *miàn*, les nouilles, vient remplacer *fàn*, le riz, en position de complément. Attention : ne pas prononcer le *n* final !

(5) *Xíng*, "ça va", "ça colle", c'est d'accord", "ça marche", est un mot très courant. Bien sûr il en est de même pour *bù xíng*, "ça ne marche pas ", "pas d'accord", "impossible". L'interrogation est : *xíng-bù-xíng* ?, ou bien *xíng ma* ? "est-ce que c'est possible ?", "d'accord ?", "est-ce que ça marche?", . . .

EXERCICES

1 Est-ce que ça va ? (est-ce que c'est bien ?)
2 Est-ce que tu as envie de manger ?
3 Est-ce que tu vas manger ?
4 Je ne suis pas très (trop) fatigué.
5 Qu'est-ce que tu veux manger ?

Wánchéng jùzi : (compléter les phrases)

1 *Moi aussi, je vais manger.*

Wǒ yě qù ....

2 *Est-ce qu'il a envie de manger des nouilles ?*

Tā ..... bù ..... chī miàn ?

3 *Ici, est-ce que tu connais ? (Est-ce que tu es déjà* **venu** *ici ?)*

...., nǐ lái-guo ma ?

4 *(Si) tu ne manges pas, est-ce que ça peut aller ?*

Nǐ bù .... xíng-bù .... ?

A partir de cette deuxième semaine vous trouverez la prononciation figurée en bas de chaque texte et non plus sous chaque réplique. Dans quelques jours, lorsque tous les sons du chinois auront été rencontrés, nous ne reprendrons pas intégralement chaque réplique mais uniquement les mots les moins faciles à prononcer. N'oubliez pas que la prononciation figurée ne comporte pas les tons, et que les "e" accentués se prononcent comme en français. Cette transcription n'est là que pour vous "repêcher" en cas de naufrage, mais votre attention doit se porter principalement sur le **chinois**,*sur les idéogrammes et sur la transcription "pinyin", qui comporte les* **tons**, *et que vous devez vous efforcer de bien prononcer.*

Corrigé de l'exercice leçon 8

1 chī-fàn. – **2** xiǎng - xiǎng. – **3** zhèr. – **4** chī-fàn - xíng.

Renvois. – *Si, dans une leçon quotidienne, vous rencontrez une tournure de phrase, un mot ou une transcription phonétique que vous n'arrivez pas à assimiler, faites un* **renvoi** *: soulignez le passage délicat. Tournez une dizaine de pages du livre et inscrivez en marge le numéro de la page à laquelle se trouve la difficulté. Quand, dans quelques jours, vous en serez à la leçon qui comporte en marge le renvoi, la difficulté aura peut-être disparu, car vous aurez répété dans les leçons suivantes l'expression sur laquelle vous butiez, et vous en aurez trouvé l'explication.*
En cas de persistance, faites un second renvoi quelques pages plus loin.

Encore une fois, et cette leçon nous le montre bien, vous avez remarqué que le chinois est aussi concis que possible ; notamment dans des dialogues, où deux interlocuteurs n'utilisent les pronoms personnels que lorsque cela est vraiment nécessaire : **吃面 Chī miàn !**, *"Et si nous mangions des nouilles !", est un des exemples de cette concision. Nous en trouverons de nombreux autres dans les prochaines leçons.*

第九课

DÌ JIǓ (9) KÈ

(ti tjio k'he)

你住在这儿吗？
1 – Nǐ zhùzài zhèr (1) ma ?

是！
2 – Shì ! (2)

这儿房子好不好？
3 – Zhèr fángzi hǎo-bù-hǎo ?

很好！
4 – Hěn hǎo ! (3)

安静不安静？
5 – Ānjìng-bù-ānjìng ? (4)

你住在这儿吗？

FAYIN (Prononciation) 发音

1 Ni djoudzaye djeu'rr ma ? – **2** cheu ! – **3** djeu'rr fangdzeu r'hao ? – **4** r'hènn r'hao ! – **5** anntjing-pou-anntjing ?

NEUVIEME LEÇON
(numéro / neuf / leçon)

1 – Est-ceque tu habites ici ?
(toi / habiter à / ici / est-ce que ?)
2 – Oui !
(être !) (il en) **est** *(ainsi) !*
3 – Est-ce que la maison (l'appartement) est bien, ici ?
(ici / maison / bien-pas-bien ?)
4 – Oui ! C'est très bien !
(très / bien)
5 – Est-ce que c'est tranquille ?
(tranquille / pas / tranquille ?)

NOTES

(1) "Habiter à . . ." se dit *zhùzài*, et est directement suivi du lieu d'habitation. *Wǒ zhùzài zhèr*, j'habite ici ; *tā yě zhùzài zhèr*, lui aussi habite ici.
Attention à la prononciation ! Respectez bien les tons ! Ici, deux syllabes au quatrième ton : de l'aigũ vers le grave : *zhùzài* ("djoudzaye"). *Zhèr* signifie "ici", et peut être sujet (*zhèr / hěn hǎo, ici /* c'est très bien) ou complément de lieu (*wǒ zhùzài zhèr*, moi / j'habite / ici).

(2) En réponse à une question en "est-ce que . . . ?", formulée avec la particule de fin de phrase *ma*, et lorsque l'on veut confirmer la supposition de l'interlocuteur, on utilise souvent le verbe "être", *shì,* prononcé au quatrième ton, vigoureusement, au sens de : "Oui ! il en *est* ainsi ! C'est exact ! C'est vrai !". On emploie parfois, également dans ce sens, le mot *duì* ! (prononcer "toué"), qui veut dire "exact ! c'est vrai ! c'est juste !". Notez l'expression *duì-bú-duì* ? "est-ce vrai ?", "est-ce exact ?", "est-ce que (j')ai raison ?".

(3) Les"adjectifs verbaux", ou "verbes de qualité", sont la plupart du temps précédés de l'adverbe *hěn* ("très"). Cependant, dans beaucoup de cas, l'usage fréquent de "très" a fait perdre à *hěn* un peu de sa force : *hěn hǎo* !, "c'est bien !", ou "c'est très bien!", selon le ton.

(4) Attention à la prononciation ! *Bù* se prononce en fait entre le "b" de "boulevard" et le "p" de "poussin". Reconnaissez, au vu de cette réplique, qu'il n'est pas difficile de formuler une question en chinois : *hǎo-bù-haǒ* ? ("est-ce que c'est bien ?") ; *ānjìng-bù-ānjìng ?* ("est-ce que c'est tranquille ?") ; *duì-bú-duì ?* ("est-ce que c'est juste ?, est-ce que c'est bien exact ?") !

很安静！
6 – Hěn ānjìng !

你爱人也住在这儿吗？
7 – Nǐ àiren yě zhùzài zhèr ma ? **(5)**

幸亏他不住在这儿！
8 – Xìngkuī **(6)** tā **(7)** bú zhùzài zhèr !

FAYIN (Prononciation)

6 – r'hènn anntjing ! – **7** ni ayejènn yé djoudzaye djeu'rr ma ?
8 hsing k'houéi t'ha pou djoudzaye djeu'rr !

LÌANXÍ 练习

他对不对？
1 – Tā duì-bú-duì ?

我很累。
2 – Wǒ hěn lèi.

这儿房子好不好？
3 – Zhèr, fángzi hǎo-bù-hǎo ?

这儿安静不安静？
4 – Zhèr, ānjìng-bù-ānjìng ?

他也住在这儿吗？
5 – Tā yě zhùzài zhèr ma ?

6 – Oui ! C'est très tranquille !
(très / tranquille)
7 – Ton mari aussi habite ici ?
(ton / conjoint / également / habiter (à) / ici / est-ce que ?)
8 – (Non !) Heureusement (qu') il n'habite pas ici !
(heureusement (que) / lui / ne pas / habiter (à) / ici)

NOTES (suite)

(5) Le terme *àiren* désigne aussi bien "mari" que "femme". Il signifie "conjoint". Dans ce dialogue, arbitrairement il est vrai, nous lui avons donné le sens de "mari / époux". Mais il aurait été tout à fait possible d'inverser les rôles. En tout cas dans la version ici présentée, le pronom personnel *tā* (réplique 8) est "il" et non pas "elle". Ces deux pronoms personnels se prononcent de la même façon, mais dans "elle", la partie gauche est la *clé de la femme*, alors que pour "il" il s'agit de la *clé de l'homme*. Encore une fois, ne négligez pas l'étude des idéogrammes ! vous voyez que c'est capital !
(6) *Xìngkuī* signifie "heureusement (que) . . .!" ; il suffit, tout simplement, de ne pas traduire le "que" ! *Xìngkuī yǒu* ! "heureusement (qu')il y (en) a ! " ; *xìngkuī wǒ bú lèi* ! "heureusement que je ne suis pas fatigué !"
Devant une syllabe au quatrième ton, *bù* se prononce au deuxième ton : *bú*.
(7) "Il" et "elle". En chinois parlé, même prononciation : *tā*. Seule l'écriture (et le contexte de la conversation) peut permettre de les distinguer (voir note 5).

EXERCICES

1 Est-ce qu'il a raison ?
2 Je suis très fatigué.
3 Est-ce que la maison (l'appartement,le logement) est bien, ici ?
4 Ici, est-ce que c'est calme ?
5 Est-ce que lui aussi habite ici ?

Wánchéng jùzi (compléter les phrases)

1 *Heureusement (qu') ici il y a du pain !*

.... zhèr yǒu miànbaō !

2 *Moi aussi, j'habite ici !*

Wǒ yě ...... zhèr !

3 *Ici, ce n'est pas très calme (tranquille) !*

Zhèr bù hěn ...... !

4 *(Tu) as raison !*

Hěn ... ! (C'est exact !, c'est tout à fait juste !)

第十课
DÌ SHÍ (10) KÈ
(ti cheu k'he)

冷不冷？
1 – Lěng-bù-lěng ? **(1)**

不冷！
2 – Bù lěng !

你出去吗？
3 – Nǐ chūqu ma ?

FĀYĪN (Prononciation) 发音

1 Leung-pou-leung ? – **2** pou leung – **3** ni tch'hou tshu ma ?

Corrigé de l'exercice leçon 9.

1 Xìngkuī. – **2** zhùzài. – **3** ānjìng. – **4** duì.

Cette deuxième semaine encore, les textes ne sont pas trop longs et les répliques pas trop compliquées. Seuls sont introduits cinq ou six mots nouveaux par leçon pour que vous ne soyez pas "débordés". Si vous ressentez quelque difficulté, n'hésitez pas à revenir en arrière et lire les leçons précédentes. Un mot encore de l'écriture idéographique : ce n'est qu'en lisant et relisant de multiples fois les mêmes répliques, les mêmes mots, les mêmes caractères, que vous parviendrez à mémoriser sans trop de mal les **idéogrammes,** *si toutefois vous ne souhaitez pas simplement* **comprendre** *et* **parler,** *mais également* **lire** *et* **écrire.**

DIXIEME LEÇON
(numéro / dix / leçon)

1 – Est-ce qu'il fait froid ?
(faire froid-pas-faire froid ?)
2 – Non ! Il ne fait pas (très) froid !
(ne pas / faire froid)
3 – Tu sors ?
(toi / sortir-aller / est-ce que ?)

NOTES

(1) *Lěng* est un verbe de qualité : "faire froid", ou "avoir froid", selon le contexte. On l'emploie à l'impersonnel : *hěn lěng* !, "il fait très froid", ou avec un sujet nominal : *wǒ bù lěng* !, "je n'ai pas froid, *Bālí hěn lěng,* "(à) Paris (il fait) très froid".

出去！
4 – Chūqu ! (2)

你去哪儿？
5 – Nǐ qù nǎr ? (3)

去买报！
6 – Qù mǎi bào !

买什么报？
7 – Mǎi shénme bào ? (4)

买“新晚报”！
8 – Mǎi "Xīn Wǎn Bào" ! (5)

FAYIN (Prononciation) 发音

4 tch'hou tshu – **5** ni tshu na'rr ? – **6** tshu maye pao – **7** maye chemme pao ? – **8** maye hsinn ouann pao

LIÀNXÍ 练习

你冷不冷？
1 – Nǐ lěng-bù-lěng ?

你出去不出去？
2 – Nǐ chūqu-bù-chūqu ?

他去哪儿？
3 – Tā qù nǎr ?

他住在哪儿？
4 – Tā zhùzài nǎr ?

他买什么报？
5 – Tā mǎi shénme bào ?

4 – Oui ! (Je sors !)
(sortir-aller)
5 – (Et) où est-ce que tu vas ?
(toi / aller / où ?)
6 – Je vais acheter le journal !
(vais / acheter / journal)
7 – (Et) quel journal vas-tu acheter ?
(acheter / quel ? / journal)
8 – (Je vais acheter) le "Nouveau quotidien du soir" !
(acheter / nouveau / soirée-journal)

NOTES (suite)

(2) Réponse laconique : "Oui!" est exprimé en reprenant le verbe, à la forme affimative, sans même utiliser de pronom personnel. Attention à la prononciation ! Dans *chu*, le "u" indique le son "ou, de m*ou*choir", et dans *qu*, le "u" indique le "u de G*u*lliver". Après les consonnes j,q et x, en effet, le son "ou" n'existe pas. Relisez l'introduction phonétique si vous avez oublié ces informations.

(3) On trouve ici *qù,* qui veut dire "aller". Dans la phrase précédente, *chūqù* (prononcé *chūqu*) est un composé de *chū*, "sortir", et *qù*, "se diriger vers,aller". *Năr* est l'interrogatif ,,où?", "en quel endroit ?". Il est ici en position de complément, après le verbe.

(4) Nous avions vu *shénme* dans le sens de "quoi ?" (cf. leçon 2, note 3). Ici il a le sens de "quel, quels, quelle (s)", et est suivi d'un nom : *shénme bào* ?, quel journal ? ; *shénme shū* ? quel livre ?

(5) *Xīn* , "neuf, nouveau" ; *wăn*, "soirée, soir". Les qualificatifs se placent toujours **devant** le nom qu'ils qualifient. Attention à la prononciation de *bào* : "pao", entre le "b" et le "p". Relisez l'introduction phonétique si vous avez l'impression d'oublier le sens de l'alphabet phonétique chinois. *Bào* "journal". Notez également le mot *dàzìbào* (mot à mot : journal / (à) grands / caractères) : "affiche manuscrite, journal mural". (prononcez "tadzeupa(o)")

EXERCICES

1 Est-ce que tu as froid ?
2 Est-ce que tu sors ?
3 Où va-t-il ?
4 Où habite-t-il ?
5 Quel journal achète-t-il ?

Wánchéng jùzi : (compléter les phrases)

1 *Il ne fait pas très froid.*

Bù ... lěng.

2 *Est-ce que tu veux sortir ?*

Nǐ yào ..... ma ?

3 *Où va-t-il ?*

Tā .. nǎr ?

4 *Est-ce que tu vas acheter le journal ?*

Nǐ qù ... ... ma ?

冷不冷 ?

第十一课
DÌ SHÍ-YĪ (11) KÈ

她是你妹妹吗？

1 — Tā shi nǐ-mèimei **(1)** ma ?

FĀYĪN (prononciation) 发音

1 T'ha cheu ni méiméi ma ?

Corrigé de l'exercice leçon 10

1 Hěn. – **2** chūqu. – **3** qù. – **4** mǎi bào.

Vous avez remarqué en début de chaque leçon chinoise la façon de numéroter : on ajoute 第 **dì** *en tête de l'expression ; ainsi* 第十课 **dì shí kè** *veut dire "dixième leçon",* 十 **shí** *signifiant "dix" et* 课 **kè** *"leçon". Reportez-vous maintenant aux titres des dix premières leçons, et assurez-vous que les chiffres de un à dix vous sont, sinon familiers (ils le seront, nous l'espérons, dans quelques jours), du moins pas trop étrangers. Dorénavant, faites attention à la numérotation, au dessus de dix ; profitez des numéros de leçons pour vous familiariser avec les chiffres chinois ! Le système, vous verrez, est simple comme bonjour.*

Ne négligez pas les notes. Tout en évitant les explications grammaticales fastidieuses, elles contiennent, nous l'espérons, des éléments qui vous aideront à comprendre les nouvelles structures introduites. Si vous disposez de l'enregistrement, n'oubliez pas que, jusqu'à la leçon 14, les dialogues sont joués deux fois !

ONZIEME LEÇON

(numéro / onze (dix + un leçon)

1 – C'est ta petite soeur, elle ?
(elle / être / ta soeur / (cadette) / est-ce que ?)

NOTES

(1) Nous avons vu que, *pour les liens de parenté*, le génitif s'exprime souvent en faisant tout simplement suivre la personne "référence" de l'élément déterminé (voir leçon 4, note 2). *Mèimei* : soeur cadette. *Jiějie*, soeur aînée. *Gēge*, frère aîné. *Dìdi*, frère cadet.

不是！她是我朋友！
2 — Bú shì ! (2) ! Tā shi wǒ-péngyou ! (3)

她也是中国人吗？
3 — Tā yě shi zhōngguó-rén ma ?

是！
4 — Shì ! (4)

她爱人也在中国吗？
5 — Tā-àiren yě zài Zhōngguó ma ?

当然！
6 — Dāngrán ! (5)

他们有孩子吗？
7 — Tāmen yǒu háizi ma ?

有！
8 — Yǒu ! (4)

有几个？
9 — Yǒu jǐ-ge ? (6)

我不知道！
10 — Wǒ bù zhīdào ! (7)

FAYIN (prononciation) 发音

2 Pou cheu ! t'ha cheu ouo p'eung-io — **3** T'ha yé cheu djoung kouo jènn ma ? — **4** cheu ! — **5** T'ha aye-jènn ié dzaye djong-kouo ma ? — **6** Tang-jann ! — **7** T'hamenn io r'haye-dzeu ma ? — **8** Io ! — **9** Io tji ke ? — **10** Ouo pou djeu-tao

---

N'oubliez pas de lire le numéro de chaque leçon, en chinois. A partir de cette onzième leçon nous n'indiquerons plus la prononciation française des numéros puisque, jusqu'à 99, on utilise les chiffres de 1 à 10, que nous avons déjà vus. Vous avez remarqué : "onze" se dit : "dix-un" (sous-entendu : "dix / (plus) / un" !).

2 — Non ! C'est une amie ! (C'est une de mes amies !)
(ne pas / être // elle / être / mon amie)

3 — Elle aussi est chinoise ?
(elle / aussi / être / chinoise / est-ce que ?)

4 — Oui !
(être)

5 — Son mari aussi est en Chine ?
(son (à elle) / mari / également / se trouver à / Chine / est-ce que ?)

6 — Bien sûr !
(bien sûr)

7 — Est-ce qu'ils ont des enfants ?
(eux / avoir / enfants / est-ce que ?)

8 — Oui ! Ils en ont !
(ont!)

9 — Combien en ont-ils ?
(avoir / combien ?)

10 — Ça, je n'en sais rien !
((moi) / ne pas / savoir)

NOTES (suite)

(2) "Non !" s'exprime en reprenant la phrase, ou le verbe de la phrase précédente, à la **forme négative**. Devant un quatrième ton, *bù* se prononce *bú* !

(3) Attention à la prononciation ! le "p" se prononce en expirant brusquement beaucoup d'air !

(4) "Oui !" se dit en reprenant le verbe de la phrase ou de la question précédente, à la forme affirmative.

(5) "Bien sûr !", c'est évident !" ; attention à bien prononcer les tons ! le premier ton sur *dang* puis le deuxième ton sur *ran*. Attention au "d" qui est plus sec qu'un "d" français : entre le "d" de "dent" et le "t" de "tente". Le "r" se prononce presque comme un "j". C'est une consonne proche du "r" anglais de "flow*er*". Réplique 5, *zài*, "se trouver en ...", suivi d'un nom de lieu. Toujours !

(6) *Jǐ-ge* signifie "combien de . . . ?", mais nous verrons qu'il existe de nombreuses façons de dire "combien de . . . ?", et ce en fonction du **nom** qu'il s'agit de "comptabiliser". Retenons pour l'instant : *jǐ-ge haízi* ?, "combien d'enfants ? "

(7) *Wǒ bù zhīdào* ! Je n'en sais rien ! (moi / pas / savoir). *Tā zhīdào ma* ? "est-ce qu'il (le) sait ?"

LIÀNXÍ 练习

他是不是你哥哥？
1 – Tā shì-bú-shì nǐ-gēge ?

他也住在这儿吗？
2 – Tā yě zhùzài zhèr ma ?

他有几个哥哥？
3 – Tā yǒu jǐ-ge gēge ?

你知道不知道？
4 – Nǐ zhīdào-bù-zhīdào ?

Wánchéng jùzi (compléter les phrases)

1 *Est-ce que c'est lui ton ami ?*

Tā shi nǐ- .... ma ?

2 *Est-ce que ta femme habite aussi ici ?*

Nǐ- ..... yě zhùzài zhèr ma ?

3 *Combien d'enfants ont-ils ?*

Tāmen yǒu ..... háizi ?

4 *Est-ce que toi aussi tu as des enfants ?*

Nǐ .. yǒu háizi ma ?

EXERCICES

1 Est-ce que c'est ton grand frère lui ?
2 Est-ce qu'il habite aussi ici ?
3 Combien de frères a-t-il ?
4 Est-ce que tu (le) sais ?

Corrigé de l'exercice leçon 11.

1 péngyǒu. – **2** àiren. – **3** jǐ-ge. – **4** yě.

他们有孩子吗？

Vous avez trouvé dans cette leçon de nombreux mots nouveaux. N'essayez pas de les retenir mécaniquement ; c'est à force de les rencontrer que vous les mémoriserez le plus naturellement. En chinois parlé vous avez noté que ''ils'', ''eux'' se dit 他们 **tāmen***. On passe de ''il'' (* 他 **tā***), ou ''elle (* 她 **tā***) à ''ils''* 他们 **tāmen***), ''elles'' (*她们 **tāmen***) ou ''eux'' (* 他们 **tāmen***) en rajoutant au pronom personnel singulier* 们 **men***, pour en faire un pluriel. De la même façon on aura donc : nous,* 我们 **wǒmen** *; vous* 你们 **nǐmen.**
Ajoutons enfin que 哥哥 **gēge** *signifie en fait ''grand frère'', mais que ce terme est utilisé couramment, tout simplement dans le sens de ''frère''. La Chine,* 中国 **zhōngguó**, *signifie mot à mot le Pays* 国 *(***guó***) du Milieu* 中 *(***zhōng***). En chinois, le déterminant précède toujours le déterminé. Les noms de pays, pour la plupart, seront formés d'un premier caractère (une première syllabe) symbolisant le pays étranger en question (en général la première syllabe de sa transcription phonétique), et du caractère* 国 **guó**, *signifiant ''pays'' (France :* 法国 **fǎguó** *; Amérique (U.S.A.) :* 美国 **Měiguó***, ...).*

第十二课

DÌ SHÍ-ÈR (12) KÈ

这个书包好不好？
1 — Zhèi-ge **(1)** shūbāo, hǎo-bù-hǎo ?

很好！这个颜色很好！
2 — Hěn hǎo ! zhèi (-ge) yánsè, hěn hǎo !

你喜欢不喜欢？
3 — Nǐ xǐhuan-bù-xǐhuan ? **(2)**

很漂亮！
4 — Hěn piàoliang ! **(3)**

我买一个，好不好？
5 — Wǒ mǎi yí-ge **(4)**, hǎo-bù- hǎo ? !

你想买就买吧！
6 — Nǐ xiǎng mǎi jiù **(5)** mǎi ba **(6)** !

贵吗？
7 — Guì ma ?

不贵！可是没有大的！
8 — Bú guì ! Kěshì méiyǒu dà-de !

FĀYĪN (prononciation) 发音

1 Djèye-ke choupao r'hao-pou-r'hao ? — **2** R'hènn r'hao ! djèye-ke iènn-sse r'hènn r'hao ! — **3** Ni hsi-r'houann-pou-hsi-r'houann ? **4** R'hènn p'hiaoliang ! — **5** Ouo maye i-ke r'hao-pou-r'hao ? **6** Ni hsiang maye tjio maye pa ! — **7** Koué ma ? — **8** Pou koué, k'he-cheu mèio ta-te.

DOUZIEME LEÇON

(numéro / douze (dix + deux / leçon)

1 — Est-ce qu'il est bien, ce sac ?
(ce / cartable / bien-pas-bien ?)

2 — Très bien ! cette couleur, c'est parfait !
(très / bien / cette / couleur / très / bien)

3 — Est-ce que tu (l') aimes ?
(tu / aimes-pas aimes ?)

4 — (Oui !), c'est très joli !
(très / joli)

5 — Bon ! J'en achète un ; d'accord ?
(je / *achète / un / d'accord-pas-d'accord ?)*

6 — (Si) tu as envie de l'acheter, eh bien achète-le donc !
(tu / avoir envie de / acheter / alors / acheter / donc !)

7 — Est-ce que c'est cher, ça ?
(cher / est-ce que ?)

8 — Non ! mais (je) n'en ai pas de grand !
(pas / cher / mais / ne pas (y) avoir / grand)

NOTES

(1) *Zhèi-ge* : ce, cet, cette. Ce démonstratif est composé de *zhèi* et d'une particule, ici *ge*, qui peut varier en fonction de la nature du nom qui suit. Pour l'instant, ne retenons que *ge*, qui est la plus courante. Nous verrons dans les prochains jours plus en détail ces particules appelées "spécificatifs". Nous avions déjà vu *jǐ-ge* ("combien de . . . ?), suivi d'un nom.

(2) Ici il ne s'agit pas du verbe "aimer (d'amour)", mais de l'équivalent de l'anglais "to like", "aimer bien", "apprécier".

(3) Attention à bien expirer fortement pour le p de *piàoliang !*

(4) *Yí-ge* signifie "un", "une". On ne fait **jamais** directement suivre un nombre du nom ainsi dénombré. On intercale toujours une particule appelée **spécificatif**, et qui varie en fonction de la nature du nom commun. Ici, *ge*, qui est le spécificatif le plus courant. (voir note 1).

(5) Ici *jiù* est une conjonction : "alors", "eh bien . . . ." Le conditionnel est sous-entendu, comme très souvent en chinois lorsque le sens est clair. On veille à toujours employer la formule la plus concise !

(6) La particule de fin de phrase *ba* exprime une invite, rendue généralement en français par **l'impératif** : "Eh bien alors, ..." + impératif.

怎么办？
9 – Zěnme bàn ?

买小的吧！
10 – Mǎi xiǎo-de ba ! **(7)**

FAYIN (prononciation) 发音

9 Dzemme pann ? – **10** Maye hsiao-te pa !

LIÀNXÍ 练习

这个，贵不贵？
1 – Zhèi-ge, guì-bú guì ? *

我不饿，可是我很累！
2 – Wǒ bú è, kěshì wǒ hěn lèi !

你想吃就吃吧！
3 – Nǐ xiǎng chī jiù chī ba !

你爱人很漂亮！
4 – Nǐ-àiren hěn piàoliang !

* Lorsqu'il n'est pas suivi d'un nom, le démonstratif 这个 zhèi-ge a le sens de "ça", "cette chose".

N'utilisez la prononciation française que pour vous "dépanner".

9 – Alors ! Comment vais-(je) faire ?
(comment ? / faire)
10 – Achètes-en un petit !
(achètes / (un) petit / donc !)

NOTES (suite)

(7) Des grandes : *dà-de* ; des petites : *xiǎo-de*. Les sujets sont ici sous-entendus. L'adjectif grand (*dà*), *ou petit (*xiǎo) ne précède pas directement le nom. On intercale entre l'élément déterminant, ici l'adjectif, et l'élément déterminé, le nom (ici sous-entendu) la particule de détermination *de*. Nous rencontrerons dans les prochaines leçons d'autres exemples d'emploi de cette particule de détermination *de*. *Guì-de* (une chère / une qui soit chère) ; *bù guì de* (une pas chère / une qui ne soit pas chère). *Bù guì de fángzi*, (un appartement pas cher). Notez déjà : *hǎo-de shū* (un bon livre) ; *hǎo-de* (un bon). *Piàoliang-de shūbāo* (un joli cartable), *piàoliang-de* (un joli / un (qui est) joli). *Dà-de fángzi* (une grande maison), *dà-de* (une grande / un grand, . . .) L'adjectif **précède toujours** le nom !

EXERCICES

1 Ceci, est-ce que c'est cher ?
2 Je n'ai pas faim, mais je suis très fatigué !
3 Si tu as envie d'(en) manger, eh bien, manges-en donc ! (si tu as envie de (le) manger, eh bien mange(-le) !)
4 Ta femme est très jolie ! (ou: "ton mari", *àiren* voulant dire "époux "**ou**" épouse").

Wánchéng jùzi (compléter les phrases)

1 *Est-ce que cet enfant est fatigué ?*

.... háizi lèi-bú-lèi ?

2 *Ce plat n'est pas cher.*

Zhèi-ge cài .. ...

3 *C'est joli, mais c'est très cher !*

Piàoliang, ... hěn guì !

4 *J' (en) ai (des) petits, mais (je) n'(en) ai pas (de) grands.* **

Wǒ yǒu .... , kěshì méiyǒu .....

** On peut, lorsque le sujet est le même dans les deux parties de la phrase, sous-entendre celui-ci dans la seconde partie.

第十三课
DÌ SHÍ-SĀN (13) KÈ

她是谁？
1 – Tā shi shéi ?

她是我爱人。
2 – Tā shi wǒ-àiren **(1)**.

FAYIN (prononciation) 发音

1 T'ha cheu chèye ? – **2** T'ha cheu ouo aye-jènn

Corrigé de l'exercice leçon 12

1 Zhèi-ge. – **2** bú guì. – **3** kěshì. – **4** xiǎo-de / dà-de.

Certains éléments de grammaire ne sont abordés que très succintement. Nous retrouverons dans les prochains jours ces points qui vous semblent encore obscurs. La troisième ou la quatrième fois ils vous seront plus familiers, et l'explication alors interviendra. Ne vous impatientez pas et progressez régulièrement, un quart-d'heure chaque jour ; et laissez-vous guider, votre niveau de compréhension s'améliorera, sans peine.

Attention à la prononciation du **r** *chinois en consonne initiale : proche du* **j** *français, ce son s'articule comme un "ch" (le "ch" de "cheval"), mais, en plus, la glotte doit vibrer :* 人 **rén** *("hommes", "gens") ;* 爱人 **àiren** *("époux", "épouse"); * 中国人 **zhōngguórén** *("leschinois", "chinois", "chinoise").*
Rappelons encore une fois que le chinois est une **langue à tons**. *Il est indispensable que vous prononciez les mots chinois en respectant les tons qui sont indiqués sur leur transcription phonétique !*

TREIZIEME LEÇON
(numéro / treize (dix + trois / leçon)

1 – Qui c'est ?
(elle / est / qui ?)
2 – C'est ma femme.
(elle / est / mon-épouse)

NOTES

(1) Souvenez-vous : pour les relations de parenté, on peut exprimer le génitif, uniquement en juxtaposant le "possesseur" et le déterminé. Ailleurs, on intercalera la particule de détermination *de*, vue plus haut. Apprenez à distinguer les deux idéogrammes "il" et "elle" (lus tous deux *tā* !)

她作什么？
3 – Tā zuò shénme ?

她是翻译。
4 – Tā shi fānyì.

她会英语吗？
5 – Tā huì yīngyǔ ma ? (2)

当然！她会英语！
6 – Dāngran ! Tā huì yīngyǔ (3) !

她也会汉语吗？
7 – Tā yě huì hànyu (4) ma ?

会一点儿。
8 – Huì yìdiǎnr (5).

你呢？
9 – Nǐ ne ? (6)

我会说，不会写。
10 – Wǒ huì shuō, bú huì xiě (7).

他去，我不去！

FĀYĪN (prononciation) 发音

3 T'ha dzouo chemme ? – **4** T'ha cheu fann-yi – **5** T'ha r'houé ying-yu ma ? – **6** Tang-jann t'ha r'houé ying-yu – **7** T'ha ié r'houé r'hann yu ma ? – **8** R'houé itieu'rr. – **9** Ni ne ? – **10** Ouo r'houé chouo, pou r'houé hsié.

3 — Qu'est-ce qu'elle fait ?
(elle / fait / quoi ?)
4 — Elle est traductrice
(elle / est / interprète)
5 — Est-ce qu'elle sait (parler) l'anglais !
(elle / sait / langue anglaise / est-ce que ?)
6 — Bien sûr, qu'elle sait l'anglais !
(bien sûr ! / elle / sait / l'anglais)
7 — Est-ce qu'elle sait aussi le chinois ?
(elle / aussi / savoir / langue chinoise / est-ce que ?)
8 — Un peu !
(savoir / un peu)
9 — Et toi alors ?
(toi / alors)
10 — Moi, je sais (le) parler, (mais) je ne sais pas (l')écrire.
(moi / savoir / parler // ne pas / savoir / écrire)

NOTES (suite)

(2) *Yīngyǔ* : la langue anglaise, où *yǔ* signifie "langue", et *yīng* est l'abréviation de *yìnggélán*, la traduction chinoise de England. On trouvera aussi *yīngguó*, l'Angleterre, où *guó* signifie "pays" (voir leçon 11).

(3) *Huì*, "savoir", "avoir appris à . . .", signifie également "savoir (savoir parler une langue)", et peut être suivi directement par le nom de cette langue. *Huì yīngyǔ* : savoir parler l'anglais.

(4) *Hànyǔ* : la langue chinoise, langue de l'ethnie *Hàn*, qui forme 93% de la population. On trouve également le terme *zhōngwén*, qui désigne la langue chinoise écrite ou parlée (voir exercices). On rencontre parfois le terme *guóyǔ*, "langue nationale" ou *pǔtōnghuà*, "langue commune".

(5) L'adverbe *yìdiǎn*, placé directement après un verbe, signifie "un peu . . ." et atténue le sens de ce verbe, restreint son intensité. A Pékin, il est prononcé yìdiǎnr(prononcer "itieu'rr").

(6) La particule interrogative de fin de phrase *ne*, permet de ne pas répéter la question qui est sous-entendue dans la phrase précédente. "Et, qu'en est-il pour toi ?", "Et toi, alors ?",. . . *Tā ne* ? (et lui, alors ?) *Wǒ ne* ? (et moi, alors ?), . . .

(7) Dans cette phrase, qui comporte deux propositions qui s'opposent, l'idée d'opposition, bien qu'elle ne soit pas explicitement formulée, est claire pour tout chinois. On traduira donc par ". . . . ., mais . . . ."
Notez également : *tā mǎi, wǒ bù mǎi*, il (en) achète, mais moi je (n'en) achète pas ; ou encore *tā qù, wǒ bú qù* il (y) va, mais moi je (n'y) vais pas.

LIÀNXÍ 练习

你作什么？
1 – Nǐ zuò shénme ?

你会不会说中文？
2 – Nǐ huì-bú-huì shuō zhōngwén ?

我吃饭，不吃面。
3 – Wǒ chī fàn, bù chī miàn.

你朋友也会英语吗？
4 – Nǐ péngyǒu yě huì yīngyǔ ma ?

Wánchéng jùzi (compléter les phrases)

1 *Que fait ta femme ?*

Nǐ-àiren ... shénme ?

2 *Est-ce qu'il sait le chinois ?*

Tā ... zhōngwén ma ?

3 *Je sais aussi écrire.*

Wǒ yě huì ...

4 *Et toi ? Moi, je sais aussi un peu.*

Nǐ .. ? Wǒ yě huì ....

EXERCICES

1 Qu'est-ce que tu fais ?
2 Est-ce que tu sais parler chinois ?
3 Je mange du riz, (mais) (je ne mange) pas de nouilles.
4 Est-ce que ton ami sait aussi (parler) l'anglais ?

Corrigé de l'exercice leçon 13

1 Zuò. —**2** huì. — **3** xiě. — **4** ne / yìdianr.

Rappelons que 爱人 **àiren** *signifie "époux", "épouse". Comme les pronoms personnels "il" (* 他 **tā***), et "elle" (* 她 **tā***) se prononcent de la même façon, en l'absence de toute précision complémentaire, à l'audition, on peut traduire la deuxième phrase du texte par "Lui, c'est mon mari", ou bien par "Elle, c'est ma femme", selon la personne qui prononce cette phrase.*

N'oublions pas que ce manuel est avant tout une méthode de **chinois parlé**, *et les textes en idéogrammes sont donc également transcrits au moyen de l'alphabet phonétique chinois. Les ambiguïtés exposées ci-dessus sont levées dès que la phrase est transcrite en* **idéogrammes**, *comme cela est le cas pour chacune des répliques des leçons de ce manuel.*

第十四课
DÌ SHÍ-SÌ (14) KÈ

QUATORZIEME LEÇON
(numéro / quatorze (dix-quatre) / leçon)

REVISION ET NOTES

Au terme de cette deuxième semaine d'étude, nous savons **comprendre** et **répéter** de petites phrases de la vie courante. Les sons introduits sont variés puisque dans les treize leçons ont été introduites quatre-vingt seize syllabes différentes du chinois moderne. Il reste à les répéter encore de nombreuses fois avant de les bien mémoriser, et les deux prochaines semaines vont être consacrées à reprendre l'ensemble des sons introduits, tout en présentant d'autre syllabes.
N'hésitez pas à reprendre les leçons qui ont précédé celle que vous êtes en train d'étudier, et ne relâchez jamais l'attention que vous devez porter **sans faute** sur les **tons,** qui sont la **clé** sans laquelle vous ne pourrez jamais correctement comprendre ni vous faire comprendre.

Notes à relire. 8e leçon : (2), (3) – 9e : (1), (2), (3), (4) – 10e : (1), (4) – 11e : (2), (3), (5) – 12e : (1), (4), (6), (7) – 13e : (1), (5), (6).

1 Prononciation. – Etes vous bien sûr d'avoir retenu le sens des conventions phonétiques ? Pour vous en assurer, prononcez les sons suivants, et si vous n'êtes pas certain d'avoir bien prononcé, reportez-vous aux leçons précédentes dans lesquelles ces syllabes ont été introduites (ou à l'introduction phonétique en tête de manuel). Sur l'enregistrement, tous ces sons sont lus deux fois.
-1- Zhi,chi,shi. Zi,ci,si. Zhì, chì,shì. Zì, cì,sì. Rì.
(Attention ! le "i" ne se prononce pas comme le "i" français ! C'est, après les consonnes ci-dessus, la marque d'une "non-voyelle", d'un "e muet".)

-2- Yao,ye,you,yan,ying.
(Attention ! *yan* se prononce en fait comme "hiènne" ; c'est la voyelle *ian* qui n'est pas précédée d'une consonne).
-3- Ji,qi,xi, Zhe,zhei, zhong. Xi,xiao,xie,xin,xiang,xing.
(Attention à ne pas prononcer le "n" ni le "ng" final dans les consonnes nasales).
-4- Prononcez enfin, en respectant les tons, les sons suivants : Bàn,bào,bǐ,bù. Piāo,péng. Mǎi,méi,miàn. Dà, dào,dāng,diǎn,duì.
(Ne prononcez pas le **n** final !)
-5- Attention à la prononciation de "un peu" 一点儿 , *yìdiǎnr* (prononcez "itieu'rr").

2 Nous commençons à mieux distinguer les verbes **d'action** de ce que l'on appelle les verbes de **qualité**. Faire 作 (*zuò*) aller 去 *(qù)*, manger 吃 (*chī*), sont des verbes d'action. On peut les faire suivre d'un complément nominal : Faire [de la] traduction 作翻译 (*zuò fānyì*), aller [en] Chine 去中国 (*qù Zhōngguó*), manger [des] nouilles 吃面 (*chī miàn*). Les verbes de qualité sont ce que l'on aurait tendance à rapprocher de nos "adjectifs" ; cependant, en plus, ils contiennent un "pouvoir verbal", qui fait qu'on les place **directement** après le sujet, sans intercaler d'auxiliaire. D'autre part, on ne peut pas les faire suivre d'un complément nominal : 我很累 *wǒ hěn lèi*, " je (suis) très fatigué" ; 这个很贵 *zhèi-ge hěn guì*, "ça, c'est très cher" ; 你爱人很漂亮 *nǐ àiren hěn piàoliang*, "ta femme (est) très jolie" ; 这儿很冷 *zhèr hěn lěng*, ici (il fait) très froid.

3 Nous avons rencontré 要 *yào*, "vouloir", 会 *huì*, "savoir", 想 *xiǎng*, "avoir envie de", trois verbes qui peuvent être suivis d'un complément verbal, qui peut même être une proposition complète. Nous rencontrerons plus tard d'autres verbes de ce type, qui expriment une **possibilité** ou un **souhait**. On les appelle verbes "optatifs". Quant à 去 *qù*, "aller", il peut également être suivi d'un verbe : 去吃饭 *qù chī-fàn*, "aller manger" 去买菜 *qù mǎi cài*, "aller faire le marché" (mot à mot : [aller / acheter / légumes]).

4 Il n'existe pas de mot pour dire "oui !". On répond en général à une question en reprenant le verbe, à la forme de la phrase précédente : affirmative si la phrase précédente était à la forme affimative, et négative si la phrase précédente était à la forme négative. On ajoute parfois 对！*duì* ! ("exact !"), ou 是！*shì* ! ("il en **est** ainsi !"). Pour répondre "non !", on utilise la négation (不 *bù* en général, et 没有 *méiyǒu* s'il s'agit du verbe "avoir"), mais on reprend, après la négation, le verbe à la forme négative : "Non ! je n'y vais pas !" se dira : 不！我不去！ *bù ! wǒ bú qù !* ; "non ! il ne fait pas froid !" : 不！不很冷！ *bù ! bù hěn lěng !*
A ce propos, n'oubliez pas que 不 *bù* se prononce *bú* devant une syllabe au quatrième ton 我不去！ *Wǒ bú qù*, "je n'y vais pas".

5 Les spécificatifs : nous aborderons dans quelques temps plus en détail ce point délicat. Notons dès à présent que c'est une particule qu'il faut intercaler entre un démonstratif ou un nombre (ou les deux), [ce, cet, ces ; un, deux ; ces deux . . ., ces seize . . .] et le **nom** ainsi déterminé. "Un ami" ne se dira pas [un + ami], mais il faudra intercaler le spécificatif qui convient au mot "ami", en l'occurrence, ici, le plus courant : 个 *ge*. "Un ami" se dira donc : 一个朋友 *yí-ge péngyǒu*. "Trois enfants", se dira : 三个孩子 *sān-ge háizi*. La difficulté viendra du fait que **certains** noms n'acceptent que **certains** spécificatifs. Par exemple, "un livre" se dit 一本书 *yì-běn shū,* 本 *běn* étant le spécificatif des livres. Nous apprendrons progressivement les spécificatifs les plus courants, au cours des dialogues, c'est-à-dire toujours **en situation**. Pour l'instant, retenons que 个 *ge* est le plus employé.
Au passage, vous avez sans doute remarqué une modification de prononciation pour 一 *yī* ("un") : "un", dans les nombres, se prononce au premier ton. Dans les nombres ordinaux également ("première leçon", "onzième leçon", etc.) Lorsqu'il est suivi d'une syllabe au premier, deuxième ou troisième ton, "un" se prononce *yì*. Lorsque la syllabe qui suit est au quatrième ton (ou qu'elle est prononcée au ton léger, mais qu'à l'origine c'était un quatrième ton), "un" se prononce

yí (c'est le cas dans "un ami" : 一个朋友 *yí-ge péngyǒu*).

6 La particule de fin de phrase 吧 *ba* sert à exprimer l'impératif, ou une invitation à faire quelque chose : 吃吧 ! *chī ba* ! "Mange donc !" ; 作吧 ! *zuò ba* ! "fais-le donc !", 你说吧 ! *nǐ shuō ba* ! "parle !" ; 你写吧 ! *nǐ xiě ba* ! "vas-y ! écris !".

7 La détermination : En dehors du cas (simple) des liens de parenté, ou des objets personnels, on intercalera toujours entre le déterminant et l'élément déterminé la particule 的 *de*. Ainsi, "un bon livre" se dira : 好的书 *hǎo de shū* ; "une bonne maison" :好的房子 *hǎo de fángzi* ; des enfants très jolis : 很漂亮的孩子 *hěn piàoliang de háizi*. Nous verrons que cette règle est **générale**, quel que soit le mode de détermination (possessif, relatif, circonstancielles de temps, lieu, etc.) Par exemple : "ton ami" peut se traduire :你朋友 *nǐ-péngyou*, ou bien 你的朋友 *nǐ-de péngyou*. Ton père : 你父亲 *nǐ-fùqin* ou bien 你的父亲 *nǐ-de fùqin*. Ton frère :你哥哥 *nǐ-gēge*, ou bien 你的哥哥 *nǐ-de gēge*, etc.

8 Essayez de traduire les phrases suivantes oralement ; ensuite, comparez avec la traduction qui se trouve au paragraphe 9. Ne vous inquiétez pas si vous ne donnez pas la bonne traduction à chacune ! C'est à force de rencontrer ces tournures idiomatiques et ces formulations propres au chinois que vous parviendrez, peu à peu, et sans peine, à les mémoriser. C'est pourquoi il ne vous est pas demandé d'apprendre par coeur, mais simplement de lire et **prononcer à haute voix** de nombreuses fois les textes des leçons. Lorsque vous atteindrez la leçon 49, débutera la phrase **active** de votre étude : la "deuxième vague". Une fois étudiée une leçon quotidienne, il vous sera demandé de reprendre, activement, la leçon 1. Vous la relirez et l'écouterez, puis tâcherez de traduire, oralement et par écrit, le texte français en chinois, en vous corrigeant vous-même. Chaque jour, de la même façon vous réviserez une des premières leçons, ce qui vous permettra de consolider votre savoir. A la fin du livre, il vous restera donc à continuer l'étude active des leçons "deuxième vague" qui n'auront pas encore été révisées !

1 Qu'est ce que tu as envie de faire ?
2 Est-ce que ton mari habite aussi ici ?
3 Qu'est-ce que tu as envie d'acheter ?
4 Combien d'enfants a ton frère ?
5 Est-ce que les bons livres sont chers ?
6 Ma femme sait parler anglais, mais elle ne sait pas l'écrire.
7 Est-ce que Li est aussi ton ami ?
8 Je ne vais pas manger. Et toi ?

(Ces phrases sont enregistrées en chinois sur la bande. Exercez-vous à les répéter à haute voix !).

9 **Traduction** du paragraphe 8 :

你想作什么？
1 – Nǐ xiǎng zuò shénme ?

你爱人也住在这儿吗？
2 – Nǐ-àiren yě zhùzài zhèr ma ?

你想买什么？
3 – Nǐ xiǎng mǎi shénme ?

你哥哥有几个孩子？
4 – Nǐ-gēge yǒu jǐ-ge háizi ?

好的书贵吗？
5 – Hǎo-de shū guì ma ?

我爱人会说英语，可是她不会写。
6 – Wǒ-àiren huì shuō yīngyǔ, kěshì tā bú huì xiě.

老李也是你的朋友吗？
7 – Lǎo lǐ yě shì nǐ-de péngyǒu ma ?

我不去吃饭。你呢？
8 – Wǒ bú qù chī-fan. Nǐ ne ?

10 Note sur les idéogrammes :
En étudiant soigneusement les idéogrammes correspondant à la transcription phonétique, vous devez commencer à en reconnaître quelques uns. Vous notez également que l'on retrouve certaines parties dans de nombreux caractères. Ce sont les *clés* Ainsi, la partie gauche des caractères " 他 "il", 作 "faire", 你 "toi" etc. est la *clé de l'homme*.

Dans les caractères 好 "bon" 她 , "elle", la partie gauche est la *clé de la femme*. Dans 吃 "manger", la clé est la bouche : 口 Dans 想 "avoir envie de", la clé, en par-partie inférieure, est le cœur : 心

En vous aidant de la liste des clés qui figure en fin de manuel, essayez de classer les idéogrammes que vous rencontrez ; ceci vous aidera à les mémoriser !

A partir de la leçon 15 vous ne trouverez plus la transcription **intégrale** des textes en "prononciation française", mais simplement de certains sons qui n'auront pas encore été introduits, ou des syllabes difficiles à prononcer. Si vous avez des difficultés, reportez-vous aux leçons précédentes ou à l'introduction phonétique en tête de la méthode. A partir de demain, les dialogues ne seront plus lus qu'une seule fois. Une seule lecture,

---

第十五课
DÌ SHÍ-WǓ (15) KÈ

你明天作什么？
1 – Nǐ míngtiān **(1)** zuò shénme ?

我明天回家。
2 – Wǒ míngtiān huí jiā.

你家远不远？
3 – Nǐ jiā **(2)** yuǎn-bù-yuǎn ?

不很远。
4 – Bù hěn yuǎn. **(3)**

你有车吗？
5 – Nǐ yǒu chē ma ?

FĀYĪN 发音

1 Ming (sans prononcer le "g") . . . . t'hiènn. – **2** r'houé tjia. – **3** iuènn-pou-iuènn. – **4** pou r'hènn iuènn. – **5** tch'he (le "e" de "r*e*frain").

pas trop rapide, mais qui peu à peu évoluera vers une vitesse d'élocution **normale**.

Si vous disposez des enregistrements, n'hésitez pas : écoutez **plusieurs fois** chaque jour la leçon, et repassez également les leçons précédentes. C'est la meilleure méthode pour mémoriser naturellement les syllabes et les intonations propres au chinois.

QUINZIEME LEÇON

1 — Q'est ce que tu fais, demain
(toi / demain / fais / quoi ?)
2 — Demain, je rentre chez moi.
(moi / demain / rentre / maison)
3 — Est-ce que tu habites loin (d'ici) ?
(ta-maison / loin-pas-loin ?)
4 — Non, pas très loin.
(pas / très / loin)
5 — Est-ce que tu as une voiture ?
(tu / as / voiture / est-ce que ?)

NOTES

(1) En chinois la date s'exprime toujours avant l'action, avant le verbe. Ici, *míngtīan*, "demain", est suffisant pour exprimer le futur. Les verbes ne se conjuguant pas, c'est au moyen d'éléments tels que les adverbes de temps, ou certaines particules, que seront exprimés les temps passé ou futur.

(2) *Jiā*, "maison", "famille". *Huí jiā*, "rentrer / chez soi". Attention à la prononciation, et aux tons. "Ma maison", "ta maison", etc. se forme en faisant précéder *jiā* du pronom personnel. Comme pour les liens de parenté, on peut, pour des éléments de la vie courante très personnalisés, se dispenser d'intercaler la particule de détermination *de*. On peut aussi ne pas la sous-entendre et dire : *wǒ-de jiā, nǐ-de jiā,* etc.

(3) *Yuǎn,* "loin, lointain, éloigné". Attention à la prononciation : entre "iuann" et "iuènn". Ne pas prononcer le "n" final!

我没有！
6 — Wǒ méiyǒu !

你会不会开车？
7 — Nǐ huì-bú-huì kāi-chē ? (4)

我不会。
8 — Wǒ bú huì.

你爱人会吗？
9 — Nǐ-àiren huì ma ?

她也不会。
10 — Tā yě bú huì.

那，你们明天怎么办？
11 — Nà, nǐmen míngtiān zěnme bàn ? (5)

我们骑自行车去！
12 — Wǒmen qí zìxíngchē qù ! (6)

FĀYĪN 发音

7 k'haye tch'he. — **11** dzemme pann — **12** tshi dzeu-hsing-tch'he tshu.

6 – Non, je n'en ai pas !
(je / ne-pas-avoir)
7 – Est-ce que tu sais conduire (une voiture) ?
(tu / savoir-pas-savoir ? / conduire-voiture)
8 – Non, je ne sais pas.
(je / ne pas / savoir)
9 – (Et,) ta femme, elle sait ?
(ta-femme / savoir / est-ce que ?)
10 – Non, elle ne sait pas non plus.
(elle / aussi / ne pas / savoir)
11 – (Mais) alors, demain, comment [allez-vous] faire ?
(alors ! / vous / demain / comment ? / faire)
12 – On ira en vélo !
(nous / (aller) à-dos de / bicyclette / aller)

NOTES (suite)

(4) *Huì*, "savoir (après apprentissage)" ; *huì xiě*, "savoir écrire", *huì kāi-chē*, "savoir conduire (une voiture). Ici, l'interrogation est à la forme alternative : *huì-bú-huì* ? Ne pas mélanger *huí* (rentrer) et *huì* (savoir !) Attention aux tons, et aux idéogrammes !

(5) Nous avons déjà rencontré l'expression *zěnme bàn* ?, " comment faire ?", formée de l'interrogatif "comment ?" suivi de *bàn*, "faire", "régler un problème", "se débrouiller". Ne pas confondre avec *zuò*, "faire", dont le sens est moins abstrait (*zuò fàn*, "faire la cuisine" ; *nǐ zuò shénme* ? "qu'est-ce que tu fais ?").

(6) *Qí*, "aller en . . ." ne s'utilise que pour les voyages à vélo, ou à cheval, âne, chameau, etc. "aller à vélo" se dit *qí zìxíngchē*. Vélo : mot à mot [véhicule (*chē*) / à déplacement (*xíng*) / individuel (*zì*)!] . Ici *qí* est employé comme préposition, dans le sens de "à dos de " ; le verbe, *qù*, "aller", est placé en fin de phrase. L'idéogramme *qí* est formé de deux éléments. Une partie droite, indiquant la prononciation, et une partie gauche, la **clé**. Ici, la **clé du cheval**. Savoir reconnaître la clé dans un idéogramme est utile, bien souvent, pour se remémorer sa signification. Apprenez à reconnaître la clé des caractères les plus courants. Entourez-la ou "repassez-la" au moyen d'un feutre de couleur. Ainsi, peu à peu, vous arriverez à reconnaître les idéogrammes utilisés dans les dialogues.

LIÀNXÍ 练习

你们明天回不回家？
1 – Nǐmen míngtiān huí-bù-huí jiā ?

你爱人也会开车吗？
2 – Nǐ àiren yě huì kāi-chē ma ?

你会不会骑自行车？
3 – Nǐ huì-bú-huì qí zìxíngchē ?

中国远不远？
4 – Zhōngguó yuǎn-bù-yuǎn ?

Wánchéng jùzi (compléter les phrases)

1 *Est-ce que ton frère rentre à la maison demain ?*

Nǐ-gēge . . . . huí jiā ma ?

2 *Est-ce que ton ami sait conduire ?*

Nǐ-de péngyǒu huì-bú-huì . . . . ?

3 *Je ne sais pas faire de (aller à) vélo.*

Wǒ bú huì qí . . . .

4 *Comment (vas-tu) faire ?*

Nǐ . . . . ?

EXERCICES

1 Est-ce que vous rentrez chez vous, demain ?
2 Est-ce que ta femme aussi sait conduire ?
3 Est-ce que tu sais faire du vélo ?
4 Est-ce que c'est loin, la Chine ?

Corrigé de l'exercice leçon 15

1 Míngtiān. – **2** kāi-chē. – **3** zìxíngchē. – **4** zěnme bàn.

Si dans une leçon vous ne trouvez pas en bas de page la prononciation française de certains sons, c'est qu'ils ont déjà été introduits plusieurs fois.

Vous avez noté que la tournure ". . . . non plus" s'exprime au moyen de . . . . 也不 **yě bù** *. . . . [aussi / ne pas . . .] : " Je n'(en) mange pas non plus"* 我也不吃！ **wǒ yě bù chī.** *Avec le verbe avoir, la négation est* 没有 **méiyǒu** *: "je n'en ai pas non plus"* 我也没有！**wǒ yě méiyǒu.**

Attention à la prononciation de 自 **zì** *("dzeu"), de* 会 **huì** *("r'houé") et de* 天 **tiān** *("t'hiènn).*
A partir d'aujourd'hui, vous l'avez noté si vous utilisez les enregistrements, la vitesse d'élocution des interprètes est plus rapide, plus proche d'une convertion courante, et la lecture "phrase par phrase" a disparu.

第十六课

DÌ SHÍ-LIÙ (16) KÈ

你有票吗？
1 – Nǐ yǒu piào ma **(1)** ?

没有！
2 – Méiyou ! **(2)**

快去买吧！
3 – Kuài qù mǎi ba ! **(3)**

好！你在这里等我，好不好？
4 – Hǎo ! Nǐ zài zhèli **(4)** děng wǒ, hǎo-bù-hǎo !

好！…火车几点开？
5 – Hǎo ! . . . Huǒchē jǐ-diǎn **(5)** kāi ?

六点半。
6 – Liù-diǎn-bàn **(6)**.

那，还有时间！
7 – Nà, hái yǒu shíjiān !

对！可是行李很多！
8 – Duì ! Kěshì xínglǐ hěn duō ! **(7)**

FĀYĪN 发音

1 P'hiao. – **2** mèyo. – **3** K'houaye tshu maye pa. – **49** dzaye djèli teung. – **5** r'houo-tch'he tji-tiènn k'haye. – **6** lio-tiènn-pann. – **7** r'haye yo cheutjiènn. – **8** toué, k'hecheu hsingli r'hènn touo.

SEIZIEME LEÇON

1 — Est-ce que tu as (ton) ticket ?
(tu / avoir / ticket / est-ce que ?)
2 — Non !
(ne-pas-avoir)
3 — Dépêche-toi d'aller l'acheter !
(vite / va / acheter / donc !)
4 — Bon ! Toi, tu m'attends ici, d'accord ! ?
(bon // toi / à / ici / attendre / moi / bien-pas-bien ?)
5 — D'accord ! . . . . A quelle heure part le train ?
(bon // train / quelle ?-heure / partir)
6 — A six heures et demie !
(six-heures / demie)
7 — Oh ! alors on a encore le temps !
(alors ! / encore / avoir / (du) temps)
8 — Oui ! mais j'ai beaucoup de bagages !
(exact ! // mais / bagages / très-nombreux)

NOTES

(1) Attention à *piào* ! Expirez fortement en prononçant le *p* !

(2) Ici "non" s'exprime en reprenant le verbe de la phrase précédente, à la forme négative. (*Méiyoǔ* est la négation du verbe avoir (*yǒu*)).

(3) La particule de fin de phrase *ba* indique une invitation à l'action, que l'on rend souvent par un **impératif.** Ici *kuài* (rapide, vite), placé devant un verbe, exprime "se dépêcher de . . ." Il est ici adverbe, et donc toujours avant le verbe qu'il modifie : *kuài chī ba* ! "dépêche-toi de manger !" *kuài qù* ! "vas-y vite !"

(4) Nous avions *zài* "être (quelque part)", "se trouver (à). . ."' au sens verbal, suivi d'un lieu. Ici *zài* est préposition : "à", "en", et introduit un lieu. Ce groupe prépositionnel se place toujours devant le verbe, devant l'action : *zài zhèli děng*, "attendre ici" [à / ici / attendre]*; zài zhèli chī-fàn*, "manger ici" [à / ici / manger]. *Zhèli* est un synonyme de *zhèr* (ici).

(5) *Jǐ-diǎn*. . . .?, "à quelle heure. . . . .?", la date, l'heure à laquelle se déroule l'action, se place, comme tous les compléments de temps, **avant le verbe.**

(6) L'heure s'exprime au moyen de *diǎn* (l'équivalent de l'anglais "o'clock"). "Six heures et demie" se dit : *liù* (six) / *diǎn* (heures) / *bàn* (et demie).

(7) "Il y a beaucoup de . . . . ." se dit ". . . . . *hěn duō*", mot à mot : ". . . . . sont très nombreux" : "Il a beaucoup d'amis", *tā-de péngyǒu hěn duō*, mais on peut également employer le verbe avoir : *tā yǒu hěn duō péngyǒu.*

那，你快去买票吧！
9 – Nà, Nǐ kuài qù mǎi piào ba !

好！我去！十块钱够不够？
10 – Hǎo ! Wǒ qù ! Shí kuài qián, gòu-bú-gòu ? (8)

我想够了！
11 – Wǒ xiǎng gòu le ! (9)

FĀYĪN 发音

10 cheu k'houaye tshiènn ko pou ko. – **11** ouo hsiang kole.

LIÀNXÍ 练习

你快去吃饭吧！
1 – Nǐ kuài qù-chī-fàn ba !

他的朋友很多。
2 – Tā-de péngyǒu hěn duō.

我有十六块钱。
3 – Wǒ yǒu shí-liù kuài qián.

三个菜，一个汤，够吗？
4 – Sān-ge cài, yí-ge tāng, gòu ma ?

9 — Eh bien ! va vite acheter (le billet) !
(alors !/toi !/vite/aller/acheter/billet/donc !)

10 — Bon, j'y vais ! Est-ce que dix francs ça suffit ?
(bon ! // je / aller / acheter / billet // dix / unités / (d')argent / assez-pas-assez ?)

11 — Oui ! Je pense que ça suffit !
(je / pense / assez / **le***)*

NOTES (suite)

(8) La monnaie s'exprime en *kuài* (franc, dollar, yuan,. . .) On dit : *shí kuài qián*, mot à mot [dix / unités / (de) monnaie]. *Qián* désigne l'argent, la monnaie : *wǒ yǒu qián*, "j'ai de l'argent" ; *wǒ méiyǒu qián*, "je n'ai pas d'argent. Vous avez remarqué dans cette leçon deux caractères qui se prononcent de la même façon. Il s'agit du *kuài* qui signifie "vite !", et de l'unité monétaire *kuài*. Encore une fois, au cours d'une conversation il ne saurait y avoir ambiguïté, les deux mots étant employés différemment ; mais, isolés, seule l'écriture en idéogrammes peut permettre de les distinguer. Ne négligez donc pas l'apprentissage des **idéogrammes.** Apprenez, au moins, à reconnaître les plus courants. Pour le *kuài* "vite, rapidement", la clé, en partie gauche, est le **coeur**. Dans le *kuài* "unité monétaire, franc, dollar" la clé, également en partie gauche, est la **terre**. La partie droite de ces deux caractères est la même. C'est un élément phonétique qui indique la prononciation : *kuài.*

(9) La particule de fin de phrase **le** sert à exprimer une situation nouvelle, ou un niveau qui est atteint.

EXERCICES

1 Va vite manger !
2 Il a beaucoup d'amis (ses amis sont très nombreux).
3 J'ai seize francs.
4 Trois plats (et) une soupe, est-ce que ça (sera) suffisant ?

Attention, la prononciation française **ne peut pas** *rendre toujours avec exactitude le son chinois. Par exemple, le g de* 够 **gòu** *se prononce entre le "g" de "***g***orille" et le "k" de "***c***ommune". Nous le transcrivons par un k, mais si vous avez l'enregistrement, faites attention à bien répéter avec exactitude les sons réellement prononcés. De la même manière, le* **ou** *de* 够 **gòu** *est un "o" qui se referme, comme en anglais dans "low". Nous le transcrivons* **o** *car le transcrire* **ou** *entraînerait la mauvaise lecture "ou" (de m***ou***stique"). En fait, la bouche se referme légèrement, le son passant du "o" de "m***o***rt" au "ou" de "m***ou***che".*

Wánchéng jùzi : (compléter les phrases)

1 *Je n'ai pas encore de voiture.*

Wǒ ... méiyǒu chē.

2 *(A) six heures et demie, d'accord ?!*

.... , hǎo-bù-hǎo ?

3 *Je pense qu'il est encore en Chine.*

Wǒ .... tā hái zài Zhōngguó.

4 *Je mangerai ici demain.*

Míngtiān wǒ ... zhèli chī-fàn.

Un des problèmes de l'apprentissage du chinois, vous l'avez noté, est que bon nombre de syllabes du chinois parlé sont identiques, et que seule l'écriture (ou le

---

第十七课

DÌ SHÍ-QĪ (17) KÈ

走吧！

1 – Zǒu ba **(1)** !

FĀYĪN 发音

1 Dzo pa.

Corrigé de l'exercice leçon 16

1 Hái. – **2** liù-diǎn-bàn. – **3** xiǎng. – **4** zài.

---

contexte) permettent de déterminer de quel idéogramme il s'agit. Ainsi, si vous n'étudiez que l'écriture phonétique "pinyin", seul le contexte vous permettra de différencier 办 *bàn ("faire") et* 半 *bàn ("demie") ;* 快 *kuài ("rapide") et* 块 *kuài ("unité monétaire"). Par contre, en attachant de l'importance à l'écriture idéographique des dialogues, tous ces mots deviendront aisément identifiables. Parfois, certaines syllabes, bien qu'homophones, seront, en fonction de leur place immédiatement compréhensibles. Ainsi, vous ne devriez pas confondre* 票 *piào ("ticket") et* 漂亮 *piàoliang ("joli") ; ou bien* 还 *hái ("encore") et* 孩子 *háizi ("enfant"). De façon générale, essayez de comprendre les leçons de façon* **globale**, *sans chercher trop à analyser dans le détail chaque mot ou chaque syllabe. C'est à force de rencontrer les expressions dans des contextes différents que vous parviendrez à les mémoriser facilement.*

DIX-SEPTIEME LEÇON

1 – Allons-y !
(allons / donc !)

NOTES

(1) La particule de fin de phrase *ba* indique un ordre, un conseil, une invitation. On traduit en général le verbe de la phrase par un impératif (voir leçon 12, note 6). *Chī ba* !, "mange !" ; *qù ba* ! "vas-y !" ; *zǒu ba* ! "allons-y !", *mǎi ba* !"achètes-en !" ; *shuō ba* ! "eh bien, vas-y ! parle donc !" ; *nǐ xiě ba* ! "vas-y ! écris-le !", etc.

等一下！好象下雨了！
2 – Děng yí-xià ! Hǎoxiàng xià-yǔ le ! (2)

哦！…对！…下雨了！
3 – Ò ! . . . Duì ! . . . Xià-yǔ le !

怎么办呢？
4 – Zěnme bàn ne ? (3)

下雨，去公园儿没有意思！
5 – Xià-yǔ, qù gōngyuánr méiyǒu yìsi ! (4)

FAYIN 发音

2 teng-i-hsia r'hao-hsiang hsiayu le. – **3** toué. – **4** dzemm'pann ne. – **5** tshu kong iueu'rr mèyo isseu.

NOTES (suite)

(2) "Attends un moment !", "attends un peu !" ; l'expression *yí-xià* signifie, après un verbe, "un peu". *Hǎoxiàng* signifie "on dirait (que)", et se place juste devant le verbe ainsi introduit. Il suffit de ne pas traduire le "que" ! *Hǎoxiàng hěn lěng* (on dirait qu'il fait très froid) ; *hǎoxiàng hěn hǎo* (on dirait que c'est très bien) ; *hǎoxiàng yǒu rén* (on dirait qu'il y a quelqu'un, qu'il y a des gens, qu'il y a du monde) ; *hǎoxiàng méiyǒu* (on dirait qu'il n'y en a pas) ; etc. *Xià-yǔ*, "tomber (de la) pluie ; pleuvoir". Ici, le caractère pour *xià* (tomber, descendre, aller vers le bas) est le même que dans *yí-xià* (un peu), mais leur fonction grammaticale est différente. Dans "pleuvoir", *xià* est *verbe*. La particule modale de fin de phrase *le* indique un "nouvel état", une situation différente. Ici : "il ne pleuvait pas il y a un instant, mais maintenant il pleut" ; "voilà qu'il se met à pleuvoir". *Wǒ yǒu le* ! (voilà ! maintenant j'en ai !) ; *tā lǎo le* ! (il est âgé, maintenant !) Attention : lorsque la phrase est à la forme négative, la présence de la particule de fin de phrase *le* (qui indique un nouvel état) implique la traduction "ne. . . . plus . . . .". *Wǒ bú yào le* ! (je n'en veux plus) ; *wǒ bù chī le* ! (je n'en mange plus) ; *wǒ méiyǒu le* ! (je n'en ai plus) ; *meiyǒu le* (il n'y en a plus) ; *zhèr méiyǒu rén le* (ici il n'y a plus personne) etc.

(3) La particule de fin de phrase *ne* signifie "eh bien, alors !" ; "mais alors . . . . . . !" Nous l'avions rencontrée précédemment dans le sens de "et toi alors ? et moi alors ? et lui alors ? . . ." Elle était une particule interrogative permettant de ne pas reprendre le verbe de la phrase précédente.

2 – Attends un peu ! On dirait qu'il pleut !
(attendre / un-peu // (il) semble (que) / tomber / pluie / désormais)

3 – Oh ! . . . C'est vrai ! . . . Il pleut !
(oh ! // exact ! // il pleut / désormais)

4 – Alors ! . . . Comment est-ce qu'on va faire ?
(comment ? / faire / alors !)

5 – (Si) il pleut, aller au parc, ce n'est pas très amusant !
(pleuvoir // aller / parc / pas amusant [n'a pas d'intérêt])

NOTES (suite)

Ici, *ne* peut se rencontrer dans des phrases qui ne sont pas obligatoirement interrogatives. *Ne* **renforce** l'affirmation ou l'interrogation : *lěng ne* ! (mais c'est qu'il fait froid !) ; *shéi qù ne* ? (mais qui y va, alors ?)

(4) Comme bien souvent, la formule employée est la plus concise. La conjonction est sous entendue. Le sens ici n'en est pas modifié. Deux propositions sont juxtaposées, mais le "si" qui indique qu'il s'agit d'une proposition conditionnelle est sous-jacent dans la formulation chinoise : *xià-yǔ, wǒ bú qù* ! (s'il pleut, alors je n'irai pas) ; *nǐ qù, wǒ bú qù* ! (si tu y vas, alors moi je n'irai pas !). Attention à "jardin public", qui se prononce soit *gōngyuán* ("kong yuènn), soit, dans la région de Pékin : *gōngyuánr* ("kong yueu'rr). Il s'agit d'un "r" *rétroflexe*, le "r" américain de "flow*er*", que les pékinois aiment utiliser comme terminaison de nombreux mots. Pour que la prononciation d'origine puisse quand même être lue dans la transcription "pinyin", on se contente de rajouter au mot un "r" final, sans modifier l'écriture de la syllabe d'origine. Ainsi, nous avions vu "un peu", qui se dit "itieu'rr", (voir leçon 13), mais que l'on transcrit en pinyin *yìdiǎnr*, car, dans d'autres situations, les deux caractères se prononcent *yìdiǎn* ("itiènn") ; le caractère *er* est transcrit en idéogrammes pour indiquer quand, dans l'enregistrement, c'est la formulation pékinoise qui est employée. Il est la représentation graphique de cette terminaison "rétroflexe" en "eu'rr" de certains mots (voir note 5). *Méiyǒu yìsi* (attention à la prononciation ! "mèyo isseu") Pas amusant, pas intéressant, pas terrible, "pas génial",etc.

那明天去吧！
6 — Nà, míngtiān qù ba !

明天我有事儿！
7 — Míngtiān wǒ yǒu shìr ! (5)

那不去吧！
8 — Nà, bú qù ba ! (6)

可是待在家里也没有意思！
9 — Kěshì dāi-zài jiāli, yě méiyǒu yìsi ! (7)

那还是去吧！
10 — Nà, haíshi qù ba ! (8)

好！走！
11 — Hǎo ! Zǒu !

好象下雨了！

FĀYĪN 发音

6 ming t'hiènn tshu pa. - **7** ouo yo cheu'rr. — **8** pou tshu pa. — **9** k'heucheu taye-dzaye tjiali yé mèyo isseu. — **10** r'hayecheu tshu pa. — **11** r'hao-dzow.

6 — Bon, alors, allons-y demain !
(alors ! / demain / (y) aller / donc !)
7 — Demain, je suis pris.
(demain / moi / avoir (à) faire)
8 — Alors, n'y allons pas (et puis c'est tout) !
(alors ! / ne pas / (y) aller / donc !)
9 — (Oui) mais rester à la maison, ce n'est pas très amusant (**non plus**) !
(mais / rester-à / maison-dedans / ***également*** */ pas intéressant)*
10 — Bon, alors, allons-y quand même !
(alors ! / quand même / (y) aller / donc !)
11 — D'accord ! (Allez !) Allons-y !
(bien ! // partir !)

NOTES (suite)

(5) *Yǒu shìr* (attention à la prononciation ! "io cheu'rr"). Etre pris, être occupé, avoir à faire, avoir du travail, . . . Mot à mot "avoir / (des) affaires". En prononçant le "r" final, la langue doit se recourber vers le haut du palais, sans toutefois le toucher.

(6) Une fois encore, notez que l'on se dispense, lorsque le contexte est clair, d'utiliser les pronoms personnels ; surtout dans une conversation courante.

(7) *Dāi-zài* : le verbe "rester" (*dāi*) est suivi de la préposition *zài* (à / en) qui introduit le *lieu*. Nous avions déjà rencontré (leçon 9) *zhù zài* (habiter / à ; habiter / en). *Jiāli,* "la maison". Nous avions vu, dans le même sens, *jiā. Li* est une postposition qui signifie "en dedans / à l'intérieur de ", et se place toujours **après** le lieu. On pourra par exemple rencontrer : *zài shū li* (dans le livre) ; *zài gōngyuán li* (dans le parc). *Yě méiyǒu yìsi* : pas intéressant **non plus** (pas intéressant également). *Yě* (aussi), dans une phrase négative, se traduit par ". . . . non plus . . . ."

(8) L'adverbe *háishi* a ici le sens de "quand même", " nous ferions mieux quand même de . . ." (prendre une décision contraire à l'avis précédemment exposé par autrui). *Nà háishi nǐ qù ba* ! (il vaudrait peut-être mieux que ce soit toi qui y aille !) *háishi wǒ qù ba* ! (il vaudrait mieux que j'y aille moi-même !).

LIÀNXÍ 练习

你好象很累。
1 – Nǐ hǎoxiàng hěn lèi.

今天冷了。
2 – Jīntiān lěng le.

这个人没有意思。
3 – Zhèi-ge rén méiyǒu yìsi.

你明天有没有事儿？
4 – Nǐ míngtiān yǒu-méiyǒu shìr ?

下雨怎么办呢？
5 – Xià-yǔ zěnme bàn ne ?

Wánchéng jùzi : (compléter les phrases)

1 *On dirait qu'il fait froid, (maintenant) ! [qu'il fait un peu plus froid !]*

. . . . lěng le !

2 *Est-ce que tu es occupé, aujourd'hui ?*

Nǐ jīntian yǒu . . . . ma ?

3 *Je n'en veux plus.*

Wǒ bú yào . . .

4 *Aujourd'hui, je reste à la maison.*

Jīntian wǒ . . . – zài jiāli.

EXERCICES

1 Tu sembles très fatigué.
2 Aujourd'hui il fait froid.
3 Cette personne n'est pas intéressante.
4 Est-ce-que demain tu as à faire ?
5 Et si il pleut, comment va-t-on faire ?

Corrigé de l'exercice leçon 17

1 Hǎoxiàng. – **2** shìr. – **3** le. – **4** dāi.

我想够了！

Vous découvrez peu à peu l'usage des **particules**, *notamment de* 了 **le** *et de* 呢 **ne**, *que vous rencontrerez très souvent. C'est en situation, d'après le contexte, et à l'usage, que vous parviendrez à saisir le sens réel de ces éléments très importants de la phrase chinoise. Si vous êtes trop "perdu", reprenez les quelques leçons prédédentes, et faites un* **renvoi**, *comme indiqué à la leçon 8.*

第十八课

DÌ SHÍ-BĀ (18) KÈ

马老师在不在？
1 – Mǎ Lǎoshī zài-bú-zài **(1)** ?

他不在！
2 – Tā bú zài ! **(2)**

你是他的姐姐吗？
3 – Nǐ shi tā-de jiějie ma ? **(3)**

不！我是他爱人！
4 – Bù ! Wǒ shi tā àiren !

他什么时候回来？
5 – Tā shénme shíhou huílai ? **(4)**

我不清楚！
6 – Wǒ bù qīngchu ! **(5)**

你告诉他我去看病！
7 – Nǐ gàosu tā wǒ qù kànbìng ! **(6)**

FĀYĪN 发音

1 Ma laocheu. – **2** pou dzaye. – **3** tjiétjié. – **4** aye jènne. – **5** chemme cheu-r'ho r'houélaye. – **6** pou tshing-tch'hou. – **7** kaossou t'ha . . . . . k'hannping.

DIX-HUITIEME LEÇON

1 — Est-ce que le Professeur Ma est ici ?
(Ma / professeur / ici-pas-ici ?)

2 — Non ! Il n'est pas ici !
(lui / ne pas / être ici)

3 — Est-ce que vous êtes sa soeur ?
(Vous / être / sa grande soeur / est-ce que ?)

4 — Non ! Je suis sa femme !
(non / je / suis / son / épouse)

5 — (Et) quand rentre-t-il ?
(il / quel moment ? / rentrer)

6 — Je n'en sais rien !
(moi / pas / clair)

7 — Dites-lui que je vais voir le docteur !
(vous / avertir / lui / moi / aller / voir-maladie)

NOTES

(1) Lorsqu'un titre ou une fonction précède en français le nom de la personne, en chinois on place toujours *en tête* le nom de la personne, que l'on fait suivre du titre. *Zài*, "se trouver ici", est un verbe. La forme interrogative peut être : *zài ma ?*, ou *zài-bú-zài ?*

(2) Remarquez que la négation *bù* se prononce au **deuxième ton** *(bú)* lorsque la syllabe qui suit est au quatrième ton.

(3) Le verbe "être", *shì,* se prononce au ton léger (*shi*) dans le cas où son rôle n'est que de relier deux groupes nominaux équivalents. On prononce *shì* dans les réponses aux questions ("oui !", "si !" . . .), ou pour insister sur un élément de la phrase. Notez "sa", composé du pronom personnel *tā*, suivi de la particule de détermination *de.*

(4) "Quand ?", "à quel moment . . . . ?" se dit *shénme shíhou . . . . . . ?* (à quel / ? / moment) et se place **avant** l'action, **avant** le groupe verbal. "Rentrer", *huílai*. Vous aviez déjà vu *huí jiā*, "rentrer / à la maison". Ici le verbe signifie précisément **"revenir"**, par opposition à *huíqù*, "retourner".

(5) "Ce n'est pas très clair pour moi","je ne suis pas au courant", "je n'en sais rien", se dit : *wǒ bù qīngchu* [moi / pas / clair (sur cette question)]. Nous avions vu également (leçon 11) : *wǒ bù zhīdao* (je ne sais pas / je n'en sais rien).

(6) *Gàosu* : "prévenir (quelqu'un de quelque chose)", est suivi directement de la personne à prévenir, puis du renseignement qu'il faut lui transmettre : *Nǐ gàosu tā wǒ bú qù* [dis-lui que je n'y vais pas] (Toi / dire / (à) lui / (que) / moi / ne pas (y) aller). Il suffit de ne pas traduire le "que" ! *Kànbìng* : "aller consulter le docteur (voir / maladie).

哦！您病了！

8 – Ó ! Nín bìng le ! **(7)**

这几天我不舒服！

9 – Zhè-jǐ tiān wǒ bù shūfu. **(8)**

好！您贵姓？

10 – Hǎo ! Nín guì xìng ? **(9)**

我姓李，叫国宝！

11 – Wǒ xìng *Lǐ*, jiào *Guóbǎo.* **(10)**

FĀYĪN 发音

9 dje tji t'hiènn . . . pou choufou. – **10** kouéi hsing. – **11** hsing . . . . kouopao.

8 – Oh !? Vous êtes malade !
(oh ! / vous / malade-(désormais))

9 – Ces jours-ci, je ne me sens pas très bien (je ne suis pas très en forme)
(ces / quelques / jours / moi / pas / à l'aise)

10 – Bon ! Et quel est votre nom ?
(bon ! // vous / (vénérable) / nom-de-famille ?)

11 – Mon nom est Li, et mon prénom Guobao.
(moi / avoir-comme-nom-de-famille / Li / prénommé / Guobao)

NOTES (suite)

(7) *Nín* est le "vous" de politesse, de la deuxième personne du singulier. Il s'écrit comme *nǐ*, avec, en plus, en bas, la clé du coeur. *Bìng le* : être (tombé) malade.

(8) *Shūfu*, "en forme", "à son aise". *Bù shūfu* : "pas en forme, pas dans son assiette ; un peu patraque". *Zhè-jǐ tiān* (ces jours-ci / ces quelques jours). Nous avions déjà rencontré *jǐ* comme interrogatif (leçon 11 : *jǐ-ge*, "combien de ?" / leçon 16 : *jǐdiǎn*, "à quelle heure ?"). Ici, il ne s'agit pas d'un interrogatif. Le sens est "quelques". La place est celle du spécificatif : entre le démonstratif et le nom spécifié. On aurait pu trouver : *zhè sān tiān* (ces trois jours-ci), ou *zhè liù tiān* (ces six jours-ci). On prononce "ces" *zhè* ou parfois *zhèi*.

(9) La formule de politesse pour demander à quelqu'un son nom de famille est : *guì xìng* ? ou bien : *nín guì xìng* ? [quel est votre (vénérable) nom de famille ?] *Xìng* désigne le nom de famille, généralement formé d'un idéogramme, mais parfois de deux.

(10) En chinois, le nom de famille s'exprime avant le prénom. Le nom de famille (*xìng*) peut comporter un ou deux caractères (une ou deux syllabes). Il y a 365 noms de famille bien définis (dont 44 sont composés de deux caractères). Les prénoms, eux, composés de un ou de deux caractères, sont **choisis** et composés par les parents. *Xìng*, " nom de famille", est également le verbe "se nommer". *Jiào*, "s'appeler", sert ici à présenter son prénom. On rencontre *jiào* dans de nombreuses autres situations, pour demander par exemple le nom d'un objet : *zhèi-ge jiào shénme* ? (comment ça s'appelle, ça ?)

好！我一定告诉他！
12 — Hǎo ! Wǒ yídìng (11) gàosu tā !

FĀYĪN 发音

12 iting.

LIÀNXÍ 练习

李老师去看病。
1 — Lǐ lǎoshī qù kànbìng.

你爱人什么时候回来？
2 — Nǐ-àiren shénme shíhou huílai ?

你贵姓？
3 — Nǐ guì xìng ?

这个，我不清楚。
4 — Zhèige, wǒ bù qīngchu.

Wánchéng jùzi (compléter les phrases)

1 *Ces jours-ci, il n'est pas ici.*

...... tiān, tā bú zài.

2 *Il n'est pas très en forme.*

Tā bù hěn ......

3 *Quand est-ce que ta soeur rentre ?*

Nǐ-jiějie .... huílai ?

4 *Je n'en sais rien.*

Wǒ bù ....

12 – Bien ! Je lui ferai sans faute la commission !
(bon // je / sans faute / avertir / lui)

NOTES (suite)

(11) L'adverbe se place toujours avant le verbe. Ici *yídìng* (certainement, sans faute, sûrement). Notez que le contexte permet de comprendre dans cette phrase qu'il s'agit d'un futur. Aucun élément pourtant, sauf l'adverbe, n'est là pour préciser le temps.

EXERCICES

1 Le professeur Li va chez le docteur.
2 Quand rentre ta femme ? (ton mari)
3 Quel est ton nom ? (comment t'appelles-tu ?)
4 Ça je n'en sais rien. (ça, je ne suis pas au courant)

Corrigé de l'exercice leçon 18

1 Zhè-jǐ. – **2** shūfu. – **3** shénme shíhou. – **4** zhīdao (*ou* qīngchu)

Il existe, en chinois, un "vous" de politesse, à la deuxième personne du singulier 您 **(nín)**, *mais c'est un pronom personnel uniquement employé dans des situations très officielles. Dans la vie courante, on emploie le plus souvent* 你 **nǐ**, *même lorsqu'en français on utilise "vous". De la même manière, les termes* 爸爸 **bàba** *(papa, père), et* 妈妈 **māma** *(maman, mère), ne sont pas uniquement réservés à de jeunes personnes. Les adultes utilisent également très souvent ces appellations familières.*

第十九课
DÌ SHÍ-JIǓ (19) KÈ

他来了吗？
1 — Tā lái-le ma ?(1)

他没有来！
2 — Tā méiyǒu lái ! (2)

我们怎么办呢？
3 — Wǒmen zěnme bàn ne ?

不等他了！
4 — Bù děng tā le ! (3)

我怕他不认识路！
5 — Wǒ pà tā bú rènshi lù !

你们好！很对不起！我来晚了！

FĀYĪN 发音

2 Mèyo . — 4 pou teng t'ha. — 5 p'ha . . . pou jènncheu lou.

DIX-NEUVIEME LEÇON

1 — Est-ce qu'il est arrivé ?
*(il / venir-***le** */ est-ce que ?)*
2 — Non ! il n'est pas arrivé !
(il / **négation du passé** */ arriver)*
3 — Alors ! Comment va-t-on faire ?
(nous / comment ? / faire / alors !)
4 — Ne l'attendons plus !
(ne (-plus) / attendre / lui / **le***)*
5 — Je crains qu'il ne connaisse pas le chemin !
(je / craindre / lui / ne pas / connaître / route)

NOTES

(1) Le suffixe verbal *le* exprime une action accomplie. Le plus souvent il s'agit d'un verbe au passé, mais il peut aussi exprimer une action qui **sera** accomplie, ou bien la **succession de deux actions.** Retenons pour le moment : *xià le yǔ,* "il a plu" ; *tā mǎi le chē*, "il a acheté une voiture" ; *tā chī le fàn*, "il a mangé". Lorsque le verbe est suivi d'un complément, le suffixe de l'action accomplie s'intercale entre le verbe et le complément. Lorsque le verbe n'a pas de complément, il peut arriver que, hors contexte, on ne sache pas s'il s'agit du suffixe *le* de l'action accomplie, ou de la particule modale de fin de phrase *le*, qui exprime le changement d'état. Ainsi : *tā lái le* ! peut être traduit : "Il est arrivé !", ou "Le voilà qui arrive !". C'est la plupart du temps le **contexte** qui permet de distinguer ces deux sens. Dans la transcription phonétique, nous rattacherons le suffixe verbal *le* de l'accompli au verbe par un trait d'union mais nous laisserons la particule modale du changement d'état *(le,* en fin de phrase)sans la rattacher au mot précédent, car cela n'aurait pas de sens.

(2) La négation de la forme accomplie s'exprime au moyen de *méiyǒu*, suivi du **verbe** *: wǒ méiyǒu qù*, "je n'(y) suis pas allé" ; *ta méiyǒu lái*, "il n'est pas venu" ; *wǒ méiyǒu mǎi chē*, "je n'ai pas acheté de voiture" etc.

(3) Ici, vous reconnaissez le nouvel état exprimé par la particule de fin de phrase *le* : "ne l'attendons plus !" ; (à partir de maintenant, ne l'attendons plus !) Vous remarquez également que l'impératif s'énonce simplement ici, grâce à l'intonation vive de la phrase.

认识！认识！他来过三次了！
6 – Rènshi ! Rènshi ! tā lái-guo (4) sān-cì le !

那，…可能出了事儿！
7 – Nà, kěnéng chū-le shìr !

我最好去打听一下！
8 – Wǒ zuìhǎo qù dǎting yí-xià !

好！你去打听吧！
9 – Hǎo ! Nǐ qù dǎting ba !

哦！来了！来了！
10 – Ò ! Lái le ! Lái le ! (5)

你们好！很对不起！我来晚了！
11 – "Nǐmen hǎo ! Hěn duìbuqǐ ! Wǒ lái-wǎn le !" (6)

好了！好了！吃饭吧！
12 – Hǎo le ! Hǎo le ! Chī-fàn ba ! (7)

FĀYĪN 发音

6 Laye-kouo sann tss'heu le . – 7 k'heneng tch'houle cheurr. – 8 dzoué-r'hao tshu tat'hing i hsia. – 11 r'hènn douépoutshi... laye-ouann-le .

LIÀNXÍ 练习

他们来了吗？
1 – Tāmen lái-le ma ?

我今天没有去。
2 – Wǒ jīntiān méiyǒu qù.

6 — Mais si ! Mais si ! Il est déjà venu trois fois !
*(connaît ! / connaît ! // il / venir-***guo** */ trois / fois /* **le***)*

7 — Eh bien ! Peut-être est-il arrivé quelque chose !?
(alors ! / peut-être / sortir-le / affaire /)

8 — Le mieux serait (peut-être) que j'aille me renseigner (un peu) !
(moi / le mieux / aller / (me) renseigner / un peu)

9 — Oui ! Va te renseigner !
(bien ! / toi / vas / (te) renseigner / donc !)

10 — Oh ! Le voilà (qui arrive) !
(oh ! / il / arrive / **le** *// il / arrive /* **le***)*

11 — "Bonjour (à tous) ! Je suis vraiment désolé ! Je suis en retard !"
(vous / bien // très / désolé // **je** */ arrive-retardé /* **le***)*

12 — Bon ! Allez ! A table !
*(bien-***le** */ bien-***le** *// manger / allez !)*

NOTES (suite)

(4) "Si !", est indiqué par le verbe, qui dans la phrase précédente était négatif, et qui est repris à l'affirmatif. *Lái guo* : le verbe **venir** suivi du suffixe verbal *guo* exprimant un passé ponctuel, une action qui a au moins eu lieu une fois dans le passé. Ici, trois fois : *sān-cì*. La particule de fin de phrase *le* signale "l'état de la question" : il est *déjà* venu trois fois. C'est bien souvent au moyen de l'adverbe "déjà" que l'on rendra en français la tournure chinoise [. . . verbe + *guo* . . . . . *le*], et avec le passé composé.

(5) Voilà un cas où on peut trouver quelque difficulté à comprendre le suffixe *le*. Il sert à dire "il est arrivé", ou "le voilà qui arrive", en fonction de la situation.

(6) "En retard", *wǎn (le)* se place juste après le verbe ainsi modifié. Nous rencontrerons plusieurs de ces verbes. Retenons déjà celui-ci : *Lái-wǎn*, "arriver en retard".

(7) *Hǎo le* ! "bon, maintenant, c'est bien !, ça va !" "ça suffit !" *chī-fàn ba* !, "à table !", "mangeons !", "allons manger !". La particule de fin de phrase *ba* indique l'invitation ; elle est rendue le plus souvent, dans ce cas, par l'impératif français.

EXERCICES

1 Est-ce qu'ils sont venus ? (arrivés)
2 Aujourd'hui, je (n'y) suis pas allé.

他可能不认识路！
3 – Tā kěnéng bú rènshi lù !

大家累了。
4 – Dàjiā lèi le .

Wánchéng jùzi (compléter les phrases)

1 *Allez vous renseigner !*

Nǐmen qù ...... ba !

2 *Je crains qu'il ne me connaisse pas.*

Wǒ .. tā bú rènshi wǒ.

3 *Le mieux serait [que] tu viennes demain.*

Nǐ ...... míngtiān lái.

4 *Il est peut-être [déjà] venu.*

Tā ...... lái-guo

第二十课
DÌ ÈR-SHÍ (20) KÈ

老王的姐姐有孩子吗？
1 – Lǎo Wáng de jiějie (1) yǒu háizi ma ?

FĀYĪN 发音

1 Tjié-tjié.

3 Il ne connaît peut-être pas le chemin !
4 Tout le monde est (très) fatigué (maintenant) !

Corrigé de l'exercice leçon 19

1 Dǎting. – **2** pà. – **3** zuìhǎo. – **4** Kěnéng.

Un conseil : *si vous voulez* **lire** *et* **écrire** *le chinois, pensez à étudier les idéogrammes !*

VINGTIEME LEÇON

(numéro / vingt (deux-dix) / leçon)

1 – Est-ce que la soeur de Wang a des enfants ? *(vieux-Wang /* **de** */ soeur / avoir / enfants / est-ce que ?)*

NOTES

(1) En ajoutant *de* on indique la **possession**, la **détermination** le **génitif.** L'élément déterminant (le possesseur) **précède** toujours le déterminé (la chose ou l'être possédé). La soeur de (Vieux) Wang : *Lǎo Wáng de jiějie*. Le livre de Wang : *Lǎo Wáng de shū*. L'épouse de Wang : *Lǎo Wáng de àiren*. L'épouse de moi "(mon épouse) : *wǒ de àiren*. Nous verrons que ce schéma est valable pour toute détermination, que ce soit le possessif, le relatif, etc.

有！有两个孩子！
2 — Yǒu ! Yǒu liǎng-ge **(2)** háizi !

男的还是女的？
3 — Nán-de **(3)** háishi **(4)** nǚ-de ?

一个男的，一个女的。
4 — Yí-ge nán-de, yí-ge nǚ-de **(5)**

他们现在几岁了？
5 — Tāmen xiànzài jǐ-suì le ? **(6)**

FĀYĪN 发音

2 liang-ke r'hayedzeu. — **3** nann-te r'hayecheu nu-te. **5** hsiènndzaye tji soué le .

NOTES (suite)

(2) "Oui !" est exprimé en reprenant le verbe de la question, à l'affirmatif. Attention ! Il y a deux mots pour dire "deux". Dans tous les cas où "deux" est suivi d'un spécificatif qui introduit un nom, on utilise *liǎng*. Lorsque "deux" intervient comme composant dans un nombre supérieur à 10 (12,22,25,52, . . .), on utilise *èr*. On emploie également *èr* dans les nombres ordinaux ("deuxième leçon", *dì èr kè*). Retenez bien : "deux enfants" se dit *liǎng-ge háizi*. N'oubliez jamais le **spécificatif'** qui se place juste avant le nom ainsi introduit. Prononciation : *háizi* se lit "r'hay (e) dzeu". Lorsque deux syllabes au troisième ton se suivent, la première est prononcée au deuxième ton ! Ici, yǒu liǎng-ge se prononce en fait : *yóu liǎng-ge*.

(3) *Nán-de* : un garçon [le mot "enfants" (*háizi*) est ici sous-entendu : *nán-de háizi*, "un enfant masculin"]. Nous avons vu que la particule structurale *de* sert à former l'élément déterminant, placé toujours devant l'élément déterminé. On peut formuler de la façon suivante : l'adjectif se place toujours **devant** le nom qu'il qualifie, et on intercale la particule de détermination *de* entre les deux éléments ainsi mis en relation. Il peut arriver, comme ici, que le nom soit sous-entendu.

(4) Ici *háishi* est l'interrogatif " . . . ou bien . . . ?", et se place entre les deux segments de phrase mis en parallèle, et sur lesquels porte l'interrogation. *Qù háishi bú qù* ? (on) y va

2 – Oui ! Elle en a deux !
(a ! [elle] a / deux / enfants)
3 – Garçons ou filles ?
*(masculin-***de** */ ou bien ? / féminin-***de***)*
4 – Un garçon [et] une fille.
*(un / masculin-***de** */ un / féminin-***de***)*
5 – Quel âge ont-ils, maintenant ?
(eux / maintenant / combien ? / (d') années)

NOTES (suite)

ou on n'y va pas ?" *Nǐ qù haishi wǒ qù* ? "C'est toi qui y va ou bien c'est moi ?". Rappel : *nǚ* : on utilise le tréma pour distinguer *nü* ("nu", le "u" de "r**u**minant"), de *nu* ("nou", le "ou" de "n**ou**rrisson"), et pour distinguer *lü* (le "lu" de "**lu**minaire") de *lu* (le "lou" de "**lou**voyer"). Dans les autres cas, le tréma n'est **pas nécessaire** car, avec les consonnes j,q et x, ne peut pas exister le son "ou" ; ju'qu'xu se lisent toujours avec le son ü (le "u" de "r**u**minant").

(5) Ici "un" se prononce *yí-ge* car *ge*, à l'origine, est au quatrième ton, et lorsque *yī* est devant un quatrième ton, on prononce au deuxième ton : *yí* Ne pas oublier qu'un nombre doit toujours être suivi d'un **spécificatif**, cette particule impossible à traduire ; un nom, lorsqu'il est quantifié, comptabilisé, doit être précédé du spécificatif qui convient. Pour le moment, retenons que *ge* est le plus courant.

(6) Le temps s'exprime toujours **avant le verbe.** Ici, le groupe "verbal" est constitué par *jǐ-suì* ? (avoir) quel âge ? *Xiànzài*, "maintenant", se place donc *avant*. La particule de fin de phrase *le* signifie que la question porte bien sur l'état **actuel** du problème : " le jour où nous sommes, quel âge ont-ils ?" Il s'agit de l'état actuel, et non de la situation d'hier, ou d'il y a deux mois. *Jǐ-suì le* ? sert à interroger sur l'âge des enfants **jusqu'à dix ans.** Pour des personnes plus âgées, on utilise la formule *duō-dà le* ?

男孩子十岁了。
6 — Nán-háizi shí-suì le .

女孩子呢？
7 — Nü-háizi ne ? (7)

这，我不清楚！
8 — Zhèi, wǒ bù qīngchu !

老王没有告诉你吗？
9 — Lǎo Wáng méiyǒu gàosu nǐ ma?

我忘了；真的，我忘了！
10 — Wǒ wàngle ! Zhēn-de ! Wǒ wàngle !

算了！算了！一会儿我去问他！
11 — Suàn le ! Suàn le ! (8) Yìhuěr wǒ qù wèn tā ! (9)

好！你去问他吧！
12 — Hǎo ! Nǐ qù wèn tā ba !

FĀYĪN 发音

8 pou tshing tch'ou. — **10** ouo ouang le, djènn-te. — **11** ssouannle . . . i r'houeurr . . . . . ouènn.

6 — Le garçon a dix ans.
(masculin-enfant / dix années / **le***)*

7 — Et la fille, alors ?
(féminin-enfant / alors ?)

8 — Ça, je n'en sais rien !
*(***ça** */* **moi** */ pas / clair)*

9 — Wang ne te l'a pas dit ?
(vieux-Wang / ne pas avoir / prévenir / toi / est-ce que ?)

10 — J'ai oublié ! C'est vrai, j'ai oublié !
*(je / oublier-***le** / vrai-**de** / je / oublier-**le***)*

11 — Bon ! Allez ! Tans pis ! Je le questionnerai tout à l'heure !
(tant pis / tant pis ! // dans-un moment / je / aller / interroger / lui)

12 — C'est ça ! Tu iras (le) lui demander !
(bien ! // tu / aller / questionner / lui / donc!)

NOTES (suite)

(7) La particule interrogative de fin de phrase *ne* permet de ne pas reprendre le verbe de la question, déjà utilisé dans la phrase qui a précédé (voir leçon 13, note 6). *Tā ne* ? (et lui, alors ?) ; *nǐ ne* ? (et toi, alors ?) ; *wǒ ne* ? (et moi, alors ?)

(8) Une expression très utile : "Laissons cela !", "Tant pis !", "ça ne fait rien !", "n'en parlons plus !" "Allez ! laisse tomber !"

(9) "Dans un moment", *yìhuěr* ; en fait composé de *yìhuǐ*, prononcé "à la pékinoise", c'est-à-dire en terminant la voyelle par un "r", la langue roulée vers l'arrière. La prononciation est en fait *yìhuěr* (i r'houeurr). Cette locution exprime que l'action va se dérouler . . . . dans un moment, et donc le verbe qui suit sera traduit . . . . au futur. Voilà un nouvel exemple de l'usage des adverbes qui expriment le **temps** d'un verbe, le **moment** ou l'action se déroule (passé, présent ou futur). *Yìhuěr wǒ qù kàn tā* (dans un instant j'irai le voir).

LIÀNXÍ 练习

姐姐的孩子会说英语吗？
1 – Jiějie de háizi huì shuō yīngyǔ ma ?

你开车还是我开车？
2 – Nǐ kāichē háishi wǒ kāichē ?

一会儿我们去吃饭。
3 – Yìhuěr wǒmen qù chīfàn.

你现在作什么？
4 – Nǐ xiànzài zuò shénme ?

Wánchéng jùzi (compléter les phrases)

1 *Je n'y vais pas. Et toi ?*

Wǒ bú qù. Nǐ . . ?

2 *C'est un garçon ou bien une fille ?*

Tā shi nán-de . . . . . . nǚ-de ?

3 *Quel âge a la sœur de (Vieux) Wang ?*

Lǎo Wáng . . jiějie ..... le ?

4 *Est-ce que maintenant tu as une voiture ?*

Nǐ . . . . yǒu chē ma ?

EXERCICES

1 Est-ce que les enfants de (ma, ta, notre) sœur savent parler anglais ?
2 C'est toi ou c'est moi qui conduis ? (c'est toi qui conduis ou c'est moi qui conduis ?)
3 Dans un moment, nous irons manger.
4 Qu'est-ce que tu fais maintenant ?

Corrigé de l'exercice leçon 20

1 Ne. — **2** háishi. — **3** de / jǐ-suì. — **4** xiànzài.

Ne négligez pas les numéros des leçons. Jusqu'à 99, la seule connaissance des chiffres de 1 à 10 est nécessaire. Nous avons vu que de 11 à 19 il suffit de dire "dix", suivi de l'indication des unités (onze = "dix-un" ; quinze = "dix-cinq" ; dix-neuf = "dix-neuf"). A partir de vingt, ont indique le nombre de dizaines, puis de la même manière le nombre d'unités : "vingt" se dit : "deux/dix" (c'est-à-dire [**deux** *(fois)* **dix**]*) ; "vingt-et-un" se dit : "deux / dix / un" (c'est-à-dire* [**deux** *(fois)* **dix** *(plus) un*]*), et "vingt-neuf" se dira : "deux / dix / neuf". Nous verrons que .... "trente-neuf" se dira : "trois / dix / neuf", et ainsi de suite !*

Cette leçon paraîtra peut-être touffue. En fait, à la fin de cette troisième semaine, nous pouvons dire que les principales particules chinoises ont été introduites : le suffixe verbal 了 **le** *marquant une action accomplie, la particule de fin de phrase* 了 **le** *marquant un changement d'état, et la particule structurale de détermination* 的 **de**, *qui s'intercale entre le déterminant et le déterminé. N'hésitez pas à revoir les leçons précédentes, et ne délaissez jamais l'aspect phonétique : répétez à haute voix, en faisant très attention aux tons de chaque syllabe.*

第二十一课

DÌ ÈR-SHÍ-YĪ (21) KÈ

VINGT ET UNIEME LEÇON

REVISION ET NOTES

Notes à relire. – 15e leçon (1), (2), (4) – 16e : (2), (3), (4), (9) – 17e : (3), (4), (6) – 18e : (2), (4), (7), (9) – 19e : (1), (2), (3), (4) – 20e : (1), (2), (3).

1 **Prononciation.** – Apprenez à bien distinguer les consonnes j,q et x. Lisez à haute voix les syllabes suivantes :
– jia, jiao, jie, jiu, jian (attention ! prononcez tjiènn).
– qia, qiao, qie, qiu (attention ! prononcez tshio), qian.
– xia, xiao, xie, xiu, xian, xin, xing, xiang.
N'oubliez pas qu'après z,c,s,zh,ch,sh,r la lettre i ne se lit pas "i", mais correspond à un "e muet" à une "non voyelle". Lisez les syllabes suivantes, en faisant attention à bien respecter les tons :
– zì, cì, sì, zhī, chī, shī.
– zhè, zhèi, zhēn, zhōng.
– chē, chū, chī, cì, cài, cǎi, chái.
– sī, sì ; chī, chí, chǐ, chì.
Attention aux "faux amis" iu et ian : iu se prononce en fait "io", comme dans "six" : 六 *liù* ; ian se prononce en fait "iènn", comme dans "jour" : 天 *tiān.*

2 La numérotation chinoise consiste à énoncer les chiffres qui composent le nombre, comme si on faisait les opérations pour arriver à ce nombre : vingt-et-un s'obtient en faisant : deux (fois) dix (plus) un ; eh bien on dira : 二十一 *èr-shí-yī*, c'est-à-dire "deux / dix / un". Ce système est valable jusqu'à cent. Pour cent-un, il faudra dire "un / cent / zéro / un", et pour "cent-soixante-quinze", on dira : "un / cent / sept / dix / cinq" et ce pour tous les nombres. Essayez de retenir peu à

peu les chiffres de un à dix, et faites attention à la numérotation des leçons ; ainsi, peut-être dans quelques semaines, vous saurez compter, naturellement, en chinois.

3 La localisation. – Nous avons rencontré dans les premières leçons le **verbe** 在 *zài*, "se trouver . . .", qui était directement suivi du **lieu**. Par la suite nous avons vu que 在 *zài* pouvait être aussi employé parfois comme **préposition**, en tête du groupe de lieu, et que ce lieu se plaçait toujours **avant l'action**. Ainsi : 你在这儿等我 *Nǐ zài zhèr děng wǒ*, tu m'attends ici [toi / (à) / ici / attends / moi]. De la même manière , en suivant le schéma [sujet / *zài* / lieu / action], on peut dire : 他在中国工作 *Tā zài Zhōngguó gōngzuò,* il travaille en Chine [lui / en / Chine / travailler]. Reconnaissons cependant que nous avons rencontré un verbe qui ne respectait pas ce schéma : 住在 *zhùzài*, "habiter". On dit 你住在这儿 *Nǐ zhùzài zhèr, "tu* habites ici".

4 Nous vous avons présenté plusieurs **interrogatifs**, notamment : 谁 *shéi,* 什么 *shénme,* 吗 *ma,* 什么时候 *shénme shíhou,* 还是 *háishi,* 怎么 *zěnme*. Ce sont les principaux. Vous apprendrez à les manier progressivement, en répétant plusieurs fois les leçons, ou en écoutant les enregistrements si vous les avez. Notez que la réponse à une question se place là où était la particule interrogative, et que ces interrogatifs respectent les schémas généraux : 什么时候？ *shénme shíhou*, "quand", qui porte sur le temps, se place avant l'action ; 谁？ *shéi* respecte le schéma [sujet + verbe + complément], et se place, soit en tête, si la question porte sur le sujet, soit après le verbe, si la question porte sur le complément : 谁去买菜？ *shéi qù mǎi cài ?* ("qui va faire les courses ?) ; 你等谁？ *nǐ děng shéi* ? ("tu attends qui ?")

5 Habituez-vous à toujours faire suivre un nombre du **spécificatif** qui introduit le nom : deux enfants, 两个孩子 *liǎng-ge háizi* ; trois amis : 三个朋友 *sān-ge péngyǒu ;* cinq soeurs, 五个姐姐 *wǔ-ge jiějie* ; sept professeurs, 七个老师 *qī-ge lǎoshī* ; deux couleurs, 两个颜色 *liǎng-ge yánsè.* Nous rencontrerons dans les prochaines leçons des mots qui n'acceptent pas 个 *ge*, mais un autre spécificatif. Ainsi : 两本书 *liǎng-běn shū*, deux livres, 一辆车 *yí-liàng chē*, une voiture. Contentons-nous, pour l'instant, de répéter les leçons contenant le vocabulaire de base ; petit à petit, nous l'enrichirons, mais . . . . pas trop à la fois !

6 Les adverbes se placent toujours **avant le verbe** *:* 也 *yě,* 也不 *yě bù,* 太 *tài,* 不太 *bú tài,* 很 *hěn,* 一定 *yídìng*, etc. Attention à respecter cette règle "J'y vais aussi" se dit : 我也去 *wǒ yě qù* ; " je (le) lui dirai sans faute" 我一定告诉他 *wǒ yídìng gàosu tā*. Vous remarquez sans doute que bien des mots de la traduction française ne se retrouvent pas dans la version chinoise. C'est que, le plus souvent, c'est la **concision** qui est recherchée, et tous les éléments qui sont intelligibles grâce au contexte sont sous-entendus.

7 La particule modale de fin de phrase 了 *le,* nous la rencontrerons bien souvent. Elle est parfois un outil de style, aidant à renforcer le ton d'une réplique ; dans une première analyse, vous avez pu voir qu'elle indique un changement d'état : 不下雨了 *bú xià-yǔ le* ! Il ne pleut plus ! 我不想去看病了 *Wǒ bù xiǎng qù kànbìng le* ! Je ne veux plus aller chez le docteur ! ; 我现在有工作了 *wǒ xiànzài* *yǒu gōngzuò le* ! Désormais, je travaille ! (j'ai un travail ! j'ai trouvé du travail !). Cette particule se trouve toujours en fin de phrase. Il ne faudra pas la confondre avec le **suffixe verbal** 了 *le* (qui se prononce pareillement !), qui indique une action accomplie : 我买了车 *wǒ mǎi le chē*, j'ai acheté une voiture ; 他吃了两个菜 *tā chī le liǎng-ge cài*!, il a mangé deux plats !

8 **La détermination**, c'est le fait de mettre en relation deux éléments, l'un dépendant de l'autre ; en chinois l'élément qui détermine **précède** toujours l'élément déterminé ; ainsi, "un restaurant pas cher" se dira [pas / cher / restaurant] ; un enfant espiègle : [espiègle / enfant]. Le chapeau du notaire : [notaire / chapeau], etc. Cependant on intercalera, presque toujours, entre ces deux éléments la particule 的 *de*, reliant le déterminant au déterminé : le livre du professeur : 老师的书 *lǎoshī de shū* ; le livre de moi (mon livre) : 我的书 *wǒ de shū* ; pour les pronoms personnels ainsi formés, en transcription phonétique, on fera la liaison des deux éléments au moyen d'un trait d'union, en écrivant : *wǒ-de shū*, mon livre. Nous verrons que ce schéma n'est pas uniquement valable pour le possessif ; ainsi, "l'homme qui lit" se dira : [lit / *de* / homme]. Mais ceci est pour dans quelques jours !

9 Ecrivez en chinois (deuxième vague) :
1 La soeur de (vieux) Wang n'a pas encore de voiture
2 Est-ce que ton frère sait parler chinois ?
3 Qu'est-ce que fait ton mari, maintenant ?
4 Est-ce que tu veux aller à bicyclette ?
5 Je ne sais pas encore parler le chinois.
6 Est-ce que c'est loin, chez toi ?
7 Ton enfant est un garçon ou une fille ?

10 Traduction

老王的姐姐还没有车。
1 Lǎo Wáng de jiějie hái méiyǒu chē.

你的哥哥会不会说中文？
2 Nǐ-de gēge huì-bú-huì shuō zhōngwén ?

你的爱人现在作什么？
3 Nǐ-de àirén xiànzài zuò shénme ?

你要不要骑自行车？
4 Nǐ yào-bú-yào qí zìxíngchē ?

我还不会说中文。
5 Wǒ hái bú huì shuō zhōngwén.

你家里远不远？
6 Nǐ-jiāli yuǎn-bù-yuǎn ?

你的孩子是男的还是女的？
7 Nǐ-de háizi shi nán-de (hái)shi nǚ-de ?

11 Retenez les expressions suivantes, rencontrées au cours de nos trois semaines de chinois :

六点半
– *liù-diǎn-bàn*, (à) six heures et demie

两次 三次
– *liǎng cì*, deux fois ; *sān cì*, trois fois

两个孩子
– *liǎng-ge háizi*, deux enfants

几个?
– *jǐ-ge* ?, combien ?

几点 ?
– *jǐ-diǎn* ?, quelle heure est-il ?

几岁了 ?
– *jǐ-suì le* ?, quel âge a-t-il ? quel âge as-tu ?, . . .

我有事儿
– *wǒ yǒu shìr*, je suis occupé

他没有来
– *tā méiyǒu lái*, il n'est pas arrivé ; il n'est pas venu.

Il reste bien des choses à détailler dans cette troisième semaine, mais ne soyons pas trop minutieux ! Chaque chose arrive en son temps !

21ème leçon

第二十二课
DÌ ÈR-SHÍ-ÈR (22) KÈ

很有意思
Hěn yǒu yìsi

这个人很热情.
1 – Zhèi-ge rén **(1)** hěn rèqing.

对！他很热情！
2 – Duì ! Tā hěn rèqing !

你以前认识他吗？
3 – Nǐ yǐqián **(2)** rènshi tā ma ?

不认识；我是刚来的。
4 – Bú rènshi **(3)** ; wǒ shi gāng **(4)** lái de **(5)**.

FĀYĪN 发音

1 Djéike Jènn r'hènn jetshinng. – **2** Douéi. – **3** yitshiènn. – **4** kang laye te.

欢迎！欢迎！

VINGT-DEUXIEME LEÇON
(numéro / 22 / (deux-dix-deux) / leçon)

(C'est) très intéressant !

1 — Ce monsieur est très gentil.
(cette / personne / très / chaleureux)

2 — Oui ! Vraiment très gentil !
(exact // il / très / chaleureux)

3 — Tu le connaissais, avant ?
(toi / avant / connaître / lui / est-ce que ?)

4 — Non, avant je ne le connaissais pas ; je viens juste d'arriver !
(ne pas / connaître // moi / **shi** */ venir juste de / arriver /* **de** *.)*

NOTES

(1) "Cette personne", "ce monsieur" se dit : *zhèi-ge rén. Zhèi* est le démonstratif "ce, cet,cette,ces", mais entre lui et le nom on doit toujours **intercaler un spécificatif**. *Ge*, nous le savons maintenant, est le plus courant. Autres exemples : *zhèi-ge háizi* (cet enfant) ; *zhèi-ge gōngyuánr* (ce jardin public) ; *zhèi-ge yánsè* (cette couleur),. . .

(2) En chinois, on exprime le temps d'un verbe au moyen d'adverbes placés toujours **avant le verbe**. Ici, *yǐqián*, "avant, auparavant, autrefois", sert à exprimer le passé, en général rendu en français par l'imparfait. Noter que, dans la réponse (la phrase 4), le verbe est lui aussi au passé.

(3) Devant une syllabe au quatrième ton, la négation *bù* se prononce au deuxième ton : *bú.*

(4) L'adverbe *gāng*, placé devant un verbe, signifie "venir de ...", et indique une action qui vient juste de s'accomplir. Le verbe qui suit *gāng* sera donc à la forme accomplie, et on trouvera toujours cette marque de la forme accomplie : Soit au moyen de la particule *le*, soit , comme ici, avec la formule . . . *shi . . . de.* (Voir note 5.)

(5) La formule . . . *shi . . . de.* sert à mettre en relief un élément de la phrase. Cet élément est intercalé entre *shi* et la particule *de* qui, ici, se place toujours en fin de phrase. Cette formule permet d'insister sur un verbe, une action ou tout autre élément d'une phrase à la forme accomplie. La particule *le* est ici inutile, cette formule portant obligatoirement sur des actions accomplies dans le passé, ou en train de s'accomplir. Mais **jamais au futur.**

哦！…欢迎！欢迎！
你来学什么？
5 – Ò ! . . . Huānyíng ! Huānyíng ! **(6)**
Nǐ lái xué shénme ?

我是学化学的。
6 – Wǒ shi xué huàxué **(7)** de.

好极了！
7 – Hǎo-jíle ! **(8)**

你呢？
8 – Nǐ ne ?

我快毕业了！
9 – Wǒ kuài bìyè le **(9)** !

什么专业？
10 – Shénme zhuānyè ?

我是学中国历史的！
11 – Wǒ shi xué zhōngguó lìshǐ de !

哦！…很有意思！
12 – Ò ! . . . Hěn yǒu yìsi ! **(10)**

FĀYĪN 发音

5 r'houannying . . . laye hsué chemme. – **6** r'houa hsué. – **7** r'hao tjile. – **9** ouo k'houaye piyé le . – **10** djouannyé. – **11** hsué djong kouo licheu. – **12** r'hènn yo yisseu.

5 — Oh ! bienvenue ici ! . . . Qu'est-ce que tu viens étudier ?
(oh ! // bienvenue ! / bienvenue ! // tu / viens / étudier / quoi ?)
6 — Je fais des études de chimie !
(moi / **shi** */ étudier / chimie /* **de.***)*
7 — Parfait ! Parfait !
(bien / extrêmement !)
8 — Et toi alors ?
(toi / alors ?)
9 — Moi, j'aurai bientôt terminé mes études !
(moi / sur le point de / être diplômé / maintenant !)
10 — (Et) quelle est ta spécialité ?
(quelle ? / spécialité)
11 — Moi, j'étudie l'histoire chinoise !
(moi / **shi** */ apprendre / chinoise / histoire /* **de.***)*
12 — Mais, c'est très intéressant, ça !
(oh ! // très / intéressant !)

NOTES (suite)

(6) Retenez bien cette expression très utile : *huānyíng* ! (Soyez le bienvenu !)

(7) *Huàxué*, la chimie. L'idéogramme *xué* signifie ici "les enseignements, l'étude de . . ." Il est parfois le **verbe** "étudier" : *nǐ xué shénme* ? (" qu'étudies-tu ?") ; *xué huàxué* (apprendre la chimie). Dans cette phrase 6, "étudier la chimie" est mis en relief par la formule *. . . shi. . . de.* La personne tient à insister sur le fait que c'est bien la chimie qu'elle étudie, et pas autre chose. La formule de mise en relief *shi. . . de.* est très courante, et sert à insister sur des dates, des lieux, l'objet, l'agent d'une action. Nous la rencontrerons bientôt plus en détail.

(8) "Parfait ! C'est formidable" est ici exprimé par *hǎo-jíle ! Hǎo* signifiant "bien", et *jíle* étant un "complément de degré", placé après les verbes de qualité, avec le sens de "extrêmement". Par exemple : *lěng-jíle* ((il fait) extrêmement froid), *duō-jíle* (extrêmement nombreux), etc.

(9) L'adverbe *kuài* introduit une action qui est sur le point d'avoir lieu (**futur proche**). On trouve alors en fin de phrase la particule *le*, qui indique qu'un fait nouveau va se produire. *Kuài liù-diǎn-bàn le* ! (il va bientôt être six heures et demie) ; *wǒ kuài bìyè le* ! (je vais bientôt terminer mes études). *Bìyè* signifie "être diplômé, terminer (brillamment) ses études".

(10) Retenez bien cette expression : *yǒu yìsi* (c'est amusant, intéressant) ; *hěn yǒu yìsi* (c'est très intéressant !) Mais **attention à la négation** : *méiyǒu yìsi* (ce n'est pas intéressant) ! Voir leçon 17, notes 4 et 7.

LIÀNXÍ 练习

我以前不喜欢，可是现在很喜欢！
1 – Wǒ yǐqián bù xǐhuan, kěshì xiànzài hěn xǐhuan !

他以前很漂亮！
2 – Tā yǐqián hěn piàoliang !

我刚买了一本书。
3 – Wǒ gāng mǎi-le yì-běn shū.

快下雨了！
4 – Kuài xià-yǔ le!

我是今天来的。
5 – Wǒ shi jīntiān lái de. *
* 今天 *Jīntiān* "aujourd'hui". La date se place toujours **avant l'action.**

Wánchéng jùzi (compléter les phrases)

1 *C'est très intéressant.*

Hěn ... .

2 *Il va bientôt être six heures et demie!*

.... liù-diǎn-bàn le !

3 *Moi, j'étudie la chimie.*

Wǒ ... xué huàxué ..

4 *Est-ce que c'est aujourd'hui qu'il est arrivé ?*

Tā shi .... lái de .. ?

EXERCICES

1 Avant, je n'aimais pas (ça), mais maintenant, j'aime beaucoup (ça).
2 Autrefois (avant), il était très joli.
3 Je viens d'acheter un livre.
4 Il va bientôt pleuvoir !
5 Je suis arrivé aujourd'hui (*ou* : c'est aujourd'hui que je suis arrivé).

Corrigé de l'exercice leçon 22

1 Yǒu yìsi. – **2.** Kuài. – **3** shi...... de. – **4.** jīntiān... ma.

N'oubliez pas : le **premier ton,** ¯ , *indique une syllabe assez aigüe, qui, reste prononcée à la même hauteur sonore ("ton plat"). Le* **deuxième ton,** ˊ, *indique un son qui monte, du grave vers l'aigü. Le* **troisième ton,** *noté* ˇ, *pour les syllabes qui commencent par descendre, vers un son grave, pour remonter ensuite vers les aigüs. Enfin, le signe* ˋ *pour noter le* **quatrième ton**, *syllabe brève, la voix "tombant" rapidement de l'aigü vers le grave.*

Notez bien en tête de cette leçon comment se dit vingt-deux : [deux (fois) dix (plus) deux] : on dit "deux-dix-deux". Utilisez les numéros des pages et des leçons pour apprendre progressivement à compter. Essayez : "treize se dit . . . . . . 十三 **shí-san** *; "dix huit" se dit* 十八 **shí-bā** *; "vingt-et-un" se dit* 二十一 **èr-shí-yī**. *Maintenant,essayez de* **compter de un jusqu'à vingt !** *Aidez vous de la numérotation des pages du livre si vous avez des difficultés. Patience ! Peu à peu, vous y parviendrez sans problèmes !*
Pour "trois" 三 *(***sān***), pensez à* **sānbǎn**, *un sampan, "barque faite de* **3 planches**" *!*
Vous avez noté qu'en chinois le point final de fin de phrase est en fait un petit cercle !

第二十三课

DÌ ÈR-SHÍ-SĀN (23) KÈ

奇怪
Qíguài

来！你抽一枝吧！
1 – Lái ! (1) Nǐ chōu yì-zhī ba ! (2)

谢谢！我不会抽烟！
2 – Xièxie ! (3) Wǒ bú huì (4) chōu-yān !

真奇怪！
3 – Zhēn qíguài ! (5)

有什么奇怪？
4 – Yǒu shénme qíguài ? (6)

FĀYĪN 发音

Tshikouaye. – **1** tch'how yi djeu pa. – **2** Hsiéhsié ... pou tch'how yènn. – **3** djènn tshikouaye.

奇怪！

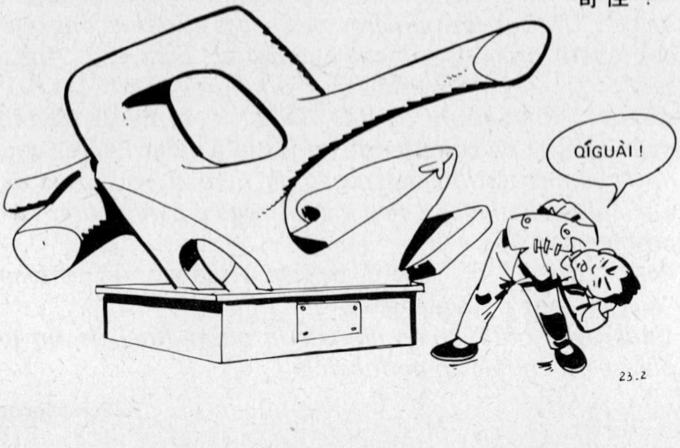

VINGT-TROISIEME LEÇON

(numéro / 23 / (deux-dix-trois) / leçon)

(C'est) bizarre !

1 — Allez ! Vous fumerez (bien) une (petite cigarette) !
(allez ! // vous / fumer / une (spécificatif) / allez !)

2 — (Non) merci ! Je ne fume pas !
(merci // moi / ne pas / savoir / fumer-cigarette)

3 — C'est bizarre !
(vraiment / bizarre)

4 — Qu'est-ce qu'il y a de (si) bizarre ?
(il y a / quoi ? / bizarre)

NOTES

(1) Le verbe *lái* signifie "venir", mais ici est employé, à l'impératif, dans le sens de "allez !" "je vous en prie !" "prenez-donc (une cigarette) ", etc.

(2) "Fumer" se dit mot à mot [fumer / cigarette] : *chōu-yān.* Il arrive que l'on n'emploie que la première partie de l'expression comme ici, pour dire "fumer *une* (cigarette)", où "cigarette", *yān*, est sous entendu. *Zhī* est le spécificatif employé pour les cigarettes, comme pour d'autres objets filiformes tels que fil, baguette, crayon, stylo-bille, etc.
Dans la phrase 2, on trouve l'expression complète : *chōu-yān.*

(3) *Xièxie* ! (merci!) est également employé négativement, pour décliner une offre : "Non merci!".

(4) "Ne pas fumer" se dit parfois en chinois "ne pas savoir fumer". "Non merci, je ne fume pas" se dit : *wǒ bú huì chōu-yān.*

(5) *Zhēn* est l'adverbe "vraiment". Il est placé juste devant le verbe de qualité (adjectif verbal). *Zhēn qíguài* ! (c'est vraiment bizarre !) ; *zhēn hǎo* (c'est vraiment bien !) ; *zhēn guì* ! (c'est vraiment cher !) ; *zhēn piàoliang* ! (c'est vraiment très joli!) etc. Souvenez-vous ! Ne jamais employer le verbe *être* avec les adjectifs verbaux !

(6) *Yǒu shénme . . . ?* suivi d'un adjectif verbal : "qu'y a-t-il de . . . . ?" *Yǒu shénme qíguài* ? (qu'est-ce qu'il y a de bizarre ?); *yǒu shénme hǎochī* ? (qu'est-ce qu'il y a de bon à manger ?) ; *yǒu shénme hǎokàn* ? (qu'est-ce qu'il y a de beau à voir ?),' etc.

你看！这儿不是一包烟吗？
5 – Nǐ kàn ! Zhèr bú shì yì-bāo yān ma ? (7)

这是我爱人的！…她抽烟！
6 – Zhè shi wǒ-àiren de ! (8) . . . Tā chōu-yān !

你这儿有筷子吗？
7 – Nǐ zhèr yǒu ˊkuàizi ma ? (9)

这儿没有！
8 – Zhèr méiyǒu !

奇怪！
9 – Qíguài !

有什么奇怪？
10 – Yǒu shénme qíguài ?

FĀYĪN 发音

5 ni k'hann ... yi pao yènn. – 6 dje cheu ouo ayejènn te. – 7 djeu'rr yo k'houaydzeu.

中国人不是用筷子吃饭吗？

5 — Regardez ! Et ça, ce n'est pas un paquet de cigarettes ?!
(vous / regarder ! // ici / ne pas / être / un-paquet (de) cigarettes / est-ce que ?)

6 — Ça, c'est à ma femme ! C'est elle qui fume !
(ça / c'est / à ma femme // elle / fumer-cigarettes)

---

7 — Est-ce que tu as des baguettes, ici ?
(toi / ici / avoir / baguettes / est-ce que ?)

8 — Non, ici je n'en ai pas.
(ici / ne pas avoir)

9 — C'est bizarre !
(bizarre)

10 — Qu'est-ce qu'il y a de (si) bizarre ?
(il y a / quoi ? / (de) bizarre)

NOTES (suite)

(7) *Bú shì . . . . ma ?* (n'est-ce pas justement . . . . . ?) Cette formule est employée lorsqu'on est persuadé que la réponse est affirmative. ("Ici, n'est-ce pas justement un paquet de cigarettes ?!")
"Un paquet de cigarettes", ici *bāo* (qui signifie "paquet") est employé en tant que **spécificatif**, entre le nombre et le substantif : [un / paquet (de) / cigarettes]. Notez que c'est bien souvent en modifiant le **spécificatif** que l'on parvient à exprimer en chinois les diverses présentations d'un objet : *yì-zhī yān*, "une cigarette" ; *yì-bāo yān*, " un paquet de cigarettes".

(8) Ici, le nom qui suit la particule de détermination *de* est sous entendu : "(*les cigarettes*) de ma femme", *wǒ-àiren de (yān)*. On se contente de dire *wǒ-àiren de* (celles de ma femme / à ma femme). Ne confondez pas les deux phrases *zhè shi wo-àiren* ! (voici ma femme) et *zhè shi wǒ-àiren de* ! (ce sont celles de ma femme, c'est à ma femme).

(9) Notez le lieu, qui suit le sujet : [toi / ici]. *Kuàizi* est le mot qui désigne les baguettes avec lesquelles on mange en Chine ; l'idéogramme est formé du caractère "rapide", qui se prononce *kuài* (et indique donc la prononciation), surmonté de la **clé du bambou**, les baguettes étant généralement faites en bambou.

中国人不是用筷子吃饭吗？
11 – Zhōngguó-rén bú shì yòng **(10)** kuàizi chī-fàn ma ? **(11)**

是啊！我这儿没有，
可我家里有啊！
12 – Shì a ! Wǒ zhèr méiyǒu, kě **(12)** wǒ jiāli yǒu a !

FĀYĪN 发音

11 pou cheu yong k'houaydzeu tch'heu fann ma. – **12** cheu a ... k'he ouo tjiali yo a.

LIÀNXÍ 练习

对不起！我不抽烟！
1 – Duìbuqǐ ! Wǒ bù chōu-yān !

我家里有，可是我这儿没有！
2 – Wǒ jiāli yǒu, kěshì wǒ zhèr méiyǒu !

他用筷子吃饭。
3 – Tā yòng kuàizi chī-fàn.

中国人用筷子吃饭吗？
4 – Zhōngguó-rén yòng kuàizi chī-fàn ma ?

11 – Les chinois, ils mangent bien avec des baguettes, non ?
(les chinois / ce n'est pas / avec / baguettes / manger-(riz) / est-ce que ?)

12 – Bien sûr ! Ici, je n'en ai pas, mais à la maison, j'en ai !
*(oui ! (il en **est** ainsi) / ah ! // moi / ici / ne pas (en) avoir / mais / ma maison / (en) avoir / ah!)*

NOTES (suite)

(10) *Yòng* : "avec", "au moyen de ", "en utilisant . . .", suivi de l'objet utilisé pour réaliser l'action. Le groupe prépositionnel ainsi formé **précède toujours le verbe** . "Manger avec des baguettes" se dira [avec / baguettes / manger] *(yòng kuàizi chī-fàn).* "Ecrire avec un pinceau" se dira : [avec / pinceau / écrire].

(11) "Manger" se dit *chī, chī-fàn* (mot à mot : "manger (du) riz (cuit)") ; nombreux sont les verbes qui sont suivis d'un élément nominal figé. Ainsi, "lire" se dit *kàn-shū* ["lire / livres"] ; "fumer" se dit, nous venons de le voir, *chōu-yān* ["fumer / cigarettes"], et "écrire" se dit *xiě-zì* ["écrire / (des) caractères"]. Lorsque cela est nécessaire, on pourra sous entendre l'élément nominal, ou bien **intercaler** entre le verbe et l'élément nominal **un déterminant**, comme par exemple dans *chī zhōngguó fàn* [manger / (de la) cuisine chinoise], ou *xiě máobǐ zì* [écrire / (des) caractères (écrits au) pinceau].
Notez la formule interrogative *bú shì . . . . ma* ?, utilisée lorsqu'on pense que la réponse est affirmative (voire note 7).

(12) "Ici je n'en ai pas", *wǒ zhèr méiyǒu* [moi / ici / ne pas (en) avoir], mais on aurait également pu dire : *zhèr wǒ méiyǒu* [ici / moi / ne pas (en) avoir]. Le principal est de toujours exprimer **le lieu avant l'action**, avant le verbe.
Kě, "mais", est synonyme de *kěshì*. Notez également les nombreuses interjections de fin de phrase. Ici *a* !, qui met en relief le verbe : *shì a* ! "mais si !, mais bien sûr !". *Wǒ jiāli yǒu a* ! "mais à la maison, j'en ai !".

EXERCICES

1 Je suis désolé (mais) je ne fume pas !
2 J'(en) ai chez moi (à la maison), mais ici je n'en ai pas !
3 Il mange avec des baguettes. [lui / au moyen de / baguettes / manger.]
4 Est-ce que les chinois mangent avec des baguettes ?
[les chinois / avec / baguettes / manger / est-ce que ?]

Wánchéng jùzi

1 *(Je) suis désolé, je n'ai pas de stylo.*

. . . . , wǒ méiyǒu bǐ.

2 *On dirait que ton ami n'aime pas ça !*

Nǐ-de péngyou . . . . bù xǐhuan zhèi-ge !

3 *Je ne mange "chinois" (de la cuisine chinoise) qu'à la maison (uniquement).*

Wǒ zài jiāli cái chī . . . . *

* *Cái* est un adverbe qui signifie "uniquement", "ne . . . que" ; la restriction qu'il indique porte sur **l'élément qui le précède.**

4 *Ils ne savent pas manger avec des baguettes.*

Tāmen bú huì . . . . kuàizi chī-fàn.

第二十四课
DÌ ÈR-SHÍ-SÌ (24) KÈ

进城去
Jìn-chéng qù

礼拜天你作什么？
1 – Lǐbài-tiān nǐ zuò shénme ? **(1)**

FĀYĪN 发音

Tjinn tch'hen tshu. – **1** lipaye t'hiènn.

Corrigé de l'exercice leçon 23

1 Duìbuqǐ. – **2** hǎoxiàng. – **3** zhōngguó-fàn. – **4** yòng.

Dans le dernier exercice, "en passant", a été introduit un adverbe très important : 才 **cái**. *Il indique une* **restriction** *("seulement, uniquement, ne . . . que . . ."), qui peut porter sur un lieu, une date, le sujet de l'action, etc. C'est toujours sur l'élément qui* **précède** 才 **cái** *que porte la restriction :* 我明天才走。 **wǒ míngtiān cái zǒu**, *"je* **ne** *pars* **que** *demain" (moi / demain /* **seulement/** *partir) ;* 他今天才告诉我。 **tā jīntiān cái gàosu wǒ** *"il* **ne** *m'a prévenu* **qu'** *aujourd'hui" (lui / aujourd'hui /* **seulement** */ prévenir / moi). Nous aurons l'occasion prochainement d'en reparler.*

VINGT-QUATRIEME LEÇON

(numéro / 24 (deux-dix-quatre) / leçon)

Aller en ville

1 – Qu'est-ce que tu fais dimanche ?
(dimanche / tu / fais / quoi ?)

NOTES

(1) *Lǐbài-tiān* : "dimanche" ; *lǐbài* signifie "semaine" ; pour les six premiers jours de la semaine, on fait suivre *libài* des chiffres de un à six ! Ainsi "lundi" se dit *lǐbài-yī*, "mardi" : *lǐbài-èr*, "mercredi" : *libài-sān*, "jeudi" : *libài-sì*, "vendredi" : *lǐbài-wǔ*, et "samedi" : *lǐbài-liù*.

我还不知道！
2 – Wǒ hái bù (2) zhīdào !

要不要跟我们一起进城去？
3 – Yào-bú-yào gēn wǒmen yìqǐ (3) jìn-chéng qù (4) ?

好！可以！到哪儿去？
4 – Hǎo ! Kěyǐ ! (5) Dào nǎr qù ? (6)

去南京路看看！
5 – Qù Nánjīng Lù kàn-kan ! (7)

那儿有什么好看的？
6 – Nàr yǒu shénme hǎokàn-de ? (8)

FĀYĪN 发音

3 Kenn ouomenn yitshi. – **4** k'heyi . . . tao na'eurr tshu. – **5** tshu nan tjing lou k'hènn k'hènn. – **6** r'hao k'hènn te.

N'oubliez pas la **différence fondamentale** *entre les consonnes b et p, d et t, g et k, z et c, j et q, zh et ch. Pour distinguer correctement ces paires de consonnes "avec" ou "sans" souffle expiré, faites le* **test de la feuille de papier** *: Tenez dans votre main une feuille de papier par un coin, et, en plaçant votre main devant votre front, cachez-vous le visage en tenant la feuille près du front. Prononcez* **ba** *! La feuille* **ne doit pas bouger** *(puisque vous ne devez pas expirer en prononçant ce son). Prononcez maintenant* **pa** *! La feuille de papier doit être* **violemment** *rejetée vers l'avant ; le son* **p** *est en effet accompagné d'une violente expiration d'air. Recommencez cette opération avec les tons :* **bā, pā ; bá, pá ; bǎ, pǎ ; bà, pà ;** *et maintenant, prononcez les sons* **da, ta ; dá, tá ; dǎ, tǎ ; dà, tà.**

2 – Je ne sais pas encore.
(moi / encore / pas / savoir)

3 – Est-ce que tu veux aller en ville avec nous ?
(vouloir / pas / vouloir ? / avec / nous / ensemble / entrer-(en) ville / aller)

4 – Bon ! D'accord ! Où est-ce que vous allez ?
(bien ! // possible ! // vers / où ? / aller)

5 – On ira faire un tour rue de Nankin (à Nankin Road) !
(aller / Nankin-rue / voir-voir)

6 – Qu'est-ce qu'il y a de beau à voir là-bas ?
(là-bas / il y a / quoi ? / beau-(à)-voir)

NOTES (suite)

(2) N'oubliez pas que dans une phrase négative *hái* ("encore"), se place toujours avant la négation : *hái bù,* ou *hái méiyǒu.*

(3) "Y aller avec nous" se dit *gēn wǒmen qù*, ou bien *gēn wǒmen yìqǐ qù* (y aller avec nous ensemble). Le groupe "avec nous (ensemble)" se place en effet, comme pour tout groupe prépositionnel, **avant le verbe** sur lequel il porte.

(4) "Aller en ville", se dit "entrer en ville". On dit *jìn-chéng*, ou *jìn-chéng qù.*

(5) Retenez cette expression : *kěyǐ* ! "oui ! d'accord ! c'est faisable ! pourquoi pas ? c'est possible !", etc. *Kěyǐ* est en fait le verbe "pouvoir" *wǒ kěyǐ* : "je peux !" *Nǐ kěyǐ-bù kěyǐ* ? : "Est-ce que tu peux ?"

(6) *Dào* signifie "vers", "à", et introduit le lieu. *Dào* est une préposition. Le groupe "lieu" ainsi formé se place toujours **avant le verbe** (avant l'action). Ainsi "aller en Chine" peut se dire simplement *qù Zhōngguó*, mais on rencontrera très fréquemment la formule *dào Zhōngguó qù* ; de même : "aller à la maison" : *dào jiāli qù* ; "aller au restaurant" : *dào fànguǎnr qù*. Reconnaissons que la formule "*qù* + lieu" était plus simple, mais on ne peut pas se contenter indéfiniment de tournures simples ! Nous verrons que **la plus employée,** dans les phrases complexes, est *dào . . . . . qù.*

(7) *Nánjīng Lù* : la rue de Nankin (Nankin road), une des artères les plus commerçantes de Shanghaï.
Kàn-kan : "regarder un peu", "jeter un coup d'œil". On atténue la force d'un verbe en le répétant, sans accentuer le deuxième.

(8) Ne confondez pas *nàr* (là-bas) et *nǎr* (où ?) Là encore, **l'intonation** est capitale pour vous exprimer correctement !
Hǎokàn-de : (de) beau (à voir). Sous entendu : [les choses] belles à voir. Le substantif est omis. Seul est exprimé le déterminant, formé de l'adjectif joli (bien / (à) voir) et de la particule de détermination *de*. Nous avions déjà vu (voir leçon 12) *xiǎo-de* (un petit / un de petite taille), *dà-de* (un grand). Ou encore : *guì-de* (un cher / ceux qui sont chers) *cháng-de* (un long / un qui est long), *hóng-sè-de* (un rouge / ceux de couleur rouge), etc.

那儿有很多商店！

7 — Nǎr yǒu hěn duō **(9)** shāngdiàn !

什么商店？

8 — Shénme shāngdiàn ?

各种各样的商店都有！

9 — Gè-zhǒng-gè-yàng de shāngdiàn dōu yǒu ! **(10)**

有百货商店吗？

10 — Yǒu bǎi-huò-shāngdiàn ma ?

有！也有书店！也有饭馆儿！

11 — Yǒu ! Yě yǒu shūdiàn ! Yě yǒu fànguǎnr ! **(11)**

很有意思！我跟你们一起去吧！

12 — Hěn yǒu yìsi ! Wǒ gēn nǐmen yìqǐ qù ba ! **(12)**

好！礼拜天我来接你！

13 — Hǎo ! Lǐbài-tiān wǒ lái jiē nǐ !

FĀYĪN 发音

7 r'henn touo shang tiènn. — **9** ke djong ke yang te . . . . to yo .. — **10** yo paye r'houo chang tiènn ma. — **11** shoutiènn . . . fann koua'eurr. — **12** r'hènn yo yisseu. . . . ouo kenn nimenn yitshi tshu pa. — **13** lipaye t'hiènn ouo laye tjié ni.

7 — (Là-bas) il y a beaucoup de magasins !
(là-bas / il y a / très-nombreux / magasins)

8 — Quelles sortes de magasins ?
(quels ? / magasins)

9 — Il y en a de toutes les sortes !
(toutes / sortes / toutes / espèces / **de** */ magasins / tous / il y a)*

10 — Est-ce qu'il y a des "grands magasins" ?
(il y a / "grand magasin" [magasins aux cent marchandises] / est-ce que ?)

11 — Bien sûr ! Et il y a aussi des librairies ! Et puis des restaurants !
(il y (en) a ! // également / il y a / librairies // également / il y a / restaurants)

12 — Très intéressant ! Bon, allez, j'irai avec vous !
(très / intéressant // moi / avec / vous / ensemble / (y) aller / allez !)

13 — Bien ! Dimanche, je passerai te chercher !
(bien ! // dimanche / moi / venir / chercher / toi)

NOTES (suite)

(9) *Hěn duō* : beaucoup, beaucoup de . . . . (suivi d'un nom) ; toujours employer *hěn* avec *duō*.

(10) L'expression *gè-zhǒng-gè-yàng de* signifie "de toutes sortes" ; elle est toujours suivie d'un nom : *gè-zhǒng-gè-yàng de rén* (des gens de toutes sortes) ; *gè-zhǒng-gè-yàng de cài* (des plats de toutes sortes), etc. L'adverbe *dōu* est la **marque du pluriel**, de la multitude, lorsqu'il est nécessaire d'insister : *wǒmen dōu qù* (nous y allons tous) ; c'est également la marque de l'intégralité d'un ensemble complet : *wǒ dōu dǒng* (je comprends *tout*) ; *wǒmen dōu hěn hǎo* (nous (allons) *tous* très bien) ; *dōu hěn hǎochī* (*tout* est très bon [à manger]), etc.

(11) Attention à la prononciation : "shoutiènn". Ne pas insister sur le "n" final. "Restaurant" : *fànguǎnr* (fann koua'eurr). La finale "eu'rr"est indiquée par un idéogramme, vide de sens, utilisé uniquement ici pour noter la **prononciation pékinoise** ; nous avions déjà vu cette terminaison dans *nǎr* (où ?), dans *nàr* (là-bas !), et dans *zhèr* (ici).

(12) "Aller avec . . . ." se dit, rappelons-le encore une fois, [avec / . . . . / aller]. Les groupes prépositionnels, en chinois, se placent toujours **avant le groupe verbal.** *Yìqǐ, dans ce schéma,* est parfois omis : *wǒ gēn nǐ qù* (je vais avec toi) ; *nǐ gēn shéi qù ?* (avec qui y vas-tu ?).

好极了！谢谢你！
14 – Hǎo-jíle ! Xièxie nǐ ! **(13)**

FĀYĪN 发音

14 hsiéhsié ni.

LIÀNXÍ 练习

他们跟谁一起去？ 跟我！
1 – Tāmen gēn shéi yìqǐ qù ? Gēn wǒ !

我到那儿去看看！
2 – Wǒ dào nàr qù kàn-kan !

你到那儿去作什么？ 去吃饭！
3 – Nǐ dào nàr qù zuò shénme ? Qù chī-fàn !

他有很多朋友。
4 – Tā yǒu hěn duō péngyou.

你认识路吗？ 认识！
5 – Nǐ rènshi lù ma ? Rènshi !

Wánchéng jùzi

1 *Dimanche, j'irai chez toi.*

Lǐbài-tiān wǒ . . . nǐ jiāli qù.

14 – Parfait ! Je te remercie !
(bien / extrêmement // merci (à) / toi)

NOTES (suite)

(13) *Xièxie* ! "merci !"; *xièxie nǐ* ! (je) te remercie, *xièxie nǐmen* ! (nous) **vous** remercions, (je) **vous** remercie, etc.

EXERCICES

1 Avec qui y vont-ils ? Avec moi !
2 Je vais là-bas faire un tour (jeter un coup d'œil) !
3 Que vas-tu faire là-bas ? Je vais manger !
4 Il a beaucoup d'amis (de nombreux amis).
5 Est-ce que tu connais le chemin ? Oui ! (oui, je le connais).

有什么好看的？

Corrigé de l'exercice leçon 24.

1 Dào.

Wánchéng jùzi

2 *Tu ne connais pas le chemin ? Ça ne fait rien !* J'irai avec toi !*

Nǐ bú rènshi lù ma ? Méi guānxi ! Wǒ . . . nǐ yìqǐ qù !

3 *J'ai vraiment envie d'aller faire un tour rue de Nankin !*

Wǒ zhēn xiǎng . . . Nánjīng lù qù kàn-kan !

4 *(A) Paris, est-ce qu'il y a aussi des grands magasins ? Oui ! Il y en a !*

Bālí yě yǒu bǎi-huò-shāngdiàn ma ? . . . !

* "Ça ne fait rien !" : *méi guānxi* ! (cela n'a pas d'importance).

第二十五课
DÌ ÈR-SHÍ-WǓ (25) KÈ

去天安门
Qù Tiān'ānmén

去天安门要多长时间？
1 — Qù **Tiān'ānmén** yào duō-cháng shíjiān ? **(1)**

FĀYĪN 发音

Tshu t'hiènn ann menn. — **1** yao touo tch'hang sheu-tjiènn.

Corrigé de l'exercice leçon 24.

2 gēn. – **3** dào. – **4** zài.

Nous connaissons désormais tous les pronoms personnels : 我 **wǒ***(je, moi) ;* 你 **nǐ** *(tu, toi, te) ;* 他 **tā***(il, le, lui). En ajoutant* 们 **men***, on obtient les pronoms personnels pluriels :* 我们 **wǒmen** *(nous),* 你们 **nǐmen** *(vous) ;* 他们 **tāmen** *(ils, eux, leur). Notez qu'à la troisième personne seule l'écriture permet de distinguer "il"* 他 **(tā)** *et "elle"* 她 **(tā)** *; de même que "ils"* 他们 **(tāmen)** *et "elles"* 她们 **(tāmen)** *Il existe un idéogramme pour rendre le "il"* **neutre** *(objets, concepts, animaux, . . .), mais il est peu usité. C'est* 它 *et il se prononce également* **tā***.*

VINGT-CINQUIEME LEÇON

(numéro / 25 (deux-dix-cinq) / leçon)

Pour aller à la Porte de la Paix Céleste

1 – Combien faut-il de temps pour aller à **Tian An Men** ?
(aller (à) céleste-paix-porte / falloir / combien ? -long / temps)

NOTES

(1) *Tiān'ānmén, la Porte* de la Paix Céleste, en plein centre de Pékin. *Yào*, que nous avions déjà vu dans le sens de "vouloir" signifie également, comme ici, "falloir", "il faut", "il faut que", etc. Notez que le but est simplement exprimé en tête de phrase, sans la préposition"pour", présente en français. Autre exemple : *chī-fàn yào yǒu kuàizi* ! (pour) manger, il faut avoir des baguettes ! ; *dào Bālí qù, yào duō-cháng shíjiān* ? (pour) aller à Paris, il faut combien de temps ? *Duō-cháng shíjiān* ? (combien de temps ?), mot à mot : "combien long de temps ?" ("long comment?"). C'est la même question que l'on emploie pour questionner sur la longueur d'une étoffe, ou une durée. *Nǐ yào duō-cháng de* ? (tu en veux (un) long comment ? Tu en veux de quelle longueur ?)

大概要半个小时。

2 – Dàgài yào bàn-ge xiǎoshí. (2)

好！那我下午去！

3 – Hǎo ! Nà wǒ xiàwǔ qù !

你认识路吗？

4 – Nǐ rènshi lù ma ?

不认识！…请你告诉我怎么去！

5 – Bú rènshi ! . . . Qǐng nǐ gàosu wǒ zěnme qù ! (3)

FĀYĪN 发音

2 Takaye yao pannke hsiaosheu . – **3** hsia ou. – **4** jènnsheu lou ma. – **5** tshing ni kaossou ouo dzemme tshu.

Un même son, vous l'avez remarqué, peut correspondre à des idéogrammes différents. Ainsi, c'est en fonction du contexte, et en apprenant à reconnaître les idéogrammes, que vous pourrez distinguer le 坐 **zuò** *de* 坐汽车 **zuò qìchē** *(aller en voiture), du* 作 **zuò** *"faire". Par ailleurs, c'est en répétant des* **phrases complètes** *que vous parviendrez à isoler les* **mots**, *et non les idéogrammes. Ainsi, distinguez* 下午 **xiàwǔ** *(après-midi), et* 下车 **xià chē** *(descendre de bus) ! Ne cherchez pas trop à traduire mot à mot ; portez votre attention sur les tounures entières.*

2 – Il faut à peu près une demi-heure.
*(vraisemblablement / falloir / demi-(***spécificatif***) / heure)*
3 – Bon ! Eh bien, j'irai cet après-midi !
(bien ! // alors ! / moi / après-midi / (y) aller)
4 – Sais-tu comment y aller ?
(toi / connaître / (le) chemin / est-ce que ?)
5 – Non ! . . . Pourrais-tu m'expliquer comment (il faut faire pour) y aller ?
(ne pas / connaître // (moi) prie / toi / dire (à) / moi / comment / (y) aller)

你认识路吗？

NOTES (suite)

(2) *Dàgài* "sans doute", "vraisemblablement", "à peu près". L'adverbe précède toujours le groupe verbal.
Une demi-heure : *bàn-ge xiǎoshí*. *Bàn* signifie "moitié", "demi", et *ge* est le spécificatif. *Xiǎoshí* signifie "heure", dans le sens de "soixante minutes" (expression d'une **durée**). Ne pas confondre avec l'expression d'un moment, d'une **date**, qui s'exprimera avec *diǎn*. L'anglais aussi distingue "six hours" et "six o'clock". En chinois : *liù-ge xiǎoshí* (six fois soixante minutes, six heures), et *liù-diǎn* (six heures, ou dix-huit heures (marquées par les aiguilles sur l'horloge) : *liù-diǎn bàn le* ! "Il est six heures et demie !"

(3) *Qǐng nǐ* . . . . "je te prie de bien vouloir . . . . .", "s'il te plaît, pourrais-tu . . . ." *qǐng nǐmen* . . . . "Veuillez. . . .", avoir l'obligeance de bien vouloir . . . . ." *Gàosu* : ici "indiquer, montrer, dire, expliquer", ou, comme dans la leçon 18, "prévenir". *Zěnme qù* "comment y aller", "le moyen pour y aller". En passant, remarquez comment est exprimé "Non !" : en reprenant le verbe de la question, à la négative.

好！你先上三十一路公共汽车；

6 – Hǎo ! Nǐ xiān (4) shàng sān-shí-yī lù (5) gōnggòng-qìchē ; (6)

坐三站；到五道口下车！

7 – Zuò sān zhàn (7) dào **Wǔdàokǒu** xià chē ! (8)

以后呢？

8 – Yǐhòu ne ?

以后再换二十二路车。

9 – Yǐhòu zài (9) huàn èr-shí-èr lù chē.

你先去，以后我去！

FAYIN 发音

6 hsiènn shang ssann cheu yi lou kongkong tshi tch'he . –
7 dzouo ssann djann . . . tao ou tao k'ho' · hsia tch'he. –
9 yir'how dzaye r'houann eu'rr sheu eu'rr lou tch'he.

6 – Bon ! Tout d'abord, tu prends le (bus numéro) 31 ;
(bien ! // toi / d'abord / monter (dans) / trente-et-un / route (ligne))

7 – Tu fais trois stations ; tu descends à **Wudaokou** ! (le Carrefour des Cinq Routes)
(prendre (être assis pendant) / trois / stations// arrive à / Wudaokou / descendre (de) / autobus)

8 – Et ensuite ?
(après / alors ?)

9 – Après, tu prends le 22.
(après / ensuite / changer (pour le) / 22 / ligne / bus)

NOTES (suite)

(4) *Xiān* "tout d'abord". Se place avant le groupe verbal. Comme tous les adverbes. *Nǐ xiān qù, yǐhòu wǒ qù* (vas-y toi d'abord, et puis ensuite moi j'irai) ; *xiān chī cài, zài hē tāng* ! (mangeons d'abord les plats, et puis ensuite on boira la soupe !) ; *xiān tán zhèi-ge, zài tán nèi-ge* ! (discutons d'abord de ceci, et puis ensuite on discutera de cela !)

(5) *Shàng* est ici le verbe "monter", "monter dans", "prendre (un moyen de transport)". "Le bus numéro 31" : en chinois on dit "la **ligne** 31", "la **route** 31" *(sān-shí-yī lù)*, ou "le bus de la route 31" (*sān-shí-yī lù chē*). Attention à *lù*, qui se prononce comme le français "**loup**" !

(6) "Autobus" : "véhicule public". *Gōnggòng* signifie "public", "destiné à tous". *Qìchē* signifie "voiture automobile". On trouve désormais en Chine beaucoup de petits bus pouvant contenir une dizaine de personnes. Ils ont la forme d'un paquet de pain-toast ; les chinois les appellent *miànbāo-chē* [voiture (en forme de) paquet de "pain-toast"].

(7) *Zuò*, signifie à l'origine "assis", "s'asseoir". Ici, il est employé dans le sens de "prendre (un moyen de transport)", "en", "au moyen de". *Zuò qìchē* (en voiture) ; *zuò chuán* (en bateau) ; *zuò huǒchē* (en train) ; *zuò fēijī* (en avion). Mais, attention ! Nous avons vu *qí zìxíngchē* (en vélo/ "à cheval sur" un vélo). *Zuò sān zhàn* : "(le) prendre (pour / pendant) trois stations", "faire trois stations", "rester assis trois stations". Ne pas confondre avec "faire", qui se prononce aussi *zuò*, mais s'écrit différemment en chinois.

(8) *Xià chē* : "descendre de bus". Nous avions vu *shàng chē* (prendre le bus / monter dans le bus).

(9) *Yǐhòu* "après, par la suite, ensuite". Nous avions vu (leçon 22) *yǐqián* "avant, auparavant". *Zài,* "à nouveau", "par la suite", indique la répétition d'une action. *Zài lái yí-ge tāng !* "apportez-nous encore une soupe !", ou bien "apportez-nous ensuite une soupe". Dans les salles de spectacle, on peut entendre : *zài lái yí-ge !* (encore une !) c'est notre "bis ! bis !" Notez également "au revoir !", qui se dit *zàijiàn !* (mot à mot "re/voir").

坐几站呢？
10 – Zuò jǐ (10) zhàn ne ?

我忘了！…反正你问吧！
11 – Wǒ wàng-le ! Fǎnzhèng nǐ wèn ba !

天安门，谁都知道！…
12 – Tiān'ānmén, shéi dōu zhīdào ! (11) . . .

大概三、四站就到了！
13 – Dàgài sān, sì zhàn jiù dào-le ! (12)

好！谢谢你！我下午一定去！
14 – Hǎo ! Xièxie nǐ ! Wǒ xiàwǔ yídìng qù !

FĀYĪN 发音

11 ni ouènn pa. – **12** shèye tow djeutao. – **13** takaye ssann sseu djann tjio tao le. – **14** yiting tshu.

LIÀNXÍ 练习

去北京要多长时间？
1 – Qù Běijīng yào duō-cháng shíjiān ?

半个小时够吗？
2 – Bàn-ge xiǎoshí, gòu ma ?

我们快到了！
3 – Wǒmen kuài dào le !

你跟我去，好吗？
4 – Nǐ gēn wǒ qù, hǎo ma ?

10 — Et combien dois-je faire de stations ?
(prendre (rester assis) / combien ? (de) / stations / alors ? !)

11 — Ça, j'ai oublié ! . . . De toutes façons, tu n'as qu'à demander !
*(moi / avoir oublié-***le** *// n'importe comment / toi / questionner / allez !)*

12 — **Tian An Men** (la Porte de la Paix Céleste), tout le monde connaît !
(Tian An Men / qui (que ce soit) / tous / connaître)

13 — Il n'y a sans doute que trois ou quatre stations à faire, et puis on est arrivé !
*(vraisemblablement / trois / quatre / stations/ et alors / arrivé-***le***)*

14 — Parfait ! Je te remercie ! J'irai sans faute cet après-midi !
(bien ! // merci (à) / toi // après-midi /certainement / (y) aller)

NOTES (suite)

(10) *Jǐ,* nous l'avons déjà vu, est l'interrogatif "combien ?", "combien de . . . ?" *Jǐ zhàn* ? ("combien (de) stations ?"). *Zhàn* est ici en spécificatif, juste après le nombre, ou *jǐ*.

(11) "Tout le monde connaît !" Ici *shéi* n'est pas pris au sens interrogatif (qui ?), mais dans le sens de "qui que ce soit", "n'importe qui", en liaison avec *dōu,* la marque du **pluriel**, de **l'intégralité.** *Shéi dōu dǒng !* (tout le monde comprend) ; *shéi dōu qù* (tout le monde y va) ; *shéi dōu zhīdào !* (tout le monde le sait bien), etc. Formule synonyme : *dàjiā dōu* (tout le monde / tous ...) : *dàjiā dōu zhīdào !* (tout le monde le sait !).

(12) *Jiù* : "et alors" (marque la succession de deux actions). *Jiù dào-le* "et alors on est (aussitôt) arrivé". *Dào* n'est pas pris ici au sens prépositionnel (à / vers /en direction de), mais au sens verbal : "arriver (quelque part)". *Dào-le ma* ? (est-ce qu'on est arrivé ?) *Tāmen dào-le méiyǒu* ? (est-ce qu'ils sont arrivés ?) *Haí méiyǒu dào ne* ! (nous ne sommes pas encore arrivés !)

EXERCICES

1 (Pour) aller à Pékin, il faut combien de temps ?
2 Une demi-heure, est ce que ça sera (c'est) suffisant ?
3 Nous sommes presque arrivés ! (Nous allons bientôt arriver !)
4 Tu viens avec moi ! D'accord ? (Tu y vas avec moi, d'accord ?)

Wánchéng jùzi

1 *Tout le monde connaît le chemin.*

Dàjiā dōu rènshi . . .

2 *Est-ce que tu aimes prendre le train ? Oui ! (J'aime ça !)*

Nǐ xǐhuan . . . huǒchē ma ? – . . . . . . !

3 *A quel endroit (une fois arrivé où ?) faut-il descendre de bus ?*

Dào . . . xià chē ?

4 *Après, on aura encore le temps (d'en)* **discuter** *!*

Yǐhòu, hái yǒu . . . . **tán** !

第二十六课
DÌ ÈR-SHÍ-LIÙ (26) KÈ

他们决定了！
Tāmen juédìng le !

他跟你说过没有？
1 – Tā gēn nǐ **(1)** shuō-guo méiyǒu ? **(2)**

FĀYĪN 发音

Tjuéting le . – **1** Kenn ni chouo kouo mèyo.

Corrigé de l'exercice leçon 25.

1 Lù. – **2** zuò – xǐhuan. – **3** nǎr. – **4** shíjiān.

Notez le signe de ponctuation 、 *appelé "semi-virgule". Il permet de séparer les termes d'une énumération :* 三、四站 **sān sì zhàn** *(trois ou quatre stations) ;* 五、六个人 **wǔ liù ge rén** *(cinq* **à** *six personnes / cinq* **ou** *six personnes).*

VINGT-SIXIEME LEÇON

(numéro / 26 (deux-dix-six) / leçon)

Ça y est ! C'est décidé !

1 – Est-ce qu'il t'en a parlé ? [Est-ce qu'il te l'a dit ?]
(lui / avec / toi / (en avoir) parlé / **-guo** */ négation du passé ?)*

NOTES

(1) "Dire quelque chose à quelqu'un" peut se dire, comme ici : [avec / quelqu'un / dire . . . .]. Dans cette leçon, nous rencontrerons *gēn* ("avec"), plusieurs fois. On le traduit parfois par "et". N'oubliez pas que le groupe prépositionnel se place toujours **avant l'action**. Ici, "à quelqu'un" se place donc avant "dire".

(2) *Méiyǒu* est la négation de la forme accomplie, ici **négation du passé**, utilisée pour exprimer **l'interrogation alternative**. Le suffixe verbal *–guo* indique une **action accomplie**, ponctuellement, au moins une fois, ici dans le passé. Comparez : *nǐ qù-bú-qù* ? (y vas-tu ?) ; *nǐ qù-le méiyǒu* ? (est-ce que tu y as été ?) ; *nǐ qù-guo méiyǒu* ? (est-ce que tu y as déjà été ?) Nous reviendrons prochainement sur le suffixe du passé ponctuel *–guo*. Pour le moment,notons sa traduction, par un **passé composé**, et le mot "déjà". *Tā shuō-guo méiyǒu* ? (Est-ce qu'il t'en a déjà parlé ? Est-ce qu'il te l'a déjà dit ?)

说过什么？
2 – Shuō-guo shénme ?

他们决定了！
3 – Tāmen juédìng le !

决定什么了？
4 – Juédìng shénme le ?

他们俩儿快要结婚了！
5 – Tāmen liǎr (3) kuàiyào jiéhūn le ! (4)

谁呀？
6 – Shéi ya ? (5)

老张跟小红啊！
7 – Lǎo Zhāng gēn Xiǎo Hóng a ! (6)

不可能！
8 – Bù kěnéng !

谁呀？

FĀYĪN 发音

5 t'hamenn lia'eurr . . . k'houaye yao tjié r'hounn. – **7** lao djang kenn hsiao r'hong a. – **8** pou k'he neng.

2 — Parlé de quoi ? [Dit quoi ?]
*(dit / -**guo** / quoi ?)*
3 — Ils se sont décidés ! [ils ont pris leur décision!]
(eux / décidé / **le**)
4 — Qu'est-ce qu'ils ont(bien pu) décider ?
(décidé / quoi ? / **le***)*
5 — Ils vont bientôt se marier tous les deux !
(eux / deux (personnes) / bientôt / se marier / **le** *!)*
6 — Mais qui donc ?
(qui ? / hein !)
7 — (Eh bien,) Tchang et Hsiao Hong !
(Vieux / Zhang / avec / petite/ hong ("Rouge"))
8 — C'est impossible !
(pas / possible)

NOTES (suite)

(3) *Tāmen liǎr* signifie "eux deux". C'est l'équivalent de *tāmen liǎng-ge rén* [eux deux / ces deux personnes]. Notez d'ailleurs que dans le caractère *liǎ* on retrouve le caractère *liǎng* ("deux"), mais, avec en plus en partie gauche la **clé de l'homme**. On prononce *liǎ* à la "pékinoise", c'est à dire avec un "eurr' " final (*liǎr*), qui est noté par un idéogramme dans ce cas dépourvu de sens.

(4) La formule *kuàiyào . . . . .le* ! sert à exprimer le **futur proche.** C'est une formule équivalente de *kuài. . . . . le !,* que nous avions rencontrée dans la leçon 22, note 9 (*kuài bìyè le !,* "bientôt diplômé"). Notez par exemple : *wǒ kuàiyào zǒu le* ! (je vais bientôt m'en aller ; il va bientôt falloir que je parte). *Kuàiyào chī-fàn le* ! (on va bientôt manger ; on va bientôt se mettre à table). *Tiān kuàiyào hēi le* ! (le ciel va bientôt être noir : "il va bientôt faire nuit !"). Retenez simplement qu'il faut traduire par "être sur le point de", ou par "bientôt . . . (+futur)".

(5) "Mais qui donc ?" *Shéi ya* ?. L'interjection de fin de phrase *ya* rend la question moins brutale. On lie *ya* au mot précédent, qui se termine ici par un son "i" : "chèya ?"

(6) *Gēn* ("avec") est ici traduit "et". Il relie les deux sujets *Lǎo Zhāng* ("le Vieux Tchang") et *Xiǎo Hóng* ("La Petite Hong"). *Lào* et *Xiǎo* sont deux diminutifs utilisés pour désigner des proches. Le second s'adresse à quelqu'un de moins âgé que soi. Notez également l'interjection fin de phrase *a*, qui sert à adoucir le style,à rendre la phrase plus "parlée".

真的！下个月就结婚！

9 – Zhēn-de ! (7) Xiàge yuè jiù jiéhūn !(8)

可他昨天说要跟我结婚！

10 – Kě tā zuótiān shuō yào (9) gēn wǒ jiéhūn ! (10)

你看！这个人！

11 – Nǐ kàn ! Zhèi-ge rén !

对！他就是这么个人！

12 – Duì ! Tā jiù shì zhème ge rén ! (11)

你看！这儿很安静！

FĀYĪN 发音

10 djènn te . . . . hsiake yué tjio tjié r'hounn. – **12** ni k'hann . . . djéike jènn. – **13** touéi . . . t'ha tjio cheu djemme ke jènn.

9 – Mais si ! C'est vrai ! Ils se marient (dès) le mois prochain !
*(vrai ! / **de** // prochain / mois / alors / se marier)*

10 – Mais (pourtant) hier (encore) il disait qu'il voulait m'épouser !
(mais / lui / hier / dire / allait (voulait) / avec / moi / se marier)

11 – Tu vois, vraiment, ce type-là, alors ! . . . [Tu vois un peu comme il est !]
(tu / vois ! // cette / personne !)

12 – C'est vrai ! C'est tout à fait lui, ça ! (C'est tout à fait son style !)
(exact ! // lui / exactement / être / ainsi (comme ça) / (un) spécificatif / homme)

NOTES (suite)

(7) *Zhēn-de* ! (''mais si, c'est vrai ! mais c'est vrai !'') Notez également : *shi zhēn-de ma* ? (''est-ce que c'est vrai ?'' ; est-ce bien vrai ? '')' et l'expression synonyme *zhēn-de ma ?* (est-ce vrai ?). On peut ici en effet sous-entendre le verbe *shi* (être). Mais **ne jamais oublier**, après l'adjectif, la **particule de détermination** *de*.

(8) ''Le mois prochain'' se dit *xiàge yuè.* ''Le mois dernier'' se dit, vous l'avez deviné, *shàngge yuè.* ''Ce mois-ci'' se dit *zhèi-ge yuè.* Ici l'adverbe *jiù* annonce une action qui va se dérouler dans un **futur proche**, en tout cas plus proche que ce que l'interlocuteur pensait. On le traduit généralement par ''dès''. *Wǒ míngtiān jiù zǒu* (je pars (dès) demain) ; *wǒ xiàge yuè jiù qù* (j'irai le mois prochain). On pourra rencontrer également *jiù* dans une phrase à la forme accomplie, dans le sens de ''plus tôt que prévu'': *tā zuótiān jiù lái* (il est arrivé (dès) hier). *Jiù* a pour adverbe opposé *cái*, introduit brièvement en fin de 23 e leçon.

(9) *Kě* est un synonyme de *kěshì* (''mais''). Attention à toujours placer **la date avant le verbe** *: tā zuótiān shuō*, ''il m'a dit hier'', ''hier il a dit (que) . . .'' ; le ''que'' ne se traduit pas ! *Zuótiān*, ''hier'', est une marque suffisante du passé pour qu'il ne soit pas utile d'en utiliser une autre. Au passage, souvenez-vous de *jīntiān* (''aujourd'hui''), et *míngtiān* (demain). *Yào* indique un futur proche, mais c'est également le verbe ''vouloir''. Ici, on peut comprendre les deux acceptions.

(10) Souvenez-vous que les groupes prépositionnels se placent toujours **avant le verbe** ; ''se marier avec . . . . '' se dit : [avec . . . . (se) marier]. ''Il se marie avec moi'': [lui / avec / moi / (se) marier], *tā gēn wǒ jiéhūn.*

(11) Expression idiomatique : ''il est comme ça !'', ''c'est lui tout craché !'', ''c'est tout à fait son genre'', ''je le reconnais bien là'', etc.

LIÀNXÍ 练习

你是跟谁去的？
1 – Nǐ shi gēn shéi qù de ?

他为什么没来？
2 – Tā wèishénme méi * lái ?

你看！这儿很安静！
3 – Nǐ kàn ! Zhèr hěn ānjìng !

我们快要走了！
4 – Wǒmen kuàiyào zǒu le !

* 没 *méi* est la contraction de la négation de la forme accomplie 没有 *méiyou.* Ce sont deux négations synonymes.

Wánchéng jùzi

1 *Est-ce que c'est vrai ? Oui !*

Shi .... –de ma ? Shì !

2 *Il va bientôt pleuvoir ! – il va bientôt pleuvoir !*

.... xià-yǔ le ! Kuàiyào ... – .. le !

3 *Pourquoi n'est-il pas venu hier ?*

Tā wèishénme .... méiyǒu ... ?

4 *Est-ce qu'il a pris sa décision ?* [*A-t-il décidé ?*]

Tā .... – le méiyǒu ?

EXERCICES

1 Avec qui y as-tu été ?
Pour la formule d'insistance en **shi . . . de**, reportez-vous à la leçon 22, note 5.
2 Pourquoi n'est-il pas venu ?
3 Tu vois ! Ici, c'est très calme [très tranquille]!
4 Nous allons bientôt nous en aller [partir] !

Si vous travaillez avec l'enregistrement vous constaterez qu'à partir d'aujourd'hui le rythme d'élocution des interprètes est un peu plus rapide, pour se rapprocher progressivement du rythme réel d'une conversation courante en chinois, que nous atteindrons dans quelques semaines. N'hésitez pas à reprendre plusieurs fois de suite l'écoute des dialogues, en répétant à voix haute chaque réplique.

Corrigé de l'exercice leçon 26

1 Zhēn. – **2** Kuài – xià-yǔ. – **3** zuótiān . . . . lái. – **4** juédìng.

第二十七课
DÌ ÈR-SHÍ-QĪ (27) KÈ

他在北大
Tā zài Běidà

老陈现在在哪儿？
1 – Lǎo Chén xiànzài zài nǎr ? **(1)**

我想他在北大。
2 – Wǒ xiǎng tā zài Běidà ! **(2)**

哦！…他在那儿学什么？
3 – Ò ! . . . Tā zài nàr xué shénme ?

他不是学生！他已经当老师了！
4 – Tā bú shi xuésheng ! Tā yǐjīng dāng lǎoshī le ! **(3)**

那么，他教什么？
5 – Nàme, tā jiāo **(4)** shénme ?

FĀYĪN 发音

1 Lao tch'hènn hsiènn dzaye dzaye na'eurr. – **2** pèyeta. – **3** hsué. – **4** hsuécheng . . . yitjing tang lao cheu le . – **5** tjiao chemme.

VINGT-SEPTIEME LEÇON

(numéro / 27 (deux-dix-sept) / leçon)

Il est à l'Université de Pékin

1 – Où est Lao Chen, maintenant ?
(vieux Chen / maintenant / se trouver / où ?)

2 – Je pense qu'il est à l'Université de Pékin)
(Je / pense / il être à / université de Pékin)

3 – Oh ! . . . . Et, qu'est-ce qu'il étudie là-bas ?
(oh // il / à / là-bas / étudie / quoi ?)

4 – Il n'est pas étudiant ! C'est un professeur désormais !
(il / ne pas / être / élève // il / déjà / avoir la charge de / professeur / **le***)*

5 – Eh bien, qu'est-ce qu'il enseigne, alors ?
(alors ! // il / enseigne / quoi ?)

NOTES

(1) *Lǎo* ("vieux", "mon vieux. . .") est un diminutif que l'on fait suivre du nom de famille de la personne dont on parle. *Xiànzài* : "maintenant" ; *zài* : "se trouver à . . ." (suivi du lieu). Ici, la question portant sur le lieu, c'est l'interrogatif *nǎr* qui suit le verbe "se trouver" : *zài nǎr* ? "se trouve où ?", "où est . . . ?"

(2) Nous avions vu le verbe *xiǎng* avec le sens de "avoir envie de" (voir leçon 8, phrase 5). Ici c'est un autre sens : "penser (que). . ." Et *xiǎng* est alors suivi d'une proposition complète (sujet + verbe (+ complément)), qui énonce la chose supposée. (Voir leçon 16, note 9). *Běidà* : abréviation de *Běijīng Dàxué* [Pékin / université] : "Université de Pékin", souvenez-vous : **le déterminant précède toujours le déterminé** ! Voici un nouvel exemple de cette règle **fondamentale** de la grammaire chinoise !.

(3) *Bú shi* : Notez que le verbe "être" est prononcé ici au **ton léger**. *Yǐjīng . . . . le* : "déjà. . . . " Cette tounure exprime une action qui a déjà eu lieu, ou qui a déjà commencé : *Tā yǐjīng zǒu le* ! " Il est déjà parti !". *Dāng* : "avoir la responsabilité, la charge, le rôle de . . . ." *Lǎoshī* : "professeur". On aurait pu aussi dire *tā shi lǎoshī* (il / est / professeur).

(4) *Nàme* ! est un synonyme de *nà* (eh bien !, mais alors ! . . .) ; *jiāo* : "enseigner", ne pas confondre avec *jiào* (leçon 18, phrase 11), qui signifie "se nommer . . ."Comparez *nǐ jiāo shénme* ? (qu'est-ce que tu enseignes ?) avec *nǐ jiào shénme* ? (comment t'appelles-tu ?) Encore une fois : prononcez très exactement les **tons**, c'est la clé de votre succès !

他肯定是教法文！
6 – Tā kěndìng shi jiāo fǎwén !

你为什么说"肯定"？
7 – Nǐ wèishénme (5) shuō "kěndìng" ?

因为他父亲是法国人！
8 – Yīnwèi tā-fùqin shi fǎguó-rén ! (6)

真的吗？
9 – Zhēn-de ma ?

当然是真的！
10 – Dāngrán shi zhēn-de !

FĀYĪN 发音

6 k'hènn ting. – **7** ouèye chemme chouo . – **8** yinn ouèye t'ha foutshinn cheu fa kouo jènn.

L'élément le plus important de la leçon d'aujourd'hui est bien sûr la particule 得 **de**, *qui introduit le* **complément de degré**. *Nous aurons l'occasion de revenir à plusieurs reprises sur son emploi. Contentez-vous pour le moment d'écouter (et de lire) plusieurs fois le dialogue, de bien lire et relire les notes, et enfin de faire les exercices: Tout est là ; tout y est dit. Par la suite, les multiples exemples d'emploi que nous rencontrerons rendront son maniement plus* **familier**. *Sachez pour finir que cette particule est une des étapes fondamentales dans notre progression ; une fois franchi ce cap, c'est une des difficultés principales de la grammaire chinoise qui est résolue. N'hésitez pas, donc, à reprendre plusieurs fois l'étude de cette leçon.*

6 — Il est certainement professeur de français ! *(lui / certainement / c'est / enseigner / langue française)*
7 — Pourquoi dis-tu "certainement" ? *(tu / pourquoi ? / dis / "certainement")*
8 — Parce que son père est français ! *(parce que / son / père / est / homme français)*
9 — Non ! ! ! ! C'est vrai ? ? ? *(vrai / est-ce que ?)*
10 — Bien sûr que c'est vrai ! *(bien sûr / c'est / vrai)*

NOTES (suite)

(5) *Wèishénme* ? "pourquoi ?" est souvent suivi d'une réponse contenant *yīnwèi* (parce que . . . .)
(6) Souvenez-vous : *Fǎguó* signifie "La France" (*fǎ* est la première syllabe de la transcription phonétique en chinois de France, qui est *Fǎlánxī*, abrégé en *fǎ* ; *guó* signifie "pays"). La langue française, le français, se dit *fǎyǔ* (où *yǔ* signifie "langue"), ou bien *fǎwén* (voir phrase 11). En général *yǔ* désigne plutôt la langue parlée, alors que *wén* désigne *aussi* la langue écrite ; la distinction tend, dans le dialogue courant, à s'estomper.

怪不得他法文说得那么好！
11 — Guài-bu-dé (7) tā fǎwén shuō de nàme hǎo ! (8)

你也会说法文吗？
12 — Nǐ yě huì shuō fǎwén ma ?

我不会！
13 — Wǒ bú huì ! (9)

那…你怎么知道他的法文好呢？
14 — Nà . . ., nǐ zěnme zhīdao tā-de fǎwén hǎo ne ? (10)

我是听人家说的！
15 — Wǒ shi tīng rénjia shuō de ! (11)

FĀYĪN 发音

11 kouaye pou te. — **14** dzemme djeutao. — **15** ouo cheu t'hing jènntjia chouo te.

NOTES (suite)

(7) Retenez l'expression *guài-bu-dé* . . . . . . ! ("pas étonnant que. . .") que l'on fait suivre directement de la chose qui motive cette réaction : *guài-bu-dé tā méiyǒu lái* ! "pas étonnant qu'il ne soit pas venu !" (Remarquez à nouveau, en passant : pas de subjonctif en chinois ! pas de conjugaison ! n'est-ce pas plus simple que vous ne le pensiez ?)

(8) *Fǎwén shuō-de nàme hǎo* : [(il) parle / si bien le français]. Il s'agit ici d'un complément verbal appelé **complément de degré** ("si bien"). Il est introduit par la particule *de* (il ne s'agit pas du **de** vu jusqu'ici pour l'expression de la détermination, ou du possessif. Le **de** que nous rencontrons aujourd'hui **suit toujours un verbe,** et introduit l'expression du "degré" atteint par ce verbe) : Toutes les fois qu'en français un verbe sera suivi d'un adverbe indiquant la manière, le niveau, le degré atteint, alors il faudra **impérativement intercaler** cette particule *de* entre le verbe et l'adverbe, appelé "complément de degré". Ainsi, dans les phrases "il mange / trop vite", "elle écrit / bien", "il conduit / mal", "elles marchent / trop lentement", "il lit / très bien le texte", etc. On intercalera toujours *de* entre le verbe et l'adjectif

11 – Pas étonnant qu'il parle si bien le français, alors !
(pas étonnant (que) lui / langue française / parler / **de** */ si / bien)*

12 – Toi aussi tu sais parler français ?
(toi / aussi / savoir / parler / français / est-ce que ?)

13 – Non !
(moi / ne pas / savoir)

14 – Mais alors ! Comment sais-tu que son français est très bon ?
(alors ! // toi / comment / savoir / son français / bon / hein !)

15 – C'est ce que tous les gens disent ! (j'ai entendu les gens le dire !)
(moi / c'est / entendu / les gens / dire / **de***!)*

NOTES (suite)

chinois ; "il mange / très vite" : *tā chī de hěn kuài.* "elle parle / très bien" : *tā shuō de hěn hǎo.* (**voir exercices**) *Nàme hǎo* : "**si** bien (que ça)". Suivi d'un adjectif verbal, *nàme* sert à exprimer "tant", "si" : *Nàme guì* !, "c'est si cher que ça !", *nàme hǎo-chī* !, "c'est si bon (à manger) !"

(9) Ne confondez pas *huì* ["savoir" (faire quelque chose, parler une langue,etc. , après apprentissage], et *zhīdao* ["savoir" quelque chose, avoir connaissance d'un renseignement, avoir entendu dire que . . .] *: wǒ bú huì kāi chē* (je ne sais pas conduire) ; *wǒ bú huì shuō yīngwén* (je ne sais pas parler l'anglais) ; *nǐ huì-bú-huì xiě zhèi-ge zì*(est-ce que tu sais (peux-tu) écrire cet idéogramme ?). *Wǒ zhīdao tā shi guǎngdōng-rén* (je sais (qu')il est cantonais) ; *nǐ zhīdao tāde míngzì ma ? (est-ce que tu* connais son nom ?) ; *nǐ zěnme zhīdào ne* ? (comment le sais-tu ?) , . . . *zhīdào* seprononce en général *zhīdao*, la deuxième syllabe atone.

(10) *Zěnme* . . . . ?, "comment . . . ?" *Zěnme qù ne* ? (comment va-t-on y aller, alors ?) ; *zhèi-ge zì zěnme xiě* ? (cet idéogramme, comment s'écrit-il ?) ; *zhèi-ge, zhōngwén, zěnme shuō* ? (ça, enchinois, comment ça s'appelle ?), . . . Notez la particule *ne*, placée en fin de phrase interrogative, pour accentuer la question. *Zěnme qù ne* ? (mais alors, comment va-t-on y aller?) ; *nǐ zěnme hái bù zhīdào ne* ? (mais voyons, comment cela se fait-il que tu ne le saches pas encore ?), . . .

(11) Notez la formule en *shi. . . . . . de* (leçon 22, note 5), qui met en relief un élément de la phrase. Ici, "c'est en écoutant les gens (que j'ai appris cela)". *Wǒ shi xué zhōngwén de* (moi, c'est le chinois que j'apprends) ; *wǒ shi zài Shànghǎi zhǎngdà de* (moi, c'est à Shanghaï que j'ai grandi). *Rénjia*, "les gens". Notez que, prononcé rapidement, le *a* final n'est pas très accentué. Souvenez-vous aussi de *dàjiā* (tout le monde"), et *wǒ-jiā* ("chez moi", "ma maison").

LÌANXÍ 练习

我想他不是学生。
1 – Wǒ xiǎng tā bú shi xuésheng.

他们为什么学法文？
2 – Tāmen wèishénme xué fǎwén ?

怪不得他也想去！
3 – Guài-bu-dé tā yě xiǎng qù !

他说得很清楚。
4 – Tā shuō de hěn qīngchu.

他吃得太快。
5 – Tā chī de tài kuài.

Wánchéng jùzi

1 *Il parle très bien.*

Tā shuō . . hěn hǎo.

2 *Elles écrivent très vite*

Tāmen xiě . . hěn kuài.

3 *Est-ce qu'il étudie bien ?*

Tā xué . . hǎo-bù-hǎo ?

4 *Il n'étudie pas bien.*

Tā xué . . bù hǎo.

EXERCICE

1 Je pense (qu')il n'est pas étudiant (élève).
2 Pourquoi est-ce qu'ils étudient le français ?
3 Pas étonnant que lui aussi ait envie d'y aller !
4 Il parle très clairement (très distinctement) / c'est clair ce qu'il dit.
5 Il mange trop vite.

Corrigé de l'exercice leçon 27

1 De. – **2** de. – **3** de. – **4** de.

第二十八课

DÌ ÈR-SHÍ-BĀ (28) KÈ

VINGT-HUITIEME LEÇON

REVISION ET NOTES

Notes à relire. – 22e leçon : (2), (3), (9) – 23e : (7), (10) – 24e : (2), (3), (8) – 25e (1), (7) – 26e : (2), (4), (8), (9), – 27e : (2), (8).

1 **Prononciation.** – il n'est jamais superflu de rappeler que votre attention doit **toujours** se porter sur les **tons**. Nous avons signalé quelques uns des contresens qui sont possibles si vous prononcez un ton à la place d'un autre. Comprenez bien que c'est là la principale difficulté de notre apprentissage. Le **premier ton** doit toujours être prononcé "plat", à la même hauteur (aigüe). Le **deuxième ton** remonte, vers l'aigü. Le **troisième ton** descend puis remonte, et enfin le **quatrième ton** descend rapidement d'un point aigü vers un point grave, bas. Reprenez le cas échéant l'étude de l'introduction phonétique, puis prononcez les sons suivants :
dāi (taye), dái, dǎi, dài ; fān (fann), fán, fǎn, fàn ; cāi (tss'haye), cái, cǎi, cài ; shī (cheu), shí, shǐ, shì ; chī (tch'heu), chí, chǐ, chì.
dans l'enregistrement, ces sons sont lus chacun une fois.

2 Nous voici déjà à la fin de notre **quatrième semaine** d'étude ; un mois vient de passer ! Nous espérons que vous avez pu franchir ces vingt-huit leçons sans trop de difficultés. Souvenez-vous que cette méthode est faite pour apprendre "sans peine". Vous ne devez pas apprendre tout par coeur, mais vous contenter de **lire** et **comprendre**, en reprenant plusieurs fois les points qui vous semblent les plus compliqués. L'habitude fera le reste! 好不好 ? *Hǎo-bù-hǎo ?* D'accord ?

3 以前 *Yǐqián,* 以后 *yǐhòu,* 现在 *xiànzài :* – Il n'y a pas de conjugaison à proprement parler en chinois puisque les verbes sont **invariables**. Vous comprenez donc pourquoi les **adverbes** sont très importants : .C'est **l'adverbe** qui aidera à exprimer le temps d'une action. Par ailleurs, 了 *le*, suffixe exprimant une action accomplie, aura également une très grande importance. Jugez vous mêmes : 他很好。*tā hěn hǎo* : "il est très bien"; 他以前很好。*Tā yǐqián hěn hǎo* : "avant il était très bien". 我看我的朋友。*Wǒ kàn wǒde péngyou* : je vois mon ami ; 我看了我的朋友。*wǒ kàn-le wǒde péngyou* : j'ai vu mon ami. 以前 *Yǐqián*, donc, indique un passé (rendu la plupart du temps en français par un **imparfait**). Pour le futur, un mot comme "demain", "plus tard", "l'année prochaine" sera un élément suffisant pour indiquer le **futur**, mais bien souvent c'est au moyen d'un verbe comme 会 *huì* (qui dans certains cas marque une possibilité, une probabilité pour qu'ait lieu une action, donc, un **futur**), ou du verbe 要 *yào* lui aussi élément indiquant le futur, que l'on exprimera une action qui aura (ou n'aura pas) lieu dans l'avenir.

4 快……了。*Kuài..... le* ou 快要……了 *kuàiyào. . . . . . . le* : deux tournures pour exprimer un futur proche. 快要吃饭了！*Kuàiyào chī fàn le !* "On va bientôt se mettre à table !" A ce propos, notez que bien souvent en chinois, lorsque le contexte est clair, **le sujet est omis** *:* 明白不明白？*míngbai-bù-míngbai?* : "est-ce que (tu) comprends ?" ; 去不去？*qù-bú-qù* "est-ce qu'(on) y va ?" ; 冷不冷？ *lěng-bù-lěng ?* : "est-ce que (tu) as froid ?", **ou bien** "est-ce qu'il fait froid ?". C'est dans tous ces cas le **contexte** qui permettra de déterminer le sens exact qu'a voulu donner l'interlocuteur.

5 …是……的。*Shi. . . . . . . de.* C'est une formule d'insistance, pour mettre en relief un élément de la phrase. 是 *shi* précède cet élément. Quant à 的 *de* il est toujours, dans ce cas, placé **en fin de phrase** *:*

我是学法语的。*wǒ shi xué fǎyǔ de* : "moi, j'étudie le français", "moi, c'est le français que j'étudie" ; 你是学什么的 ? *nǐ shi xué shénme de* ? : "toi, qu'est-ce que tu étudies ? 他是昨天来的*Tā shi zuótiān lái de*: "c'est hier qu'il est arrivé" ;我是不能去的。*wǒ shi bù néng qù de* : "je ne peux pas y aller". Notons que cette formule ne s'emploie jamais pour une action qui n'a pas encore eu lieu : **jamais au futur.**

6 才 *Cái*. – Cet adverbe, introduit dans l'exercice de la 23e leçon, et traduit le plus souvent par "ne . . . . que . . ." indique une **restriction** du *sujet*, ou de la *date* à laquelle a eu lieu (ou aura lieu) l'action. Toujours avec une expression de regret : Au passé, 才 *cái* indique que l'on aurait souhaité que l'action ait lieu plus tôt ; on regrette qu'elle ait eu lieu si tard. Au futur, on regrette que l'action ne puisse se dérouler plus tôt. Ainsi : 他昨天才来呢 ! *tā zuótiān cái lái ne* !"il n'est arrivé qu'hier !",我是昨天才告诉他的 ! *wǒ shi zuótiān cái gàosu tā de* !: "ce n'est qu'hier que je l'ai prévenu !". Ou bien : 我礼拜天才能去 ! *wǒ lǐbài-tiān cái néng qù* ! : " je ne pourrai y aller que dimanche (prochain) !" ; 他下个月才能到 ! *tā xiàge-yuè cái néng dào* : "il n'arrivera (là-bas) que le mois prochain".

7 用 *Yòng,* 跟 *gēn,* 在 *zài*. – Les prépositions introduisent un groupe "prépositionnel", qui se place toujours **avant l'action**. Prenez bien l'habitude de n'exprimer le verbe qu'après : "Il (y) va avec moi" : 他跟我去。*tā gēn wǒ qù* ; "avec qui y vas-tu ?" : 你跟谁去 ?*nǐ gēn shéi qù* ? "Elle mange avec des baguettes " : 他用筷子吃饭。*tā yòng kuàizi chīfàn* ; "j'écris les caractères chinois avec un pinceau" : 我用毛笔写汉字。*wǒ yòng máobǐ xiě hànzì*. Ces phrases bien sûr, en mot à mot, sont intraduisibles correctement [lui / avec moi / vient] ; [toi/ avec qui / aller ?] ; [lui / avec des baguettes / manger], etc. De la même façon, **le lieu s'exprime toujours avant l'action** : Il étudie le français en France : 他在法国学法语。*tā zài Fǎguó xué fǎyǔ* [lui/en France/ apprendre / le français] ; "nous mangeons au restaurant" : 我们在饭馆儿吃饭。*wǒmen zài fànguǎnr chīfàn* [nous / au restaurant / manger !] ; "qu'est-ce qu'ils font ici ?" : 他们在这儿作什么？ *tāmen zài zhèr zuò shénme* [eux/ ici/faire/quoi?]. Bien sûr, comme toute règle de grammaire, nous aurons l'occasion de rencontrer quelques exceptions ! mais, pour l'instant, et en règle générale il en va toujours ainsi : le verbe (l'action) **en fin de phrase**, et le groupe prépositionnel **avant** le verbe.

8 去 *Qù,* ("aller") 路 *lù* ("route, chemin"). – Attention ! la lettre **u** ne se prononce "u" (le "u" de "musicien") qu'**après J, Q, ou X** (et bien sûr **Y**). Avec toutes les autres consonnes la lettre **u** se prononce "ou" (le "ou" de "moulinette").

9 到 *Dào*. – Cette préposition (**à, vers**) indique le lieu de destination. Cette destination s'exprime, bien sûr, **avant le verbe** : 他到那儿去。*Tā dào nàr qù*! ("il va là-bas") ; 你到哪儿去？ *nǐ dào nǎr qù* ? ("où vas-tu ?"). Dans certaines phrases, 到 *dào*, en l'absence d'autre verbe, reprend son sens verbal, et signifie "arriver (à destination)" : 他到了吗？*tā dào-le ma* ? : "est-ce qu'il est arrivé ?

10 得 *De*. N'oubliez pas ! la "manière", le "degré"; le "niveau" atteint par une action s'exprime au moyen de 得 *de* qui **suit immédiatement le verbe**, puis l'adjectif qui qualifie cette action : 他写得很好。 *tā xiě de hěn hǎo* "il écrit / très bien". **Ne pas confondre avec la particule de détermination** 的 *de* (il s'agit d'ailleurs de deux caractères chinois différents), qui forme, par exemple, le possessif : 他的朋友 *tā de péngyou* ("son amie").

11 Retenez

我是刚来的！
– *Wǒ shi gāng lái de* ! : je viens d'arriver !

再见！再见！
– *Zàijiàn ! zàijiàn* ! : au revoir ! au revoir ! (cf. leçon 25, note 9)

没关系！
– *Méi guānxi !* : ça ne fait rien !

好极了！
– *Hǎo-jíle* ! : c'est parfait !

我忘了！
– *Wǒ wàng-le !* : j'ai oublié !

真的吗？
– *Zhēn-de ma ?* : c'est bien vrai ?

12 Ecrivez en chinois (deuxième vague). – Ne regardez pas la traduction chinoise avant de faire cet exercice ! Il vaut mieux faire des fautes, et de cette façon apprendre à se corriger. Cela vous sera bien plus profitable !

1 C'est hier seulement qu'il est arrivé.
2 Il a beaucoup d'amis en Chine.
3 Il va bientôt être six heures et demie !
4 Il parle trop vite !
5 Ça ne fait rien ! Dimanche, je peux aussi !
6 Est-ce que tu peux me le dire ?
7 Pourquoi est-ce si cher ?
8 Parce que c'est très joli !

TĀ YÒNG KUÀIZI CHĪ - FÀN ! 他用筷子吃饭 !

13 Traduction

他昨天才来。 他是昨天才来的。
1 Tā zuótiān cái lái (ou bien : tā shi zuótiān cái lái de.)

他在中国有很多朋友。
2 Tā zài Zhōngguó yǒu hěn duō péngyou.

快六点半了！
3 Kuài liù-diǎn-bàn le !

他说得太快！
4 Tā shuō de tài kuài.

没关系！我礼拜天也可以！
5 Méiguānxi ! Wǒ lǐbài-tiān yě kěyi !

你能不能告诉我？
6 Nǐ néng-bù-néng gàosu wǒ ?

第二十九课
DÌ ÈR-SHÍ-JIǓ (29) KÈ

在旅馆
Zài lǚguǎn

这个旅馆很不错！
1 –Zhèi-ge lǚguǎn hěn bú-cuò ! **(1)**

FĀYĪN 发音

Dzaye lukouann. – **1** poutss'huo.

为什么那么贵？
7 Wèishénme nàme guì ?

因为很漂亮！
8 Yīnwèi hěn piàoliang !

Si, en écoutant les enregistrements, vous entendez un mot dont vous avez oublié le sens (ou la graphie), reportez-vous à l'**INDEX** qui figure en fin de livre. Tous les mots introduits au cours des sept premières semaines y sont classés, phonétiquement, et en plus de la transcription **pinyin**, des idéogrammes chinois correspondant et de la traduction la plus courante, vous trouverez l'indication de la leçon dans laquelle le mot a été introduit, ou expliqué.

VINGT-NEUVIEME LEÇON

A l'hôtel

1 – Cet hôtel est vraiment pas mal!
(cet / hôtel / très / pas mal)

NOTES

(1) "Hôtel" : *lǚguǎn*. on emploie aussi parfois le mot *fàndiàn*, comme dans *Běijīng Fàndiàn* : L'Hôtel de Pékin". *Bú-cuò* : "pas mal !" *Hěn bú-cuò* "vraiment pas mal !", "pas mal du tout !". La négation *bù*, devant une syllabe au quatrième ton, se prononce alors au **deuxième ton** *(bú)*.

对！不错！
可是好象没有热水！
2 – Duì ! Bú-cuò !
Kěshì hǎoxiàng méiyǒu rè shuǐ ! (2)

你说什么？
3 – Nǐ shuō shénme ?

我说好象没有热水！
4 – Wǒ shuō hǎoxiàng méiyǒu rè shuǐ !

不可能吧！
5 – Bù kěnéng ba ! (3)

你自己去看吧！……
6 – Nǐ zìjǐ qù kàn ba ! (4) . . .

对！奇怪！
7 – Duì ! Qíguài !

你去打听一下为什么
没有热水！
8 – Nǐ qù dǎting yíxià wèishénme
méiyǒu rè shuǐ !

FĀYĪN 发音

2 je chouéi. – **6** ni dzeutji tshu k'hann pa.

Souvenez-vous que pour distinguer le son **ou** *(de "moulin") du son* **u** *(de "mulet"), on utilise, dans le second cas, un tréma :* **lü** *se lit "lu", et* **lu** *se lit "lou". Ce n'est toutefois pas nécessaire après les consonnes* **J, Q, X**, *car ces trois consonnes ne sont* **jamais** *suivies du son "ou".*

2 — Oui ! Pas mal ! Mais on dirait qu'il n'y a pas d'eau chaude !
(exact ! // pas mal // mais / on dirait (que) / il n'y a pas / chaude / eau)
3 — Qu'est-ce que tu dis ?
(tu / dis / quoi ?)
4 — Je dis : on dirait qu'il n'y a pas d'eau chaude !
(je // dis // on dirait (que) / il n'y a pas / chaude / eau)
5 — C'est impossible !
(pas / possible / n'est-ce pas !)
6 — Eh bien ! Regarde toi-même ! . . . .
(toi / en personne / aller / regarder / donc !)
7 — C'est vrai ! C'est bizarre !
(exact ! // bizarre !)
8 — Va donc demander (un peu) pourquoi il n'y a pas d'eau chaude !
(toi / aller / se renseigner / un peu / pourquoi ? / il n'y a pas / chaude / eau)

NOTES (suite)

(2) *Haoxiàng* : "on dirait (que)" ; il suffit de ne pas traduire le "que" ! (Cf. leçon 17, note 2). *Hǎoxiàng méiyǒu rén* (on dirait qu'il n'y a personne) ; *hǎoxiàng bú-cuò* ! (on dirait que ce n'est pas mal du tout !) ; *hǎoxiàng méiyǒu le* ! (on dirait qu'il n'y en a plus !) *Rè shuǐ* : (de) l'eau chaude. Une fois encore, indiquons qu'en chinois **l'élément déterminant précède toujours l'élément déterminé** ; l'adjectif précède toujours le nom qu'il qualifie. *Zhōngguó fàn* la nourriture chinoise ; *fǎguó chē* une voiture française, etc.

(3) *Kěnéng* : possible, probable, peut-être que . . . . .; *bù kěnéng* : pas possible, impossible. *Kěnéng chū-le shìr* ! (il est peut-être arrivé quelque chose !) ; *kěnéng míngtiān qù* (on ira peut-être demain).

(4) *Zìjǐ* : "soi-même". *Zhèi-ge, shi wǒ zìjǐ zuò de !* (ça, c'est moi (-même) qui l'ai fait !) ; *shi tā zìjǐ xiě de* (c'est lui-même qui l'a écrit !) *nǐ zìjǐ zuò ba* ! (fais-le toi-même!) *Zìjǐ* se place toujours juste **après le sujet** ; ici, un pronom personnel.

我刚才问了！
9 — Wǒ gāngcái wèn-le !(5)

他们说什么？
10 — Tāmen shuō shénme ?

他们说这个旅馆是新开的！
11 — Tāmen shuō zhèi-ge lǚguǎn shi xīn kāi de ! (6)

热水呢？
12 — Rè shuǐ ne ?

热水，他们说今天晚上
可能会有！
13 — Rè shuǐ, tāmen shuō jīntiān wǎnshàng (7)
kěnéng huì yǒu ! (8)

好！那就等吧！
14 — Hǎo ! nà jiù děng ba !

FĀYĪN 发音

9 kang tss'haye ouènn le . — **13** tjinn t'hiènn ouann chang k'heneng r'houé yo. — **14** na tjio teng pa.

9 – Mais j'en viens ! (Je viens à l'instant de le leur demander !)
(moi / à l'instant / demandé / **le***)*

10 – Et qu'ont-ils répondu ?
(eux / dire / quoi ?)

11 – Ils ont dit (que) cet hôtel venait juste d'ouvrir !
(eux / dire / cet / hôtel / être / nouvellement / ouvert / **de***)*

12 – Et l'eau chaude, alors ?
(chaude / eau / alors ?)

13 – L'eau chaude, ils ont dit qu'il y en aurait peut-être ce soir !
(chaude / eau / eux / dire / aujourd'hui / soir / peut-être / possible que / (y en) avoir)

14 – Bon ! Eh bien, attendons !
(bien ! // alors / donc / attendre / allez !)

NOTES (suite)

(5) *Gāngcái*, synonyme de *gāng*, se place juste devant le verbe pour exprimer une action qui vient de se dérouler. *Tā gāngcái wèn-le !* (il vient de le demander il y a un instant à peine !) ; *gāngcái lái-le liǎng-ge rén* (il y a un instant deux personnes sont arrivées) ; *tā gāngcái zǒu-le* (il est parti il y a un instant / il vient de partir).

(6) Nous avions vu le verbe *kāi* dans le sens de "conduire (une voiture)" (leçon 15), ou "démarrer" (leçon 16). *Kāi* signifie également "ouvrir" (ouvrir une boîte de conserve / ouvrir un restaurant, un hôtel, etc.) *Wǒ bú huì kāi-chē* (je ne sais pas conduire) ; *huǒchē kāi le* ! (le train part !) ; ici, nous voyons la formule *xīn kāi de* [nouvellement ouvert / qui vient d'ouvrir] *Xīn . . . . de* , est une tournure qui permet, en insérant un verbe entre *xīn* et *de*, d'exprimer une action **nouvellement réalisée** *(xīn* signifie "neuf", "nouveau", "nouvellement") : *xīn mǎi de* (je viens de l'acheter ! c'est tout neuf !) ; *xīn lái de xuésheng* (un étudiant qui vient d'arriver) ; *xīn kāi de fànguǎnr* (un restaurant qui vient d'ouvrir) ; ici, le déterminant du nom est l'élément verbal placé en tête, la particule de détermination *de* venant préciser la relation entre les deux membres de la proposition. Nous aurons l'occasion de rencontrer bientôt d'autres exemples de cette formulation.

(7) *Jīntiān* signifie "aujourd'hui" (cf. leçon 17) ; "ce soir" se dit [aujourd'hui / soir] *: jīntiān wǎnshàng*. "Ce matin" se dit *jīntiān zǎoshàng* / "cet après-midi" se dit *jīntiān xiàwǔ*.

(8) *Kěnéng* : "peut-être" ; *huì* indique ici "probable que", "il est possible que". Bien que nous ayons rencontré ce verbe avec les sens de "savoir", "savoir (parler une langue) ", "pouvoir", c'est ici dans le sens de "il se peut que", "probablement", que nous le rencontrons.

LIÀNXÍ 练习

这个商店很不错！
1 – Zhèi-ge shāngdiàn hěn bú-cuò !

他好象没有时间。
2 – Tā hǎoxiàng méiyǒu shíjiān.

我刚才去了。
3 – Wǒ gāngcái qù-le !

你去打听打听吧！
4 – Nǐ qù dǎting-dǎting ba !

好！那就走吧！
5 – Hǎo ! Nà jiù zǒu ba !

Wánchéng jùzi

1 *On dirait qu'il n'est pas venu.*

Tā .... méiyǒu lái.

2 *Il viendra certainement (ce) soir.*

Tā .... kěndìng huì lái.

3 *Et ton ami, alors ?*

Nǐde péngyou .. ?

EXERCICES

1 Ce magasin est vraiment pas mal !
2 On dirait qu'il n'a pas le temps.
3 Je viens d'y aller !
4 Va donc te renseigner un peu !
5 Bon ! Eh bien ! Allons-y ! (Partons !)

Attention à la prononciation de 自己 **zìjǐ** *! Après* **Z, C, S, ZH, CH, SH** *et* **R**, *la lettre "i" ne se prononce pas "i". C'est seulement le signe d'une "non-voyelle", d'un* **e muet**. *Ainsi,* 自己 **zìjǐ** *se prononce en fait "dzeutji". Vous commencez certainement à vous rendre compte de l'importance de la particule de détermination* 的 **de** *Cette impression est d'autant plus accentuée qu'elle se prononce de la même manière que le* 得 **de** *qui forme les compléments verbaux (comme par exemple le "complément de degré"). Les deux particules correspondent à deux caractères chinois* **différents**, *mais "à l'audition", comme en transcription phonétique, rien ne les distingue . . . . . . si ce n'est leur place dans la phrase !. Nous parviendrons peu à peu à clarifier leur utilisation respective. En deux mots : l'une relie un* **déterminant du nom** *au nom qu'il qualifie, (possessif, relatif, etc). L'autre forme certains* **compléments du verbe,** *et* **suit** *toujours celui-ci. Comme nous nous le sommes promis, c'est par la pratique, et "à l'usage" que nous allons rendre plus familières ces deux particules. Pas d'inquiétude, donc. Si un élément vous semble obscur, faites, comme indiqué plus haut, un* **renvoi** *: passez une dizaine de leçons, et en marge notez la page sur laquelle vous butez. Reprenez votre étude comme si de rien n'était. Une fois arrivé à la page sur laquelle vous avez fait le renvoi, il est probable que la difficulté se sera estompée, ayant été expliquée, ou grâce aux multiples exemples rencontrés entre temps. Sinon, faites un nouveau renvoi!*

Corrigé de l'exercice leçon 29

1 Hǎoxiàng. – **2** wǎnshang. – **3** ne.

4 *Je suis désolé, je n'ai pas le temps !*

. . . . , wǒ méiyǒu shíjiān !

第三十课

DÌ SĀN-SHÍ (30) KÈ

喝水吗？
Hē shuǐ ma ?

喝 水 吗 ？
1 – Hē shuǐ ma ? **(1)**

谢 谢 你 ！ 我 不 渴 ！
2 – Xièxie nǐ ! Wǒ bù kě ! **(2)**

你 喝 一 点 儿 吧 ！
3 – Nǐ hē yìdiǎnr ba ! **(3)**

好 ！ ……你 有 茶 吗 ？
4 – Hǎo ! . . . . Nǐ yǒu chá ma ?

当 然 有 ！ ……要 什 么 茶 ？
5 – Dāngrán yǒu ! . . . yào shénme chá ?

FĀYĪN 发音

R'he chouéi ma ? – **2** ouo pou k'he. – **3** ni r'he itieu'rr pa. – **4** tch'ha.

Corrigé de l'exercice leçon 29

4 duìbuqǐ.

TRENTIEME LEÇON

Tu veux boire quelque chose ?

1 — Tu veux boire quelque chose ?
(boire / eau / est-ce que ?)

2 — Non, merci ! Je n'ai pas soif !
(merci [à] / toi // moi / ne pas / [avoir] soif)

3 — Allez ! Tu vas bien prendre quelque chose !
(toi / bois / un peu / allez !)

4 — Bon ! . . . . Est-ce que tu as du thé ?
(bon ! // toi / avoir / thé / est-ce que ?)

5 — Bien sûr que j'en ai ! . . . Quel thé veux-tu ?
(bien sûr / [en] avoir // vouloir / quel ? / thé)

NOTES

(1) Lorsque le contexte est clair, rappelons-le, on se dispense d'employer les pronoms personnels ! *Shuǐ* désigne l'eau (*rè shuǐ*, "de l'eau chaude") ; toutefois, ici, dans cette expression toute faite, ce mot désigne toute boisson susceptible d'être offerte à quelqu'un, comme *kāi-shuǐ* (de l'eau chaude ayant bouilli), *lěng-kāi-shuǐ* (de l'eau ayant bouilli, que l'on a laissé refroidir), *chá* (thé) ; du thé vert *qīng chá*, ou thé noir, que l'on appelle en Chine "thé rouge" : *hóng chá*, etc.

(2) *Xièxie* ! merci ! peut être suivi de la personne que l'on remercie : *xièxie nǐ* ! (merci à toi / je te remercie / nous te remercions) ; *xièxie Lǎo Zhāng* ! merci à Zhang, merci Zhang ! *Kě* : "avoir soif". "Avoir très soif" se dit *hěn kě* ; *bù kě* : "ne pas avoir soif" ; *bù hěn kě* : "ne pas avoir très soif". **Ne jamais employer** *yǒu* (avoir / posséder, . . .) qui n'a rien à faire ici!

(3) *Yìdiǎnr* (prononcer "itieu'rr")' placé après les verbes, signifie "un peu" : *Mǎi yìdiǎnr ba* ! (achètes-en un peu !) ; *nǐ chī yìdiǎnr ba* ! (Allez ! Mange un peu!) . . . .; ici, *ba* est la particule de fin de phrase qui exprime l'invite, ou l'impératif.

红茶，有没有？
6 — Hóng chá, yǒu-méiyǒu ? (4)

有！
7 — Yǒu !

那就喝红茶吧！……
8 — Nà jiù (5) hē hóng chá ba ! . . .

你最近忙不忙？
9 — Nǐ zuìjìn máng-bù-máng ? (6)

还可以！
10 — Hái kěyǐ ! (7)

你爱人呢？她怎么样？
11 — Nǐ àiren ne ? (8) Tā zěnmeyàng ? (9)

FĀYĪN 发音

8 na tjio r'he r'hong tch'ha pa. — **9** ni dzouéitjinn mang pou mang ? — **10** r'haye k'heyi. — **11** ni ayejènn ne.

6 — Est-ce que tu as du thé noir ?
(rouge / thé // avoir-pas-avoir ?)
7 — Oui, j'en ai !
(en avoir)
8 — Bon, alors je boirai (un peu de) thé noir !
(eh bien / alors / boire / rouge / thé / allez !)
9 — Tu as beaucoup de choses à faire ces temps-ci ?
(toi / ces derniers jours [récemment] / affairé-pas-affairé ?)
10 — Oh ! Ça peut encore aller !
(encore / possible)
11 — Et ta femme ? Où est-elle ? (Qu'est-ce qu'elle devient ?)
(ta / femme / alors ? // elle / comment ça va ?)

NOTES (suite)

(4) Dans certaines phrases on rejette en tête le complément, pour le mettre en relief : *chá, nǐ yǒu ma* ? (du thé, est-ce que tu en as ?) ; *Zhōngguó, wǒ hái méi qù-guo* ! (en Chine, je n'y suis encore jamais allé) ; *zhōngguó-fàn, wǒ zuò de bú-cuò* ! (la cuisine chinoise, je la fais pas mal !)
(5) *Nà jiù . . . ,* signifie "eh bien, eh bien alors, . . . "et est suivi du segment de phrase sur lequel porte l'emphase : *nà jiù míngtiān qù* ! (eh bien alors on ira [dès] demain !) ; *nà jiù mǎi liǎng-ge ba* ! (eh bien, achètes-en donc deux !), . . .
(6) *Zuìjìn* : "Ces derniers jours, récemment, ces derniers temps, . . . " ; *máng-bù-máng* ? "est-ce que tu as beaucoup de travail? as-tu beaucoup de choses à faire ? es-tu très occupé ?",etc.)
(7) "Ça peut encore aller !", "on fait aller !", "c'est encore supportable !" ; mot à mot [(c'est) encore possible].
(8) *Àiren*, nous l'avons vu, signifie "conjoint". Ici c'est l'épouse qui est désignée. Pour préciser, dans certaines situations ambigües, on utilise le terme de *zhàngfu*, qui, lui, ne désigne que le **mari**. (voir exercices et note de fin de leçon).
(9) *Zěnmeyàng* ? est un interrogatif très commode, un peu "passe partout" dans certaines conversations. Il signifie "comment ça va ?", "Comment va . . . ?", "comment ça se passe ?", "comment ça se présente ?", "alors ?", "quoi de neuf ?", etc.

还没下班儿！

12 — Hái méi (10) xià-bānr ! (11)

你孩子怎么样？

13 — Nǐ háizi zěnmeyàng ?

他明天回来。后天是他
三十五岁生日！

14 — Tā míngtiān huílai. Hòutiān shì tā sān-shí-wǔ suì shēngrì ! (12)

哦！真的吗？日子过得真快呀！

15 — Ó ? Zhēn-de ma ? Rìzi guò de zhēn kuài ya ! (13)

FĀYĪN 发音

12 r'haye mèye hsia pa'eurr. — **14** r'how t'hiènn cheu t'ha ssann cheu ou ssouéi sheng jeu. — **15** kouo te djènn k'houaye ya.

Attention à la prononciation de 最近 **zuìjìn** *(récemment). Ne pas confondre avec* 已经 **yǐjīng** *(déjà). Dans le second cas, le son* **jing** *est nasalisé. Sans toutefois qu'il faille prononcer le g ! Ecoutez bien les enregistrements !*

12 – Elle n'est pas encore rentrée de (son) travail !
(encore / ne pas / sortir-[du]-travail)

13 – Et ton fils ?
(ton / enfant / comment va-t-il ?)

14 – Il rentre demain. Après-demain on fête ses trente-cinq ans.
(lui / demain / revenir // après-demain / c'est / son / 35 / ans / anniversaire)

15 – Oh la la ! C'est pas vrai !? Comme le temps passe (vite) !
(oh ? / vrai / est-ce que ? // les jours / passent / **de** */ vraiment / rapidement / eh !)*

NOTES (suite)

(10) *Méi* est la contraction de la **négation de la forme accomplie** *méiyǒu* (suivie du verbe) : *wǒ méi qù* (je n'y suis pas allé) ; *tā wèishénme méi shuō ne* ? (et pourquoi donc n'a-t-il rien dit ?) ; *wǒ hái méi chī ne* ! (je n'ai pas encore mangé !), etc. Dans les phrases négatives, *hái* ("encore"), se place toujours avant la négation, **avant le groupe verbal.**

(11) *Xià-bānr* (prononcer"hsia pa'eurr") signifie "sortir du travail", "terminer sa journée de travail", "rentrer chez soi après le travail". "Aller au travail", "aller travailler" se dit *shàng-bānr*. *Bān* est le terme qui désigne l'équipe, le groupe de travail dans lequel on s'insère. Il est ici prononcé "à la pékinoise", avec un "r"final.

(12) *Hòutiān* : "après-demain". *Shēngrì* : anniversaire de naissance. Les années d'âge s'expriment avec le mot *suì* [prononcé "ssouéi"] (Voir leçon 20) : *sān-shí suì* : trente ans ; *háizi shí suì le* ! (mon) fils (a) dix ans ; *tā yǐjīng wǔ-shí suì le* ! [il (a) déjà 50 ans !] ; là encore, ne jamais employer le verbe *yǒu* qui signifie "posséder / avoir (à soi)", et n'a aucune utilité ici ! On se contente simplement de **juxtaposer** le sujet (la personne) et l'âge. **C'est tout.** *Wǒ sì-shí-qī* : "j'(ai) quarante-sept ans".

(13) *Guò* est ici le verbe "passer", "s'écouler". *Guò hé* : "traverser la rivière" ; *guò mǎlù*, " traverser la rue" ; *rìzi guò de hěn kuài*, "les jours passent très vite". **Ne jamais oublier** la particule *de* à intercaler entre le verbe et l'expression de la manière ou du degré de l'action. *Guò de tài kuài*, "ça passe trop vite" ; *rìzi guò de hěn hǎo* "ça se passe très bien / les journées s'écoulent très agréablement", etc.

LIÀNXÍ 练习

你要不要喝水？
1 – Nǐ yào-bú-yào hē shuǐ ?

你渴不渴？
2 – Nǐ kě-bù-kě ?

我最近很忙。
3 – Wǒ zuìjìn hěn máng.

你的丈夫好吗？
4 – Nǐde zhàngfu hǎo ma ?

Wánchéng jùzi

1 *Je n'ai pas soif, merci !*

Wǒ bù . . , xièxie !

2 *Bois donc un peu !*

Nǐ hē . . . . ba !

3 *Est-ce que ton mari (ton conjoint) est très occupé ?*

Nǐ zhàngfu . . . . -bù- . . . . ?

4 *Il est déjà parti !*

Tā . . . . . . zǒu le !

EXERCICES

1 Est-ce que tu veux boire quelque chose ? (veux-tu boire de l'eau ?)
2 Est-ce que tu as soif ?
3 Ces temps-ci je suis très occupé / ces derniers temps j'ai eu beaucoup de travail.
4 Comment va ton mari ? (Est-ce que ton mari va bien ?)

Rappel : Le possessif (le génitif) s'exprime au moyen de la particule de détermination 的 **de** *que l'on intercale* **entre l'élément déterminant et l'élément déterminé.** *Cependant, pour les membres de la famille, on peut se dispenser d'intercaler cette particule. Ainsi, pour dire "mon mari" (ou "ma femme"), on pourra dire* 我爱人 **wǒ àiren.** *Pour préciser* **mon mari**, *on dira* 我丈夫 **wǒ zhàngfu**, *mais on pourra également dire* 我的爱人 **wǒde àiren**, *ou bien* 我的丈夫 **wǒde zhàngfu.** 爱人 **àiren** *peut être masculin ou bien féminin.* 丈夫 **zhàngfu** *ne désigne que le mari. Dans le texte on emploie le terme* 孩子 **háizi** *(enfant). En l'absence de précision, on ne peut déterminer s'il s'agit d'un garçon ou d'une fille. Mais les interlocuteurs, eux, le savent, et ils se dispensent de la précision qui serait donnée en disant :* 男孩子 **nán háizi** *(garçon), ou* 女孩子 **nǚ háizi** *(fille).*

Corrigé de l'exercice leçon 30

1 Kě. – **2** yìdiǎnr. – **3** máng . . . máng. – **4** yǐjīng.

第三十一课
DÌ SĀN-SHÍ-YĪ (31) KÈ

打牌
Dǎ-pái

我该走了！
1 – Wǒ gāi zǒu le !

为什么？还有时间呢！
2 – Wèishénme ? Hái yǒu shíjiān ne !

你看！快十点半了！
3 – Nǐ kàn ! Kuài shí-diǎn-bàn le ! (1)

哦？那么晚了！
4 – Ó ? Nàme wǎn le !

时间过得很快！
5 – Shíjiān guò de hěn kuài ! (2)

FĀYĪN 发音

Ta p'haye. – **1** kaye dzow le. – **2** r'haye yo cheutjiènn ne. – **3** k'houaye sheu tiènn pann le. – **5** sheutjiènn kouo te r'hènn k'houaye.

Nous avions déjà rencontré 那么好！ **nàme hǎo** *(si bien / si bien que ça), leçon 27. Ici, nous voyons* 那么晚！ **nàme wǎn** *(si tard / si tard que ça). Il suffit de placer l'adverbe* 那么 **nàme** *(si . . . . . .) juste devant l'adjectif verbal (verbe de qualité).*

TRENTE ET UNIEME LEÇON

Jouer aux cartes

1 – Je dois m'en aller ! (il faut que je m'en aille !)
(moi / devoir / partir / **le** *!)*

2 – Pourquoi ? On a encore le temps !
(pourquoi ? // encore / y avoir / temps / **ne***)*

3 – Regarde ! Il va bientôt être dix heures et demie !
(toi / regarder ! // rapidement / dix / heures / demie / **le** *!)*

4 – Oh ? . . . Il est si tard que cela !
(oh ? // si / tard / **le** *!)*

5 – Le temps passe (vraiment) très vite !
(le temps / passe / **de** */ très vite)*

NOTES

(1) *Kuài. . . . le* ! indique une action sur le point de se produire, un moment **sur le point d'arriver:** Voir leçons 22 et 26. *Wǒ kuài bìyè le,* je vais bientôt terminer mes études ; *kuài xià-yǔ le,* il va bientôt pleuvoir ; *kuài liù-diǎn-bàn le,* il va bientôt être six heures et demie.
L'heure qu'il est s'exprime avec *diǎn : liǎng-diǎn-bàn,* "deux heures et demie". *Kuài shí-diǎn le,* "il va bientôt être dix heures". *Sān diǎn,* "trois heures". Par contre, lorsqu'on exprime la **durée**, les heures se traduisent *xiǎoshí* ("j'ai attendu trois heures" : *wǒ děng-le sān-ge xiǎoshí* ; "on a encore deux heures". : *hái yǒu liǎng-ge xiǎoshí*).

(2) "Le temps passe très vite" : **complément verbal de degré** (ou de "manière") : il faut **toujours faire suivre** immédiatement le verbe de la **particule** *de*. "Il mange trop" : *tā chī de tài duō* ("trop / beaucoup") ; "elle parle trop vite" : *ta shuō de tài kuài* ; "les jours passent très vite", *rìzi guò de hěn kuài.* Voir leçon 27, note 8.

就是！…打桥牌很有意思！
6 — Jiù shì ! (3) . . . Dǎ qiáo-pái (4) hěn yǒu yìsi !

是！……你打得不错！
7 — Shì ! . . . . Nǐ dǎ de bú-cuò !

不！我打得不好！
8 — Bù ! Wǒ dǎ de bù hǎo !

你的妹妹为什么不打？
9 — Nǐde mèimei wèishénme bù dǎ ?

她不喜欢打牌。
10 — Tā bù xǐhuan dǎ-pái.

是啊，有人不喜欢打。
11 — Shì a, yǒu rén (5) bù xǐhuan dǎ.

好了！好了！该走了！
12 — Hǎo le ! Hǎo le ! Gāi zǒu le !

再见吧！
13 — Zàijiàn ba ! (6)

再见！
14 — Zàijiàn !

FĀYĪN 发音

6 ta tshiao p'haye r'hènn yo isseu. — **7** sheu ! ni ta te pou tss' houo. — **11** yo jènn pou hsi-r'houann ta. — **13** dzaye tjiènn pa.

6 — Absolument ! . . . . C'est très amusant (intéressant) de jouer au bridge !
(absolument ! // jouer [taper] / pont / cartes / très / amusant)

7 — Oui ! . . . Dis donc ! Tu joues pas mal, toi !
(oui ! // toi / jouer / **de** */ pas mal)*

8 — Non ! Je ne joue pas bien du tout !
(non ! // moi / jouer / **de** */ pas / bien)*

9 — Pourquoi ta (petite) soeur ne joue-t-elle pas ?
(ta / soeur [cadette] / pourquoi ? / ne pas / jouer)

10 — Elle n'aime pas jouer aux cartes.
(elle / ne pas / aimer / jouer / cartes)

11 — C'est vrai, il y a des gens qui n'aiment pas ça.
(oui / ah! // il y a / des gens [qui] / ne pas / aimer / jouer)

12 — Bon, allez ! Ça va ! Maintenant, il faut partir !
(bien / **le** *! // bien /* **le** *! // devoir / partir /* **le** *!)*

13 — Allez, au revoir !
(au revoir / allez !)

14 — Au revoir !

NOTES (suite)

(3) *Jiù shì* ! (c'est justement ça !) : "absolument !", "c'est vrai!", "en effet", etc. On trouve d'autres expressions synonymes, comme *shì* ! ou *shì a* ! (cf. réplique 11).

(4) *Dǎ-pái* veut dire "jouer aux cartes", ou aussi "jouer au ma-jong". Ici il s'agit du jeu de cartes, que les chinois appellent parfois du nom générique de *pūkè-pái*, sans qu'il s'agisse exactement du jeu de **poker**. Dans ce dialogue, le jeu est le **bridge**, appelé en chinois . . . le "pont" ! C'est logique, n'est-ce pas ?

(5) "Il y a des gens qui . . .", **il suffit de ne pas traduire le pronom relatif** *! yǒu rén bù xǐhuan* [il y en a (qui) n'aiment pas ça / il y a des gens (qui) n'aiment pas ça] *; yǒu rén lái* [il y a quelqu'un (qui) vient] *; yǒu rén shuō . . .* [il y a des gens (qui) disent que . . . . / il y en a (qui) disent que . . . .].

(6) *Zàijiàn* signifie "au revoir !", et "bonjour" se dit : *nǐ hǎo!*

LIÀNXÍ 练习

我们还有时间吗？
1 — Wǒmen hái yǒu shíjiān ma ?

快三点半了！
2 — Kuài sān-diǎn-bàn le !

他们为什么不来？
3 — Tāmen wèishénme bù lái ?

他说得很快。
4 — Tā shuō de hěn kuài.

Wánchéng jùzi

1 *Est-ce qu'il étudie bien ?*

Tā xué .. hǎo-bù-hǎo ?

2 *Tu dois * me prévenir ! / Tu devrais me prévenir !*

Nǐ yīnggāi ..... wǒ !

3 *Il parle pas mal !*

Tā shuō .. bú-cuò !

4 *Est-ce que ta soeur (cadette) écrit bien ?*

Nǐde mèimei xiě .. hǎo-bù-hǎo ?

* *Devoir,* **gāi**, *a un synonyme, employé ici :* **yīnggāi**

EXERCICES

1 Est-ce que nous avons encore le temps ?
2 Il va bientôt être trois heures et demie !
3 Pourquoi ne viennent-ils pas ?
4 Il parle très vite.

Corrigé de l'exercice leçon 31

1 De. – **2** gàosu. – **3** de. – **4** de.

好了！好了！

L'expression 有意思！ **yǒu yìsi** *signifie "c'est intéressant", ou "c'est amusant", selon le contexte. On rencontre également* 很有意思！ **hěn yǒu yìsi**, *"c'est très intéressant", "c'est très amusant".*

好了！好了！ **Hǎo le ! Hǎo le !** *"Allez, ça va ! ça suffit !" est une expression idiomatique très courante, employée pour mettre fin à une conversation, ou pour indiquer le souhait de voir une situation évoluer (départ, changement de sujet, etc.)*

第三十二课

DÌ SĀN-SHÍ-ÈR (32) KÈ

在什么地方？
Zài shénme dìfang ?

重庆在什么地方？
1 – Chóngqīng zài shénme dìfang ? (1)

我想是在四川。
2 – Wǒ xiǎng shi zài Sìchuān. (2)

啊！对了！
3 – À ! Duì le ! (3)

你为什么问我这个？
4 – Nǐ wèishénme wèn wǒ zhèige ?

因为我打算明年到中国去。
5 – Yīnwèi wǒ dǎsuàn míngnián dào Zhōngguó qù. (4)

真的吗？去做生意吗？
6 – Zhēn-de ma ? Qù zuò shēngyi ma ?

FĀYĪN 发音

Dzaye shemme tifang. – **1** tch'hong tshing. – **2** sseu tch'houann. – **5** tassouann mingniènn tao. – **6** dzouo sheng yi.

TRENTE-DEUXIEME LEÇON

Où est-ce que ça se trouve ?

1 — Tchongking, où est-ce que ça se trouve ?
(Tchongking / se trouve [en] / quel ? / endroit)

2 — Je crois que c'est dans le Seutchouan.
(Je / pense [que] / c'est / dans / Seutchouan)

3 — Ah oui ! C'est vrai !
(ah ! / exact ! / **le***)*

4 — Pourquoi est-ce que tu me poses cette question ?
(toi / pourquoi ? / questionner / moi / ça)

5 — Parce que j'ai l'intention d'aller en Chine l'année prochaine !
(parce que / moi / avoir l'intention de / l'an prochain / vers / Chine / aller)

6 — Non ! C'est vrai ? . . . Tu y vas pour faire des affaires ?
(vrai / est-ce que ? // aller / faire / affaires / est-ce que ?)

NOTES

(1) Chongqing (Tchongking) se trouve dans la province du Sichuan (Seutchouan). *Zài shénme dìfang* ?, "où", " en quel endroit ?". Synonyme, l'expression *zài nǎr* ?.
La **province** du Seutchouan, se dit *Sìchuān*, ou *Sìchuān shěng* (*shěng* = province).

(2) "Je pense que" : il suffit de ne pas traduire le "que". Suivi d'un verbe, d'un groupe verbal, *xiǎng* (ou *hěn xiǎng*) signifie "avoir envie de " (ou "avoir très envie de"). *Wǒ hěn xiǎng qù*, j'ai très envie d'y aller. Suivi d'une phrase complète (sujet + groupe verbal, ou verbe de qualité), *xiǎng* signifie "penser que". *Wǒ xiǎng hěn hǎo*, "je pense que c'est très bien". *Wǒ xiǎng míngtiān yě kěyǐ*, "je pense que demain aussi c'est possible". *Wǒ xiǎng tā bú shi zhōngguó-rén*, "je pense qu'il n'est pas chinois".

(3) *Duì le* ! "C'est exact, c'est vrai, j'avais oublié !", "ah oui, c'est vrai !"

(4) *Míngnián* : "l'an prochain". *Jīnnián* : "cette année". *Qùnián* : "l'année dernière". "Aller en Chine" : [*vers / Chine / aller*]. Désormais, tâchez de retenir cette formulation, plus usuelle. *Wǒ dào Shànghǎi qù*, "je vais à Shanghai" ; *nǐ dào nǎr qù* ? "où vas-tu ?" *Wǒ dào Sìchuān qù*, "je vais au Sichuan".

是！我觉得做买卖很有意思！

7 – Shì ! Wǒ juéde (5) zuò mǎimai hěn yǒu yìsi !

这一次你想买什么？

8 – Zhèi yí cì nǐ xiǎng mǎi shénme ? (6)

我不是去买东西，
这一次我去开工厂！

9 – Wǒ bú shi qù mǎi dōngxi (7),
zhèi yí cì wǒ qù kāi gōngchǎng !

哦！…开工厂！……真想不到！

10 – Ò ! . . . Kāi gōngchǎng ! . . . Zhēn xiǎng-bú-dào ! (8)

可是地方还没有定好呢！

11 – Kěshì dìfang hái méiyǒu dìng-hǎo ne ! (9)

FĀYĪN 发音

7 cheu ! ouo tjuéte dzouo mayemaye r'hènn yo yisseu. – **8** zhèi yi tss'heu. – **9** k'haye kong tch'hang. – **10** djènn hsiang pou tao.

7 – Absolument ! Je trouve que faire du commerce c'est très intéressant !
(oui ! // je / trouve [que] / faire / commerce / très / intéressant)

8 – Et cette fois-ci, qu'est-ce que tu as l'intention d'aller acheter ?
(cette / une / fois / tu / veux /acheter/ quoi ?)

9 – Je n'y vais pas pour acheter (des choses) ! Cette fois-ci, je vais monter une usine !
(moi / ce n'est pas / aller /acheter/ des choses // cette / une / fois / moi / aller / ouvrir / usine)

10 – Oh ! . . . Monter une usine! . . . . Mais c'est incroyable !!
(oh ! // ouvrir / usine // vraiment / incroyable)

11 – Cependant, le lieu n'a pas encore été fixé !
(mais / endroit / encore / pas / fixé-bien / **ne***!)*

NOTES (suite)

(5) "Trouver que . . . . ." : *juéde . . .;* il suffit de ne pas traduire le "que" ! *Nǐ juéde hǎo ma* ? , "est-ce que tu trouves (que) ça va, (que) c'est bien ? " *Nǐ juéde zěnmeyàng* ? , "comment trouves-tu (que) c'est ? Qu'est-ce que tu en penses ?" *Wǒ juéde hěn guì*, "je trouve (que) c'est très cher". *Tā juéde tài guì*, "il trouve (que) c'est trop cher".

(6) "Cette fois" , "cette fois-ci" : [cette / une / fois]. Ces deux fois : *zhèi liǎng cì*. Comparez : "ces deux personnes".*Zhèi liǎng-ge rén* , "cette personne" *zhèi yí-ge rén*, ou bien *zhèi-ge rén*. "Fois" est un mot pour lequel on n'emploie **pas de spécificatif.** Il en est de même pour *tiān* ("jour") et *nián* ("année"). *Zhèi liǎng tiān* : "ces deux jours (-ci) " ; *zhèi liǎng nián* : "ces deux années (-ci)".

(7) *Mǎi dōngxi* : "acheter des choses" , "faire des achats". *Dōngxi* signifie "chose". L'idéogramme *dōng* représente l'est, l'orient, et *xī* représente l'ouest, l'occident: Cependant, dans *dōngxi*, la deuxième syllabe est prononcée au ton léger.

(8) "C'est impensable / incroyable !" *xiǎng-bú-dào* ! Mot à mot : "même en y *pensant*, je ne serais *pas arrivé* (à l'imaginer).

(9) "Pas encore", suivi d'un verbe au passé, se traduit par *hái méiyǒu*, suivi du groupe verbal. *Wǒ hái méiyǒu chīfàn ne* ! "je n'ai pas encore mangé" ; *tā hái méiyǒu lái* : "il n'est pas encore arrivé". Dans ces formulations, on trouve en général en fin de phrase la particule *ne*, expression du progressif, d'une situation qui se prolonge. *Dìng-hǎo* : [fixé / bien, fixé / définitivement].

我看上海不错！在上海开吧！
12 – Wǒ kàn (10) Shànghǎi bú-cuò ! Zài Shànghǎi kāi ba !

不！我想在重庆开！
13 – Bù ! Wǒ xiǎng zài Chóngqīng kāi !

LIÀNXÍ 练习

你的丈夫在什么地方？
1 – Nǐde zhàngfu zài shénme dìfang ?

他明年到上海去！
2 – Tā míngnián dào Shànghai qù !

这一次你来我家，好不好？
3 – Zhèi yí cì nǐ lái wǒ-jiā, hǎo-bù-hǎo ?

他们还没有回来。
4 – Tāmen hái méiyǒu huílai.

Wánchéng jùzi

1 *Où habites-tu ?*

Nǐ zhùzài shénme . . . . . . ?

2 *Faire du commerce (faire des affaires), est-ce que c'est intéressant ?*

Zuò mǎimai yǒu . . . . ma ?

12 — A mon avis à Shanghai ça serait pas mal ! Tu devrais la monter à Shanghai !
(moi / voir // Shanghai / pas mal // à / Shanghai / ouvrir / allez!)

13 — Non ! Je compte faire ça à Tchongking !
(non ! // Je / pense / à / Tchongking / ouvrir)

NOTES (suite)

(10) *Wǒ kàn* : "à mon avis", " d'après moi", "d'après ce que je vois", . . .

EXERCICES

1 Où est ton mari ?
2 L'an prochain il ira à Shanghai.
3 Cette fois tu viens chez moi ; d'accord ?
4 Ils ne sont pas encore rentrés.

Attention au ton de 一 **"un"***. Employé dans les chiffres, ou seul,* 一 **"un"** *se prononce yī. Mais, suivi d'une syllabe au premier, au deuxième ou au troisième ton,* 一 **"un"** *se prononce au quatrième ton :* **yì***. Devant une syllabe au quatrième ton,* 一 **"un"** *se prononce au deuxième ton :* **yí***. Comme dans* 一次 **yí cì***, "une fois". Ou dans* 一个人 **yí ge rén***,* **un homme, une personne** *(car à l'origine* 个 **ge** *était au quatrième ton). Par contre, "dans un moment" se prononce* 一会儿 **yìhuěr***.*

Corrigé de l'exercice leçon 32

1 Dìfang. — **2** yìsi.

3 *Où comptes-tu aller l'an prochain ?*

Nǐ míngnián ...... dào nǎr qù ?

4 *Où as-tu l'intention d'aller l'année prochaine ?*

Nǐ míngnián dǎsuàn ... shénme dìfang .. ?

5 *Shanghai n'est pas dans la province du Seutchouan.*

Shànghǎi .. ... Sìchuān shěng.

第三十三课
DÌ SĀN-SHÍ-SĀN (33) KÈ

难不难？
nán-bù-nán ?

我听说你学中文！
1 — Wǒ tīngshuō (1) nǐ xué zhōngwén !

是！上个月就开始了！
2 — Shì ! Shàngge-yuè jiù kāishǐ le ! (2)

FĀYĪN 发音

Nann pou nann ? — **1** t'hing shouo .... djong ouènn. — **2** cheu ! shangke yué tjio k'hayecheu le.

Corrigé de l'exercie leçon 32

3 dǎsuàn. – **4** dào . . . qù. – **5** bú zài.

Certaines expressions simples sont très utiles dans la vie courante. N'hésitez pas à les souligner d'un trait de couleur. Lors de vos révisions, elles vous "sauteront aux yeux" !

TRENTE TROISIEME LEÇON

Est-ce que c'est difficile ?

1 – J'ai entendu dire que tu apprenais le chinois ! *(moi / entendre-dire / toi apprendre / langue chinoise)*

2 – C'est exact ! J'ai commencé (dès) le mois dernier !
(oui ! // le mois dernier / déjà / commencé / **le***)*

NOTES

(1) *Wǒ tīngshuō . . . .* : "j'ai entendu dire que . . . ." ; on peut parfois rencontrer cette expression sans *wǒ : tīngshuō hěn hǎo* [j'ai entendu dire (que) c'était très bien] ;*tīngshuō hěn lěng* [j'ai entendu dire (qu')il faisait très froid] ; *tīngshuō tā yào lái* [j'ai entendu dire (qu')il allait venir]. Il suffit de ne pas traduire le "que" !

(2) Le verbe être, prononcé avec force, est utilisé ici dans le sens affirmatif : "Oui !", "exact", "il en est ainsi". Le mois dernier : *shàngge-yuè* ; le mois prochain : *xiàge-yuè* ; ce mois-ci : *zhèi-ge-yuè. Jiù* : "dès" (voir leçon 26 note 8). Cet adverbe indique une action qui se déroule tôt, ou s'est déroulée **plus tôt que prévu** ; on le place **juste avant le verbe**, pour insister sur la date : *wǒ zuótiān jiù kāishǐ le* (j'ai commencé hier déjà) ; *tā jīntiān jiù zǒu* (il part dès aujourd'hui) *wǒ míngtiān jiù kāishǐ* (je commence dès demain).

怎么样？难不难？
3 – Zěnmeyàng ? Nán-bù-nán ?

说话还可以，写字比较难！
4 – Shuō-huà hái kěyǐ, xiě-zì bǐjiào nán ! (3)

对！汉字是不容易写！
5 – Duì ! Hànzì shì bù róngyì xiě ! (4)

要花很多时间！
6 – Yào huā hěn duō shíjiān !

说话呢？
7 – Shuō-huà ne ?

我有录音机！很方便！
8 – Wǒ yǒu lùyīnjī ! Hěn fāngbian !

……你学广东话吗？
9 – . . . . Nǐ xué guǎngdōng-huà ma ? (5)

不！我学北京话！
10 – Bù ! Wǒ xué běijīng-huà !

广东话和北京话的写法儿一样吗？
11 – Guǎngdōng-huà hé běijīng-huà de xiěfǎr yíyàng ma ?

FĀYĪN 发音

4 hsié dzeu pitjiao nann. – **5** r'hann dzeu sheu pou jong yi hsié. – **8** louyintji . . . . fang piènn. – **9** kouangtong r'houa.

3 — Alors ! C'est difficile ?
(comment c'est ? // difficile-pas-difficile ?)

4 — Pour parler, ça peut encore aller, mais c'est écrire qui est difficile !
(parler / paroles / encore / possible // écrire / caractères / relativement / difficile)

5 — C'est vrai ! Les caractères chinois ne sont pas faciles à écrire !
(exact ! // idéogrammes chinois / effectivement / pas / facile (à) / écrire)

6 — Il faut vraiment y passer (consacrer) beaucoup de temps !
(il faut / dépenser / très-beaucoup / temps)

7 — Et pour parler, alors ?
(parler / alors ?)

8 — J'ai un magnétophone ! C'est très pratique !
(moi / avoir / magnétophone // très / pratique)

9 — . . . C'est le cantonais que tu étudies ?
(tu / étudies / langue cantonaise / est-ce que ?)

10 — Non ! J'étudie le pékinois !
(non ! // moi / étudier / langue de Pékin)

11 — Est-ce que le cantonais et le pékinois s'écrivent de la même façon ?
(langue cantonaise / et / langue de Pékin / **de** */ façon d'écrire / pareil / est-ce que ?)*

NOTES (suite)

(3) "Parler" se dit *shuō-huà*, mot à mot [dire / (des) paroles] On peut insérer un déterminant entre ces deux éléments, par exemple pour dire : *shuō zhōngguó-huà* "parler chinois". De la même manière, "écrire" se dit *xiě-zì* [écrire / (des) idéogrammes]. On peut insérer un qualificatif déterminant, et dire : *xiě zhōngguó-zì*, "écrire des caractères chinois". *Hànzì* signifie également "caractères chinois" (voir note de fin de leçon).

(4) Le verbe *shì* sert à confirmer la phrase précédente de l'interlocuteur : "en effet", "effectivement", "c'est vrai". *Róngyì "facile","facile à . . ."* ; ne pas prononcer le "g" !

(5) *Guǎngdōng-huà* : le parler cantonais, en usage dans la région de Canton et à Hong Kong ; se transcrit, comme le parler de Pékin, en **idéogrammes**. Seules les prononciations diffèrent. La langue officielle, aujourd'hui en usage généralisé, est basée sur le **dialecte de Pékin**. C'est le "mandarin".

一样！大家都用汉字！
12 – Yíyàng ! Dàjiā dōu yòng hànzì ! (6)

写一样，可是说就不一样了！
13 – Xiě yíyàng, kěshì shuō jiù bù yíyàng le !

现在大家都懂北京话！
14 – Xiànzài dàjiā dōu dǒng běijīng-huà !

这样很方便！
15 – Zhèiyàng hěn fāngbian !

LIÀNXÍ 练习

我听说他快要来了。
1 – Wǒ tīng-shuō tā kuàiyào lái le.

你会不会写汉字？
2 – Nǐ huì-bú-huì xiě hànzì ?

我们大家都很高兴。
3 – Wǒmen dàjiā dōu hěn gāoxìng.

12 — Oui ! tout le monde emploie les idéogrammes chinois !
(pareil ! // tout le monde / tous / utiliser / idéogrammes chinois)

13 — Ça s'écrit pareil, mais par contre ça se prononce différemment !
(écrire / pareillement // mais / parler / alors / pas / pareil / **le** *!)*

14 — (Mais) maintenant, ils comprennent tous le pékinois !
(maintenant / tout le monde / tous / comprendre / langue de Pékin)

15 — Comme ça c'est plus pratique !
(de cette façon / très / commode)

NOTES (suite)

(6) *Yíyàng ma ?* "est-ce que c'est pareil ?", *yíyàng-bù-yíyàng ?* "est-ce pareil ?" ; *Dàjiā dōu . . . .* , "tout le monde . . . .". L'adverbe *dōu* est utilisé pour insister sur le **pluriel**, sur **l'intégralité.** *Wǒmen dōu qù*, "nous y allons tous". *Wǒmen dōu dòng*, "nous comprenons **tout**", ou bien "nous comprenons **tous**". *Yòng*, que nous avions rencontré dans le sens prépositionnel de "avec", "au moyen de", " en utilisant . . .", est ici **verbe.** C'est le verbe **utiliser.** *Nǐ hái yòng zhèi-ge ma ?* "est-ce que tu utilises encore ceci ?..

EXERCICES

1 J'ai entendu dire (qu')il allait bientôt arriver (venir).
2 Est-ce que tu sais écrire (les) caractères chinois ?
3 Nous (tous), nous sommes (très) contents.

我听说汉字不容易学。

4 – Wǒ tīng-shuō hàn-zì bù róngyì xué.

Wánchéng jùzi

1 *Il est parti (dès) le mois dernier !*

Tā .... – ... jiù zǒu le !

2 *Est-ce que c'est pratique ?*

.... –bù– .... ?

3 *Maintenant, tout le monde (le) sait.*

Xiànzài ..... dōu zhīdao le.

4 *J'ai entendu dire qu'il (allait) commencer l'année prochaine (à l'étudier).*

Wǒ tīng-shuō tā .... kāishǐ xué.

Certains verbes français sont rendus en chinois par une forme verbale qui, en mot à mot, est composée d'un **verbe** *suivi d'un mot en position de* **complément**. *Ainsi,* 写字 **xiě-zì**, *"écrire"* [*écrire / des caractères*] ; 说话 **shuō-huà**, *"parler"* [*parler / (des) paroles*]; 吃饭 **chī-fàn**, *"manger"* [*manger / du riz*], 看书 **kàn-shū**, *"lire"* [*lire / (un) livre*], *etc.*

4 J'ai entendu dire (que) les caractères chinois n'étaient pas (très) faciles (à) étudier.

Corrigé de l'exercice leçon 33

1 shàngge-yuè. – 2 fāngbian . . . . fāngbian. – 3 dàjiā. – 4 míngnián.

Lorsqu'en français la phrase contient un complément plus précis, alors on place celui-ci entre la partie véritablement **verbale** *du mot chinois et sa partie"complément".*

Ainsi, "manger (de la cuisine) **chinois(e)"** *se dira* 吃中国饭 **chī zhōngguó-fàn** *; "parler chinois" se dira :* 说中国话 **shuō zhōngguó-huà**, *et "écrire des caractères chinois" se dira* 写中国字 **xiě zhōngguó-zì** *(ou* 写汉字 **xiě hànzì**).

Dans 汉语 **hànyǔ** *(la langue* **chinoise**)*ou* 汉字 **hànzì** *(les caractères* **chinois**), 汉 **hàn** *désigne la nationalité, l'ethnie Han, qui compose les 93% de la population chinoise. Le terme* 汉 **hàn** *a ainsi acquis le sens de "chinois", équivalent de* 中国 **zhōngguó,** *lorsqu'il est en fonction adjectivale.*

第三十四课

DÌ SĀN-SHÍ-SÌ (34) KÈ

复习！
Fùxí !

今天我们复习吧！
1 – Jīntiān wǒmen fùxí ba !

你认识他吗？
2 – Nǐ rènshi tā ma ?

我已经见过他！
3 – Wǒ yǐjīng jiàn-guo tā ! **(1)**

他住在什么地方？
4 -- Tā zhùzài shénme dìfang ?

我不知道！你去问他吧！
5 – Wǒ bù zhīdào ! Nǐ qù wèn tā ba ! **(2)**

他已经结婚了吗？
6 – Tā yǐjīng jiéhūn-le ma ?

我想他结婚了！他有两个孩子！
7 – Wǒ xiǎng tā jiéhūn-le ! Tā yǒu liǎng-ge háizi ! **(3)**

FĀYĪN 发音

1 Tjinn t'hiènn . . . . . fouhsi. – **2** jènncheu. – **4** djoudzaye. – **5** djeutao . . . . . tshu ouènn t'ha pa. – **7** liangke r'hayedzeu.

TRENTE-QUATRIEME LEÇON

révisons !

1 — Aujourd'hui, faisons des révisions !
(aujourd'hui / nous / révisons / allez !)
2 — Est-ce que tu le connais, lui ?
(tu / connais / lui / est-ce que ?)
3 — Je l'ai déjà vu !
(moi / déjà / avoir vu / lui)
4 — Où est-ce qu'il habite ?
(il / habite à / quel ? / endroit)
5 — Je n'(en) sais rien ! Vas-donc (le) lui demander !
(moi / ne pas / savoir // toi / aller /questionner / lui / allez !)
6 — Est-ce qu'il est marié ?
(lui / déjà / s'être marié / est-ce que ?)
7 — Je crois que oui ! Il a deux enfants !
(je / pense / il / s'être marié // il / a /deux / enfants)

NOTES

(1) Le suffixe verbal *–guo* indique une action qui a **déjà eu lieu**, au moins une fois, ici, dans le passé. On le rencontre très souvent avec l'adverbe *yǐjīng* ("déjà") : *wǒ yǐjīng qù-guo* ("j'y ai déjà été") ; *nǐ chī-guo méiyǒu* ? ("est-ce que tu as (déjà) mangé ?") ; *tā yǐjīng lái-guo méiyou*? ("est-ce qu'il est déjà venu ?").

(2) La particule de fin de phrase *ba* a plusieurs utilisations: En dehors du sens de "n'est-ce pas", interrogatif modéré (quand on pense connaître la réponse à la question que l'on pose) l'autre sens principal est celui de l'**impératif**, ou de l'invitation polie à faire quelque chose : *nǐ chī ba* ! ("allez ! vas-y ! mange-donc !") ; *wǒmen zǒu ba* ! ("allons-y ! partons !") ; *shuō ba* ! ("eh bien ! vas-y ! parle !").

(3) Ne pas oublier qu'en dehors de quelques termes comme *tiān* ("jour"), *nián* ("année"), *cì* ("fois"), qui contiennent une forte idée de "comptabilisable", tous les autres noms, lorsqu'ils sont précédés en français d'un nombre, doivent être traduits, en chinois, au moyen d'un **spécificatif** que l'on intercale entre le chiffre et le nom : deux enfants, *liǎng-ge háizi* ; trois amis, *sān-ge péngyou* ; dix-neuf français, *shí-jiǔ-ge fǎguó-rén* . . . .

他的孩子都多大了？
8 – Tāde háizi dōu duō-dà le ?

这个，我不清楚！
9 – Zhèi-ge, wǒ bù qīngchu !

他什么时候到中国去？
10 – Tā shénme shíhou dào Zhōngguó qù ? **(4)**

这个，我也不知道！
11 – Zhèi-ge, wǒ yě bù zhīdào !

他是学什么的？
12 – Tā shi xué shénme de ?

你呢？你是学什么的？
13 – Nǐ ne ? Nǐ shi xué shénme de ? **(5)**

我不能告诉你！
14 – Wǒ bù néng gàosu nǐ !

好了！再见！
15 – Hǎo le ! Zàijiàn !

FĀYĪN 发音

9 pou tshing tch'hou. – **10** shemme sheu'ho. – **12** t'ha sheu hsué shemme te.

Etudiez cette leçon de révision avec beaucoup de soin. Si certains éléments vous paraissent encore obscurs, reportez-vous aux leçons précédentes qui expliquent tous les éléments qui y sont contenus.

8 — Ses enfants ont quel âge, maintenant ?
(ses / enfants / tous / quel âge ? [grands comment ?] / le)
9 — Ça, je n'en sais rien !
(ça / moi / pas / clair)
10 — Quand va-t-il partir en Chine ?
(lui / quel ? / moment / vers / Chine / aller)
11 — Ça, je n'en sais rien non plus !
(ça / moi / également / ne pas / savoir)
12 — Qu'est-ce qu'il étudie (,lui) ?
(lui / **shi** */ étudier / quoi ? /* **de***)*
13 — Et toi, alors ? Qu'est-ce que tu étudies ?
(toi / alors ? *// tu /* **shi** */ étudier / quoi ?/* **de***)*
14 — Je ne peux pas te le dire !
(moi / ne pas / pouvoir / avertir / toi)
15 — Bon ! Allez ! ça va ! Au revoir !
(bon / **le** *! // au revoir !)*

NOTES (suite)

(4) Quand . . . . .? se dit [. . . . . . shénme shíhou . . . ?] le sujet se place **avant** cet interrogatif, et l'action sur laquelle porte la question se place **après** l'interrogatif.
"Aller en Chine", que nous avons, dans les premiers jours, appris à dire tout simplement : *qù Zhōngguó*, se dit en fait la plupart du temps : *dào Zhōngguó qù*. La préposition *dào* ("vers") **précède le lieu de destination**, et le verbe *qù* ("aller") se place en fin du groupe "localisation". Le **but** peut parfois être exprimé après ; ainsi : "Je vais en Chine **apprendre le chinois**" se dit : *wǒ dào Zhōngguó qù xué zhōngwén* : "Qu'est-ce que tu vas faire là-bas ?" (tu vas là-bas **faire quoi** ?) *nǐ dào nàr qù zuò shénme* ?, etc.

(5) La particule semi-interrogative de fin de phrase *ne* permet de poser une question sans avoir à répéter le verbe employé dans la phrase qui a précédé : *Wǒ bú qù. Nǐ ne* ? ("Je n'y vais pas. Et toi ? ") ; *Wǒ hái méiyǒu jiéhūn. Nǐ ne* ? ("Je ne suis pas encore marié. Et toi ?") ; *Wǒ hái méiyǒu qù mǎi piào ; nǐ ne ?* ("je n'ai pas encore été acheter (mon) billet ; et toi ?). La formule d'insistance[*. . . . shi . . . .de.*] permet de mettre en relief l'élément intercalé entre *shi* et *de* : *Nǐ shi xué shénme de ?* ("Qu'est-ce que tu études, toi ?") ; *tā shi zuótiān lái de* ("c'est hier qu'il est arrivé. ") ; *wǒ shi bù xiǎng qù de* (moi, je n'ai pas envie d'y aller. ")

LIÀNXÍ 练习

他说过没有？
1 — Tā shuō-guo méiyǒu ?
(Interrogation portant sur le passé)

你们有几个孩子？
2 — Nǐmen yǒu jǐ-ge háizi ?

你明天什么时候来？
3 — Nǐ míngtiān shénme shíhou lái ?

他喜欢什么？
4 — Tā xǐhuan shénme ?

Wánchéng jùzi

1 *Où est-ce que vous habitez ?*

Nǐmen zhùzài .... ?

2 *Où habitez-vous ?*

Nǐmen zhùzài ... ?

3 *Je ne peux pas te (le) dire.*

Wǒ bù néng ..... nǐ.

4 *Quel âge a ton fils (maintenant) ?*

Nǐde háizi .. — ... le ?

5 *Quand irez-vous en Chine ?*

Nǐmen shénme shíhou ... Zhōngguó qù ?

EXERCICES

1 Est-ce qu'il l'a (déjà) dit ?
2 Combien d'enfants avez-vous.
[Vous / avez / combien ? / enfants].
3 Demain, quand est-ce que tu viendras ?
[Toi / demain / quand ? / venir].
4 Qu'est-ce qu'il aime ?
[Lui / aime / quoi ?]

Corrigé de l'exercice leçon 34

1 Shénme dìfang. – **2** nǎr. – **3** gàosu. – **4** jǐ-suì. – **5** dào.

Pour demander l'âge d'une personne, on peut utiliser 几岁 ? **jǐ-suì** *? Uniquement lorsqu'il s'agit de jeunes enfants (jusqu'à dix ans environ). Par la suite, il est plus poli d'employer la formule* 多大了 ? **duō dà le** *? Pour les adultes, on peut également faire une approximation "avantageuse", et, par exemple, en face de quelqu'un d'une cinquantaine d'années, demander :* 你四十几 ? **nǐ sì-shí-jǐ** *["tu as quarante (ans) et combien en plus ?"] (voir leçon 20)*

第三十五课

DÌ SĀN-SHÍ-WǓ (35) KÈ

TRENTE-CINQUIEME LEÇON

REVISION ET NOTES

Notes à relire . — 29e leçon : (2), (6), (7) — 30e : (2), (3), (10), — 31e : (2), (5), — 32e : (2), (9) — 33e : (2), (3), (6) — 34e : (1), (2), (4), (5).

1 Les tons. — Jamais nous ne ferons de remarque superflue pour ce qui est de la **prononciation des tons** ! Nous avons rencontré le verbe 买 *mǎi*, "acheter", et son opposé 卖 *mài*, "vendre". Certes il s'agit là d'un cas rare, mais il peut arriver très fréquemment qu' une phrase **mal prononcée**, sans pour autant être alors chargée du sens **complètement opposé** à ce que l'on a voulu dire, soit tout simplement . . . . . .**incompréhensible**, et dénuée de tout sens logique! Alors, exercez-vous à lire souvent à voix haute les leçons, et prononcez **en faisant attention aux tons** les syllabes :
māi, mái, mǎi, mài ; fān, fán, fǎn, fàn ; chī, chí, chǐ, chì; shī, shí, shǐ, shì ; sī , sí, sǐ, sì. (N'oubliez pas qu'après z,c,s, zh,ch,sh et r le "i" est en fait un "e muet", une "non voyelle" ! Prononcez en fait *shi* comme "cheu", et *si* comme "sseu"!)

2 Le complément de degré. — En chinois, un verbe d'action n'est **jamais** directement suivi d'un adjectif qui indique la façon dont l'action est faite, ou le degré atteint par cette action. Il faut **toujours intercaler** la particule grammaticale 得 *de* entre le verbe, et l'adjectif (ou l'élément) qui exprime le **niveau** atteint par l'action. Ainsi : "Il apprend/très vite" se dira 他学得很快。*tā xué de hěn kuài*; "elle ne parle pas bien" se dira 她说得不好。*tā shuō de bù hǎo* ; en mot à mot :

[elle / parle / pas bien] ! ne jamais traduire [elle / ne pas / parler / bien] ! ; "pas bien" est la **façon** dont elle parle ; c'est cette partie de la phrase, en sa totalité, qui constitue le **degré** atteint par le verbe "parler", et le schéma doit donc bien être : [elle / parler / *de* / pas / bien !] Autre exemple, "il écrit très joliment ses idéogrammes" se dira : 他的字写得很漂亮。 *tā de zì xiě de hěn piàoliang,* etc.

3 听说 *Tīng-shuō,* 觉得 *juéde,* 要 *yào.*– Ces verbes, comme certains autres, se construisent **directement** avec le segment de phrase qui, en français, est introduit par un "que" : "j'ai entendu dire (*que*) tu étais chinois", 我听说你是中国人。 *wǒ tīng-shuō nǐ shi zhōngguó-rén* ; "je trouve (*que*) cet endroit n'est pas mal", 我觉得这个地方不错！ *wǒ juéde zhèige dìfang bú-cuò*. Il suffit de ne pas traduire le "que" !

4 都 *Dōu*. – Un adverbe très employé, pour signaler que le sujet est au **pluriel**, ou qu'il s'agit d'un ensemble d'objets (ou d'êtres), dans sa **totalité**. Les noms ne portent pas, en chinois, la marque du pluriel ; il faut donc faire très attention à cet adverbe qui est là pour exprimer ce que nous ne pouvons dire autrement ! Par exemple, comparez les phrases suivantes : 书很贵 *shū hěn guì* et 书都很贵 *shū dōu hěn guì*. Si dans le premier cas, on peut hésiter entre "le livre" et "les livres" (sont très chers), en revanche, dans la seconde phrase, le sens est très clair ! L'adverbe 都 *dōu* indique bien qu'il s'agit du **pluriel**. 我懂 *Wǒ dǒng,* "je comprends" ; 我都懂 *wǒ dōu dǒng* "je comprends tout " ; ici l'adverbe 都 *dōu* indique que le verbe porte sur la totalité du groupe "complément".

5 Retenez bien les expressions idiomatiques suivantes :

很不错！
– *Hěn bú-cuò* : C'est vraiment pas mal !

你说什么？
– *Nǐ shuō shénme* ? : qu'est-ce que tu dis ?

你自己去看吧！
– *Nǐ zìjǐ qù kàn ba !* : Va voir toi-même !

还可以！
– *Hái kěyǐ* ! : ça peut encore aller !

很有意思！
– *Hěn yǒu yìsi* : c'est très intéressant (amusant).

再见！
– *Zàijiàn* ! : Au revoir !

是新开的！
– *Shi xīn kāi de !* : ça vient d'ouvrir !

6 Vous remarquerez que bien souvent le chinois préfère répéter deux fois une expression ; ainsi : 好了！好了！ *Hǎo le ! Hǎo le !* "ça va" ; 再见！再见！ *zàijiàn ! zàijiàn* ! "au revoir" ; 走吧！走吧！ *zǒu ba ! zǒu ba !* "allons-y" !, etc.

7 Ecrivez en chinois (deuxième vague).

1 Désolé ! On dirait qu'il n'y a pas d'eau !
2 Je viens de le dire (à l'instant) (déjà) !
3 Est-ce qu'il est très occupé ces jours-ci ?
4 Le temps passe très vite !
5 Cet endroit est très intéressant.
6 Il commence (dès) demain.
7 Comment va ta (petite) soeur ?

8 Traduction

对不起！好象没有水！
1 *Duìbuqǐ ! Hǎoxiàng méiyǒu shuǐ !*

我刚才已经说了！
2 *Wǒ gāngcái yǐjīng shuō-le !*

他最近忙不忙？
3 *Tā zuìjìn máng-bù-máng ?*

时间过得很快！
4 *Shíjiān guò-de hěn kuài !*

时间过得很快！

这个地方很有意思！
5 *Zhèige dìfang hěn yǒu yìsi.*

他明天就开始。
6 *Tā míngtiān jiù kāishǐ.*

第三十六课
DÌ SĀN-SHÍ-LIÙ (36) KÈ

写信
Xiě-xìn

(马先生在家里写信)
1 – [Mǎ Xiānsheng zài jiāli xiě-xìn :]

FĀYĪN 发音

1 Hsié hsinn.

你的妹妹怎么样？
7 *Nǐde mèimei zěnmeyàng ?*

Nous commençons déjà à manier un certain nombre d'expressions idiomatiques. Ne vous inquiétez pas si vous ne les retenez pas toutes, ou si vous faites des fautes dans les exercices. Encore une fois : il vaut mieux faire mal des exercices, regarder le corrigé puis les refaire, la seconde fois **correctement**, plutôt que de ne pas les faire. Ne cherchez pas à "griller les étapes". Petit à petit l'oiseau fait son nid ! Alors, suivez bien la progression qui vous est proposée, et, donnons-nous rendez-vous . . . . . . dans quelques jours!

TRENTE-SIXIEME LEÇON

Ecrire une lettre

1 — [Monsieur Ma est chez lui, en train d'écrire une lettre :]
(Ma / Monsieur / à / dans-la-maison / écrire-lettre)

NOTES

(1) L'adverbe *zhèngzài* signifie "être en train de . . .". Il sert à exprimer une **action progressive,** qui dure. Il est toujours placé **devant le verbe.** On trouve parfois le synonyme *zài* placé aussi juste devant le verbe : *tā zhèngzài chī-fàn*, ou bien *tā zài chī-fàn* : "il est en train de manger". *Tāmen zhèngzài dǎ-pái* "ils sont en train de jouer aux cartes".

老马！你现在作什么？
2 – Lǎo Mǎ ! Nǐ xiànzài zuò shénme ?

我正在写信！
3 – Wǒ zhèngzài (1) xiě-xìn !

你给谁写信？
4 – Nǐ gěi shéi xiě-xìn ? (2)

一封是给妈妈写的。
5 – Yì-fēng shi gěi māma xiě de . (3)

另一封呢？
6 – Lìng yì-fēng ne ?

另一封是给老板写的！
7 – Lìng yì-fēng shi gěi lǎobǎn xiě de .

哦！…你给老板写信，
8 – Ó ! . . . Nǐ gěi lǎobǎn xiě-xìn,

有什么事儿？
yǒu shénme shìr ?

放假的问题！
9 – Fàngjià de wèntí ! (4)

怎么了？
10 – Zěnme le ? (5)

FĀYĪN 发音

7 laopann. – **9** fang tjia.

2 — Eh ! Ma ! Qu'est-ce que tu fais ?
(Vieux / Ma // toi / maintenant / faire / quoi ?)
3 — Je suis en train d'écrire (des) lettres !
(moi / être en train de / écrire-lettre (s))
4 — A qui écris-tu ?
(toi / pour / qui ? / écrire-lettre)
5 — J'en écris une à ma mère.
(une / (spécificatif) / être / pour / maman / écrite / **de***)*
6 — Et l'autre, alors ?
(autre / une / (spécificatif) / alors ?)
7 — L'autre lettre, c'est pour mon patron !
(autre / une / (spécificatif) / être / pour / mon / patron / écrite / **de***)*
8 — Oh ! . . . . Pour ton patron ! . . . . Mais, de quel problème s'agit-il ?
(oh ! // toi / pour / patron / écrire-lettre / (tu) as / quel ? / problème)
9 — C'est pour le problème des vacances !
(vacances / **de** */ problème)*
10 — Et alors ?
(Comment ? / **le** *)*

NOTES (suite)

(2) "Ecrire à (quelqu'un)" se dit : [pour / quelqu'un / écrire]. C'est *gěi* (la préposition "pour") qui sert à former le groupe "complément", que l'on place toujours **avant le groupe verbal.** Je lui écrirai demain : *wǒ míngtiān gěi tā xiě-xìn* ; est-ce qu'il te l'a écrit ? *tā gěi nǐ xiě-le ma ?* Je ne veux pas lui écrire : *wǒ bú yào gěi tā xiě-xìn*.

(3) Attention au mot "lettre", pour lequel le spécificatif n'est pas *ge* mais *fēng*. On ne dit **JAMAIS** *yí-ge xìn*. On dit : *yì-fēng xìn*. "Deux lettres" : *liǎng-fēng xìn*. On peut sous-entendre le mot "lettre" et dire : *liǎng-fēng* (deux lettres). *Wǒ gěi nǐ xiě-le liǎng-fēng xìn* : "je t'ai écrit deux lettres". Comparez avec : *wǒ gěi nǐ mǎi-le liǎng-běn shū* : "je t'ai acheté deux livres".

(4) Notez une fois encore que l'ordre est à l'inverse de la formulation française. En chinois, le complément du nom le précède : **le déterminant précède toujours le déterminé.** *Mǎ xiānsheng* : Monsieur MA. *Zhōngguó-fàn* : la cuisine chinoise. *Wǒ-àiren de shū* : le livre de ma femme. *Mǎ Xiānsheng de chē* : la voiture de Monsieur MA. *Lǎo Lǐ de xínglǐ* : les valises de Li.

(5) Formule très utile : "qu'est-ce qui se passe ? Qu'est-ce que tu as ? Qu'est-ce qui te prend ? Qu'est-ce qu'il y a ? Et alors ?,. . ." *Nǐ zěnme le* ? (Qu'est-ce que tu as ?) *Tā zěnme le* ? (Qu'est-ce qu'il lui arrive ?)

我想最好早一点儿放假！
11 — Wǒ xiǎng zuìhǎo (6) zǎo-yìdiǎnr (7) fàngjià !

对！这样我们可以早一点儿回来！
12 — Duì ! Zhèyàng wǒmen kěyǐ zǎo-yìdiǎnr huílai !

好！可是我不知道妈妈
13 — Hǎo ! Kěshì wǒ bù zhīdào māma

同意不同意！
tóngyì-bù-tóngyì !

不同意……，也得同意！
14 — Bù tóngyì . . . ., yě děi tóngyì ! (8)

啊呀！…你这个人，真是……！
15 — Aya ! . . . . Nǐ zhèi-ge rén, zhēn shi . . . . ! (9)

FĀYĪN 发音

15 djènn cheu.

Faites bien attention à la numérotation en chinois des pages et des leçons !

---

11 — Je pense que le mieux serait que nous partions en vacances un peu plus tôt !
(je / pense / le mieux (serait que) / tôt-un peu (un peu plus tôt) / prendre vacances)

12 — Oui, c'est vrai ! Comme ça on pourrait rentrer un peu plus tôt !
(exact ! // Ainsi / nous / pouvoir / un peu plus tôt / rentrer)

13 — Bien !. . . . Mais je ne sais pas si maman sera d'accord (ou pas) !
(bien // mais / je / ne pas / savoir / maman / d'accord-pas-d'accord ?)

14 — Si elle n'est pas d'accord . . . ., eh bien, il faudra qu'elle soit d'accord quand même !
(pas / d'accord // aussi (également, de la même façon) / devoir / être d'accord)

15 — Oh la la ! Eh bien, dis donc, toi alors ! (comme tu y vas !)
(oh la la ! // toi / ce / type // vraiment / (tu) es / . . .)

NOTES (suite)

(6) *Zuìhǎo* . . ."le mieux c'est que . . ., le mieux serait que. . ." Il suffit de ne pas traduire le "que" ! *Zuìhǎo nǐ qù* ! (Le mieux serait que tu (y) ailles toi-même !) *Zuìhǎo wǒ yě mǎi* (le mieux serait que j'en achète moi aussi). *Zuìhǎo nǐ gěi tā xiě-xìn* ! (le mieux serait que tu lui écrives une lettre !)

(7) *Zǎo-yìdiǎnr*, placé devant un verbe, signifie "un peu plus tôt" : *nǐ zǎo-yìdiǎnr huílai ba* ! (Reviens un peu plus tôt !) *Nǐ yīnggāi zǎo-yìdiǎnr gàosu wǒ* ! (Tu devrais me prévenir plus tôt / tu aurais dû me prévenir plus tôt !) Souvenez-vous : comme tous les adverbes, il se place **avant le groupe verbal !**

(8) Attention au verbe "devoir" : *děi*. L'idéogramme est le même que celui de la particule *de* du complément de degré. Mais le sens est différent, et la prononciation également. Il existe ainsi une centaine d'idéogrammes chinois qui ont deux lectures différentes, indiquant deux sens différents.

(9) *Aya* ! est une exclamation qui marque l'étonnement, l'effroi ou l'incompréhension. La réplique 15 est une expression populaire couramment employée lorsqu'on ne souhaite pas utiliser de qualificatif trop précis à l'encontre de quelqu'un. "Eh bien, toi alors ! Tu es vraiment . . . . .!" "Comme tu y vas !, . . .

LIÀNXÍ 练习

他正在写信。
1 – Tā zhèngzài xiě-xìn.

这个是给谁买的？
2 – Zhèi-ge shi gěi shéi mǎi de ?

不想去……，你也得去！
3 – Bù xiǎng qù . . . ., nǐ yě děi qù !

你妈妈同意吗？
4 – Nǐ māma tóngyì ma ?

Wánchéng jùzi

1 *Il est en train de manger !*

Tā . . . . chī-fàn ne !

2 *Je ne sais pas s'il pourra (s'il peut) venir.*

Wǒ bù . . . . . . tā néng-bù-néng lái.

3 *(Cette) lettre, est-ce que c'est pour (ton) patron que tu l'as écrite ?*

Xìn, shì-bú-shì . . . lǎobǎn xiě de ?

4 *Il est en train d'écrire (une lettre).*

Tā zhèngzài . . . – . . . .

EXERCICES

1 Il est en train d'écrire (une lettre).
2 Pour qui achètes-tu ça ? (ça / c'est / pour / qui ? / acheté)
3 Tu n'as pas envie d'y aller, . . . eh bien, il faudra que tu y ailles quand même ! (pas / avoir envie de / y aller // toi / quand même / devoir / y aller)
4 Est-ce que ta mère est d'accord ?

Corrigé de l'exercice leçon 36

1 Zhèngzài. – **2** zhīdào. – **3** gěi. – **4** xiě-xìn.

Attention aux spécificatifs, qu'il faut toujours intercaler entre un démonstratif, ou un nombre, et un substantif. Nous avions rencontré 个 **ge**, *qui est le plus courant, mais certains mots n'acceptent pas* 个 **ge**. *Par exemple, "un livre" se dit :* 一本书 **yì-běn shū**. *Aujourd'hui, nous avons vu que "une lettre" se disait :* 一封信 **yì-fēng xìn**. *Un conseil : notez désormais en marge chaque nouveau spécificatif que nous serons amenés à rencontrer. Ainsi, lors de vos révisions et de la "deuxième vague", vous aurez moins de difficultés à vous les remémorer.*

第三十七课

DÌ SĀN-SHÍ-QĪ (37) KÈ

王老师！讲中国话的人多不多？
1 — Wáng Lǎoshī ! Jiǎng zhōngguó-huà de rén (1) duō-bù-duō ?

当然很多了！
2 — Dāngrán hěn duō le !

听说中国快到八億人口了！
3 — Tīngshuō Zhōngguó kuài dào (2) bā-yì rénkǒu le !

不止了吧！快到十亿了！
4 — Bù zhǐ le ba ! (3) Kuài dào shí-yì le !

哦！…大家是不是都说北京话？
5 — Ó ! . . . . Dàjiā shì-bú-shì dōu shuō běijīng-huà ?

这个问题很复杂！
6 — Zhèi-ge wèntí hěn fùzá !

FĀYĪN 发音

3 K'houaye tao pa yi jènn k'how le. - **6** ouènn t'hi r'hènn foudza.

TRENTE-SEPTIEME LEÇON

1 – Professeur Wang ! Est-ce que les gens qui parlent chinois sont nombreux ?
(Wang / professeur // parler / langue-chinoise / **de** */ gens / nombreux-pas-nombreux ?)*

2 – Bien sûr ! Ils sont très nombreux !
(évidemment // très / nombreux / **le** *!)*

3 – J'ai entendu dire que les chinois allaient bientôt être huit cent millions !
(entendre-dire / Chine / bientôt atteindre / huit / centaine de millions / population / **le** *!)*

4 – Mais non ! Bien plus que cela ! Ils vont bientôt atteindre le milliard (d'habitants) !
(**pas** */ seulement /* **le ba** *! // bientôt atteindre / dix / centaines de millions /* **le** *!)*

5 – Oh la la ! . . . . Et, est-ce qu'ils parlent tous le pékinois ?
(oh ! / / tout le monde / est-ce que ? / tous / parler / langue de Pékin)

6 – C'est un problème très compliqué !
(ce / problème / très / complexe)

NOTES

(1) Nous savons qu'en chinois **le déterminant précède le déterminé**, et que c'est la particule de détermination *de* qui est intercalée entre ces deux éléments. Nous avons déjà appris à exprimer de cette façon le **génitif** (*lǎoshī de shū* : "le livre du professeur"). C'est aujourd'hui **la phrase relative** que nous rencontrons ; le schéma est le même : il suffit **d'inverser par rapport au français !** "Le livre que je lis" se dira *wǒ kàn de shū* [moi / lire // *de* / livre] ; "les gens qui vont en Chine" : *dào Zhōngguó qù de rén* [vers / Chine / aller // *de* / gens] ; on place en tête le déterminant, puis la particule *de*, et enfin le nom ainsi déterminé : " les gens qui parlent chinois" *jiǎng zhōngguó-huà de rén.*

(2) *Kuài dào* : ". . . . vont bientôt atteindre . . . ", "vont rapidement approcher de . . .". En général, on trouve en fin de phrase la particule *le*, qui indique qu'il va s'agir d'un nouvel état, d'une **nouvelle situation.**

(3) Formule très courante : "pas seulement !", "bien plus que ça", "pas si peu !" *Zhǐ*, que nous rencontrerons demain également, signifie "uniquement", "seulement".

在西藏是说藏文，是不是？
7 – Zài Xīzàng shi shuō zàng-wén, shì-bú-shì ?

是啊！在内蒙说蒙文！
8 – Shì a ! Zài Nèiměng shuō měng-wén !

还有很多方言。是吧？
9 – Hái yǒu hěn-duō fāngyán. Shì ba ?

对啊！上海说上海话；
10 – Duì a ! Shànghǎi shuō shànghǎi-huà ;

在广州说广东话！
zài Guǎngzhou shuō guǎngdōng-huà ! (4)

那么，懂北京话的人多不多？
11 – Nàme, dǒng běijīng-huà de rén duō-bù-duō ?

现在多了！大家都得学北京话！
12 – Xiànzài duō le ! (5) Dàjiā dōu děi xué běijīng-huà !

7 — Sans doute qu'au Tibet on parle le tibétain ; non ?
(au / Tibet / c'est / parler / langue tibétaine // n'est-ce pas ?)

8 — C'est exact ! Et en Mongolie Intérieure, on parle le mongol !
(oui ! / **a** *! // en / Mongolie Intérieure / parler / langue mongole)*

9 — Et puis il y a aussi beaucoup de dialectes, n'est-ce pas ?
(encore / il y a / très nombreux / dialectes // n'est-ce pas ?)

10 — Absolument ! A Shanghaï, on parle le shanghaïen, et à Canton, on parle le cantonais !
(exact / **a** *! // Shanghaï / parler / langue shanghaïenne // à / Canton / parler / langue [de la province du] Guangdong)*

11 — Mais alors, est-ce qu'il y a beaucoup de gens qui comprennent le pékinois ?
(alors ! // comprendre / langue pékinoise / **de** */ gens / nombreux-pas-nombreux ?)*

12 — Maintenant, ils sont très nombreux ! Tout le monde doit étudier le pékinois désormais !
(maintenant / nombreux / **le** *! // tout le monde / tous / doit / apprendre / langue de Pékin)*

NOTES (suite)

(4) Ne pas confondre la grande province méridionale du *Guǎngdōng*, et sa "capitale", qui est la ville de *Guǎngzhōu*, appelée en français Canton.
Le dialecte cantonais se transcrit comme le pékinois, au moyen des **idéogrammes**, mais la prononciation est **totalement différente.**

(5) La particule modale de fin de phrase *le* indique un nouvel état, une nouvelle situation : "maintenant, ils sont très nombreux" ; sous-entendu, autrefois ils étaient peu nombreux. *Wǒ bù xué zhōngwén le* (je n'étudie plus le chinois) ; *tā bú zhùzài zhèr le* (il n'habite plus ici).

可是有人还说得不好！
13 – Kěshì yǒu rén hái shuō de bù hǎo ! (6)

是啊！有人懂，可是不会说！
14 – Shì a ! Yǒu rén dǒng, kěshì bú huì shuō!

比方说你吧！
Bǐfāngshuō nǐ ba !

不！我说得不好，
15 – Bù ! Wǒ shuō de bù hǎo,

可是我还能说几句呢！
kěshì wǒ hái néng shuō jǐ jù ne ! (7)

FĀYĪN 发音

15 r'haye neng shouo tji tju ne .

Il arrive de rencontrer dans certaines phrases deux sujets juxtaposés, le plus souvent l'un venant préciser la situation géographique du second. Par exemple : **中国，地方大！ Zhōngguó, dìfang dà** *! "La Chine, c'est un grand pays", mot à mot : [Chine / l'endroit / est grand].*

---

13 – Mais il y a des gens qui le parlent encore mal ! *(mais / il y a / gens / encore / parler /* **de** */* pas bien)

14 – C'est vrai ! Il y a des gens qui le comprennent, mais qui ne savent pas le parler. Comme toi par exemple !
(exact ! // il y a / gens / comprendre // mais / ne pas / savoir / parler // par exemple / toi / **ba** *!)*

15 – C'est faux ! Je ne le parle pas bien, mais au moins je sais quand même dire quelques mots !
(non ! // moi / parler / **de** */ pas bien // mais / moi / encore (quand même) / pouvoir / parler / quelques / phrases /* **ne** *!)*

NOTES (suite)

(6) N'oubliez pas que le complément "de manière", qui suit le verbe, doit être précédé de la particule *de*. "Il parle très vite" : *tā shuō de hěn kuài* ; "elle mange trop" : *tā chī de tài duō*. "Il écrit très bien" : *tā xiě de hěn hǎo*.

(7) *Néng* signifie "pouvoir", avoir la capacité, la possibilité, la permission de faire quelque chose. *Nǐ néng-bù-néng lái* ? (est-ce que tu peux venir ?) *Tā bìng le, bù néng lái* (il est malade, il ne peut pas venir). Comparez avec : *huì* (savoir) *wǒ bú huì kāi-chē* (je ne sais pas conduire) ; *wǒ bú huì shuō hànyǔ* (je ne sais pas parler chinois) ; *néng* est proche de *kěyǐ : zhèr kěyǐ chī-fàn ma* ? (est-ce qu'on peut manger ici?) *Wǒ kěyǐ qù. Nǐ ne* ? (Je peux y aller ; et toi ?) *Huì* indique une capacité, acquise après étude, ou apprentissage. *Néng* indique une capacité, une possibilité, ou la permission, l'autorisation que l'on a de faire quelque chose. *Kěyǐ* indique également une possibilité, une aptitude.

Attention à toujours placer l'adverbe **avant** *le groupe verbal :* 还有人 **! hái yǒu rén** *! (il y a encore du monde / il y a encore des gens), mot à mot :* [*encore / il y a / des gens*].

LIÀNXÍ 练习

去的人多不多？
1 – Qù de rén duō-bù-duō ?

吃饭的人多不多？
2 – Chī-fàn de rén duō-bù-duō ?

说话的人是谁？
3 – Shuō-huà de rén shi shéi ?

看书的人是我的朋友。
4 – Kàn-shū de rén shi wǒde péngyou.

Wánchéng jùzi

1 *Qui est la personne qui conduit (la voiture) ?*

Kāi-chē . . . . . shi shéi ?

2 *La personne qui fait la cuisine, c'est mon professeur !*

Zuò fàn . . rén shi wǒde lǎoshī !

3 *Les gens qui vont en Chine sont nombreux (maintenant) !*

Dào Zhōngguó qù de . . . xiànzài duō . . !

4 *Les gens qui vont à Pékin doivent (tous) (savoir) parler le pékinois.*

Dào Běijīng qù . . . . . dōu děi . . . . běijīng-huà.

EXERCICES

1 Est-ce que les gens qui (y) vont sont nombreux ?
2 Est-ce que les gens qui mangent sont nombreux ?
3 Qui est celui (la personne) qui parle ? [la personne qui parle / est / qui ?]
4 Celui (la personne) qui lit (le livre) est mon ami.

Corrigé de l'exercice leçon 37

1 De rén. — **2** de. — **3** rén — le. — **4** de rén — shuō.

Dans cette leçon, le point important est bien sûr l'expression du **relatif.** *Souvenez-vous qu'il suffit* **d'inverser par rapport à la formulation française,** *en intercalant la particule* **的 de** *entre l'élément déterminant et le déterminé. Ainsi : "les gens qui apprennent le chinois. . ."*
学中国话的人… Xué zhōngguó-huà de rén ..... ;
"les gens qui arrivent ....." **来的人… lái de rén .....**

Nous aurons l'occasion de revenir sur ce schéma. Contentez-vous pour l'instant de lire plusieurs fois à haute voix le texte, et de faire les exercices. L'habitude fera le reste !

第三十八课

DÌ SĀN-SHÍ-BĀ (38) KÈ

在飞机场
Zài fēijīchǎng

来了！来了！你看！就是他！

1 – Lái le ! Lái le ! Nǐ kàn ! Jiù shi tā ! (1)

你好！王大夫！

2 – Nǐ hǎo ! Wáng Dàifu !

我非常高兴认识你！

Wǒ fēicháng gāoxìng rènshi nǐ !

我也很高兴！这位是李教授！

3 – Wǒ yě hěn gāoxìng ! Zhèi-wèi shi Lǐ Jiàoshòu ! (2)

好！我来介绍一下！

4 – Hǎo ! Wǒ lái jièshao yí-xià ! (3)

这位是我爱人！

Zhèi-wèi shi wǒ-àiren !

你好！…请原谅！我的法文不好！

5 – Nǐ hǎo ! . . . . Qǐng yuánliàng ! Wǒde fǎwén bù hǎo !

FĀYĪN 发音

2 Ouang taye fou. – 4 tjiéchao yi hsia.

TRENTE-HUITIEME LEÇON

A l'aéroport

1 – Le voilà ! Il arrive ! Regarde ! C'est (bien) lui !
(arrive / **le** *! // arrive /* **le** *! // toi / regarde ! // justement / c'est lui)*

2 – Bonjour, Docteur Wang ! Je suis très content de faire votre connaissance !
(bonjour / Wang / Docteur // moi / très / content/ connaître / vous)

3 – Moi aussi, je suis très content. Voici le Professeur Li !
(moi / également / très / content / / cette-personne / c'est / Li / Professeur)

4 – Bon ! Je vais faire les présentations ! ! Voici mon épouse !
(bien ! // moi / venir / présenter / un peu // cette-personne / c'est / ma / femme)

5 – Bonjour ! . . . . Je vous prie de me pardonner, mon français n'est pas très bon !
(bien ! // prière de / excuser // mon / langue française / pas / bon)

NOTES

(1) *Lái le* ! ("Il arrive ! Le voilà ! ")Le sujet "il"(*tā*) est ici sous-entendu. La particule modale de fin de phrase *le* indique le nouvel état, la nouveauté, la surprise.

(2) *Wèi* est un spécificatif "de politesse", utilisé à la place de *ge*, pour les personnes. Le nom de famille **précède toujours** le titre. *Lǐ jiàoshòu*, le Professeur Li ; *Wáng dàifu* le Docteur Wang ; *Mǎ xiānsheng*, Monsieur Ma. Ne pas confondre *lǎoshī* (professeur / enseignant / instituteur) avec *jiàoshòu*, qui correspond plutôt au titre de Professeur d'Université, Maître de conférences, etc.

(3) *Lái* ("venir") est utilisé souvent dans des tournures familières pour montrer que l'on va **débuter** une action. ("Je **vais** faire les présentations"). *Yí-xià* se place après leverbe et signifie "un peu".

没关系！我们说英文吧！

6 – Méi guānxi ! (4) Wǒmen shuō yīngwén ba!

我英文也不行！我只会讲中文！

7 – Wǒ yīngwén yě bù xíng ! Wǒ zhǐ (5) huì jiǎng zhōngwén !

好！那就请王大夫翻译吧！

8 – Hǎo ! Nà jiù qǐng Wáng Dàifu fānyì ba !

如果说得慢一点儿，就可以！

9 – Rúguǒ shuō de màn yìdiǎnr jiù kěyǐ !

好！你这是第一次到中国来吗？

10 – Hǎo ! Nǐ zhèi shi dì yí-cì dào Zhōngguó lái ma ?

我一九五零年来过一次！

11 – Wǒ yī-jiǔ-wǔ-líng nián lái-guo yí-cì! (6)

FĀYĪN 发音

11 laye kouo yi tss'heu.

6 – Ça ne fait rien, nous n'avons qu'à parler en anglais !
(ça ne fait rien // nous / parler / langue anglaise/ allez !)

7 – Non ! Mon anglais n'est pas bon non plus ! Je ne parle que le chinois !
(moi / langue anglaise / également / pas / aller // moi / uniquement / savoir / parler / chinois)

8 – Eh bien alors, on va demander au Docteur Wang de faire l'interprète !
(bien ! // alors / donc / prier / Wang / Docteur / traduire / allez !)

9 – Si vous ne parlez pas trop vite, alors je veux bien!
(si / parler / **de** */ lentement / un peu (plus) / alors / possible)*

10 – D'accord ! Est-ce que c'est la première fois que vous venez en Chine ?
(bien ! // vous / ça / c'est / "numéro" / un / fois / vers / Chine / venir / est-ce que ?)

11 – Non ! Je suis déjà venu une fois en 1950.
(moi / un-neuf-cinq-zéro-année / venu - **guo** */ une fois)*

NOTES (suite)

(4) Expression très utile : "ça ne fait rien !, ce n'est pas grave !, tant pis !, . . ."

(5) Attention à ". . . non plus", qui se traduit en chinois ". . . également / ne pas . . ." L'adverbe *yě* se place toujours avant le verbe : *wǒ yě méiyǒu* (je n'en ai pas non plus) ; *wǒ yě bú qù* (je n'y vais pas non plus) ; *wǒ yě bù xǐhuan* (je n'aime pas ça non plus).
Zhǐ signifie "uniquement" et se place **avant le verbe** : *wǒ zhǐ chī ròu* (je ne mange que de la viande) ; *tā zhǐ lái-le liǎng tiān* (il n'est venu que deux jours seulement) ; *tāmen zhǐ huì shuō guǎngdōng-huà* (ils ne parlent que le cantonais).

(6) Le suffixe verbal *-guo* indique une action qui a déjà eu lieu, ponctuellement, dans le passé. On le traduit en général par "déjà" et le **passé composé**. *Nǐ chī-guo meiyǒu ?* [est-ce que tu as (déjà) mangé ?] ; *tā qù-guo ma ?* [est-ce qu'il y a déjà été ?] ; *nǐ jiàn-guo tā ma ?* [est-ce que tu l'as déjà vu ?]
Pour les années, on se contente, en chinois, d'énumérer les chiffres qui composent l'année, en les faisant suivre du mot *nián* ("année"). *Yī-jiǔ-bā-èr-nián* : "en 1982" ; *yī-jiǔ-liù-liù-nián* : "l'année 1966".
Pour "zéro" (*líng*) il existe un idéogramme, qui est parfois remplacé par le chiffre arabe "zéro" (un petit cercle), mais légèrement plus grand que le zéro français (voir leçon 39).

那，你对中国的情况很熟悉啦！

12 – Nà, nǐ duì Zhōngguó de qíngkuàng hěn shúxi la !

不见得！……这机场真不小啊！

13 – Bú jiàndé ! (7) . . . . Zhèi jīchǎng zhēn bù xiǎo a !

是啊！……

14 – Shì a ! . . . . .

……我们到旅馆去吧！

15 – . . . . . Wǒmen dào lǚguǎn qù ba !

我有点儿累了！

Wǒ yǒudiǎnr lèi le ! (8)

好的！请司机带我们到旅馆去吧！

16 – Hǎo de ! Qǐng sījī dài wǒmen dào lǚguǎn qù ba !

FĀYĪN 发音

13 pou tjiènn te. – **16** tshing sseutji taye ouomenn tao lukouann tshu pa.

LIÀNXÍ 练习

明天也不行！

1 – Míngtiān yě bù xíng !

12 – Mais alors, vous connaissez très bien la situation chinoise !
(donc / vous / envers / Chine / **de** */ situation / très / familier / alors !)*

13 – Ce n'est pas si sûr ! . . . . Oh la la ! Comme cet aéroport est grand !
(pas / sûr // cet / aéroport / vraiment / pas / petit / oh !)

14 – C'est vrai !

15 – . . . . . . .Si nous allions maintenant à l'hôtel ! Je suis passablement fatigué !
(nous / vers / hôtel / aller / allez ! // moi / (avoir) un peu / fatigué / **le** *!)*

16 – D'accord ! Nous allons demander (maintenant) au chauffeur de nous conduire à l'hôtel !
(bien ! // demander à / chauffeur / emmener / nous / vers / hôtel / aller / allez!)

NOTES (suite)

(7) Expression toujours utilisée à la négative : "pas sûr ! ce n'est pas certain ! pas forcément". Synonyme : *bù yídìng.*

(8) Pour les adjectifs verbaux ("verbes de qualité"), "être un peu. . . .", ou "avoir un peu. . . ." s'exprime au moyen de *yǒudiǎnr*, placé immédiatement **avant le verbe de qualité.** *Wǒ yǒudiǎnr lèi*, je (suis) un peu fatigué ; *jīntiān yǒudiǎnr lěng*, aujourd'hui (il fait) un peu froid ; *zhèr yǒudiǎnr guì*, ici (c'est) un peu cher.

EXERCICES

1 Demain ce n'est pas possible non plus. (Demain, ça ne va pas non plus)

他只会说广东话。
2 – Tā zhǐ huì shuō guǎngdōng-huà.

请他来当翻译吧！
3 – Qǐng tā lái dāng fānyì ba !

你能不能介绍一下？
4 – Nǐ néng-bù-néng jièshao yí-xià ?

Wánchéng jùzi

1 *Moi aussi je suis très heureux de faire votre connaissance !*

Wǒ yě hěn gāoxìng ...... nǐ !

2 *On dirait que tu es un peu fatigué !*

Nǐ hǎoxiàng .... lèi !

3 *Pourriez-vous s'il vous plaît nous (y) emmener ?*

.... nǐ dài wǒmen qù !

4 *Est-ce que tu peux nous (y) emmener ?*

Nǐ néng-bù-néng ... wǒmen qù ?

5 *Si ce monsieur sait (peut) parler le français, alors ça ira (alors ça suffit).*

Zhèi- ... xiānsheng huì shuō ..... , jiù .... le !

2 Il ne parle (il ne sait parler) que le cantonais.
3 Demandez-lui (priez-le) de bien vouloir venir faire l'interprète !
4 Est-ce que tu peux (pourrais-tu) faire les présentations ?

Corrigé de l'exercice leçon 38

1 Rènshi. – **2** yǒudiǎnr. – **3** qǐng. – **4** dài. – **5** wèi . – fǎwén – xǐng.

Un des points importants de la leçon d'aujourd'hui est l'adverbe 只 **zhǐ.** *Il indique une restriction ("uniquement", "seulement")*,*"qui porte ici sur le* **complément du verbe.** 我只会英文 **Wǒ zhǐ huì yīngwén** *: "je* **ne** *sais (parler)* **que** *l'anglais". Lorsque la restriction porte sur la* **date**, *sur le moment pendant lequel se déroule l'action, on traduit alors en chinois par un adverbe spécifique.*
"Je ne viendrai que demain" se dit : 我明天才来。
wǒ míngtiān cái lái.

第三十九课

DÌ SĀN-SHÍ-JIǓ (39) KÈ

打电话
Dǎ diànhuà

喂！喂！你是“三三九〇一三”吗？
1 — Wèi ! Wèi ! Nǐ shi "sān-sān jiǔ-líng-yāo-sān" ma ? **(1)**

是！你找谁？
2 — Shì ! Nǐ zhǎo shéi ? **(2)**

找王同志！
3 — Zhǎo Wáng Tóngzhì !

好！请你等一下！我去叫他！
4 — Hǎo ! Qǐng nǐ děng yí-xià ! Wǒ qù jiào tā !

………喂！
5 — . . . . Wèi !

喂！王同志！你好！我是李明！
6 — Wèi ! Wáng Tóngzhì ! Nǐ hǎo ! Wǒ shi Lǐ Míng !

哦！你好！好久不见了！
7 — Ò ! Nǐ hǎo ! Hǎo jiǔ bú jiàn le ! **(3)**

FĀYĪN 发音

Ta tiènn r'houa. — **3** t'hong djeu.

TRENTE-NEUVIEME LEÇON

Donner un coup de téléphone

1 – Allo ! Allo ! Vous êtes bien le 33 90 13 ?
(allo ! // allo ! // vous / être / 3-3-9-0-1-3- / est-ce que ?)

2 – Oui ! Qui demandez-vous ?
(oui ! // vous / cherchez / qui ?)

3 – Je voudrais parler au camarade Wang !
(cherche / Wang / camarade)

4 – Bon, attendez un instant ! Je vais l'appeler !
(bien // prière / vous / attendre / un peu // moi / aller / appeler / lui)

5 – Allo !

6 – Allo ! Camarade Wang ! Bonjour ! Je suis Li Ming !

7 – Oh ! Bonjour ! ça fait longtemps qu'on ne s'est pas vu !
(oh ! // bonjour ! // bien-longtemps / pas / vu / **le** *!)*

NOTES

(1) Les numéros de téléphone, comme les années, s'expriment en juxtaposant les chiffres, sans dépasser les unités. Le 333 12 34 se dira "trois-trois-trois un-deux trois-quatre". Au téléphone, on a pris l'habitude de prononcer le chiffre "un", non pas *yī*, mais *yāo*. Et ce, pour ne pas risquer les confusions entre "un" (*yī*) et "sept" (*qī*).

(2) Attention à l'ordre des mots ! "Qui demandez-vous ? Qui cherchez-vous ? " se dit en fait [vous / cherchez / qui ?]. Ne pas confondre avec la formulation *shéi zhǎo nǐ* ?. [qui vous cherche ?]

(3) Expression toute faite : "ça fait longtemps qu'on ne s'est pas vu !" Ici *hǎo* est synonyme de *hěn*. Comme en français "ça fait **bien** longtemps que. . . ." Notez également : *tā hǎo jiǔ méiyǒu lái*. [cela fait bien longtemps qu'il n'est pas venu]. *Wǒ hěn jiù méiyǒu qù*, [cela fait très longtemps que je n'y suis pas allé].

对！…我有几个问题要跟你谈！

8 – Duì ! . . . Wǒ yǒu jǐ-ge wèntí yào gēn nǐ tán !

好的！你什么时候有空？

9 – Hǎo de ! Nǐ shénme shíhou yǒu kòng ?

我明天中午没有事儿！

10 – Wǒ míngtiān zhōngwu méiyǒu shìr ! (4)

那…你到我家来吃便饭吧！

11 – Nà . . . nǐ dào wǒ jiā lái chī biànfàn ba !

不！不用麻烦了！

12 – Bù ! Bú yòng máfan le ! (5)

不麻烦！不麻烦！…

13 – Bù máfan ! Bù máfan !

…有什么吃什么！

. . . Yǒu shénme chī shénme ! (6)

好的！

14 – Hǎo de !

你什么时候有空？

8 – C'est exact ! . . . J'aimerais bien discuter de plusieurs problèmes avec toi !
(exact ! // moi / avoir / plusieurs / problèmes / vouloir / avec / toi / discuter)

9 – D'accord ! Quand es-tu libre ?
*(bien / **de** // toi / quand ? / avoir / moment libre)*

10 – Demain midi, je n'ai rien (je suis libre) !
(moi / demain / midi / ne pas avoir / affaires)

11 – Eh bien . . . . tu n'as qu'à venir à la maison, on mangera (ensemble) !
(eh bien // toi / vers / ma / maison / venir / manger / nourriture simple / allez !)

12 – Non ! Ce n'est pas la peine ! Je ne voudrais pas te déranger !
(non ! // pas utile (de) / importuner)

13 – Mais non ! ça ne me dérange pas du tout ! On mangera à la bonne franquette (on mangera ce qu'on trouvera)!
(pas / déranger // pas / déranger // il y a / quoi manger / quoi)

14 – Bon ! C'est d'accord !

NOTES (suite)

(4) Demain midi : *míngtiān zhōngwu*. Matin : *shàngwu* ; après-midi *: xiàwu* . Hier après-midi :*zuótiān xiàwu* ; ce matin : *jīntiān shàngwu.* [aujourd'hui/matin].

(5) *Bú yòng* ! Ce n'est la peine (de) ! *Bú yòng qù*, ce n'est pas la peine d'y aller. *Bú yòng shuō*, ce n'est pas la peine de le dire !, etc.

(6) *Máfan* : gêner, embêter, ennuyer, déranger. Notez les expressions idiomatiques suivantes : *máfan nǐ le* ! (je vous dérange, non ?) *Hěn máfan* (c'est vraiment très gênant.) *Tā hěn máfan* (il est exaspérant, il est très ennuyeux). *Máfan-bù máfan* ? (est-ce que ça vous gêne ?) *Zhèi-ge rén hěn máfan* (ce type est vraiment très ennuyeux).

你爱吃饺子吗？明天给你包饺子！
15 – Nǐ ài chī jiǎozi ma ? Míngtiān gěi nǐ bāo jiǎozi ! (7)

好极了！
16 – Hǎo-jíle !

FĀYĪN 发音

15 ni aye tch'heu tjiaodzeu ma. – 16 r'hao tjile.

LIÀNXÍ 练习

请你说吧！
1 – Qǐng nǐ shuō ba !

这个人很麻烦！
2 – Zhèi-ge rén hěn máfan !

你有空吗？
3 – Nǐ yǒu kòng ma ?

你爱吃饺子吗？
4 – Nǐ ài chī jiǎozi ma ?

Wánchéng jùzi

1 *Cela fait longtemps qu'on ne s'est pas vu !*

Wǒmen hǎo . . . bú jiàn le !

15 — Est-ce que tu aimes les raviolis ? Demain, je t'en ferai !
(toi / aimer / manger / raviolis-chinois / est-ce que ? // demain / pour / toi / envelopper (faire) / raviolis)

16 — Oh ! C'est formidable !
(bien / extrêmement !)

NOTES (suite)

(7) Parfois, pour certains mets, on emploie le verbe *ài* dans le sens de "aimer", à la place de *xǐhuan.* Les *jiǎozi* sont des raviolis, le plus souvent cuits à la vapeur *(zhēng jiǎozi),* que parfois l'on grille *(jiān jiǎozi)* à la poêle. "Préparer" les raviolis se dit *bāo jiǎozi* ("envelopper"). C'est un plat très apprécié en Chine.

EXERCICES

1 Eh bien, vas-y ! Parle donc ! (Je te prie de bien vouloir parler !)
2 Cette personne est très ennuyeuse.
3 Est-ce que tu es libre ? (As-tu un moment de libre ?)
4 Est-ce que tu aimes manger des raviolis (chinois) ?

Corrigé de l'exercice leçon 39

1 Jiǔ.

2 *J'irai chez toi demain ; d'accord ?*

Wǒ . . . . dào nǐ nàr qù, hǎo-bù-hǎo ?

3 *Demain j'irai chez toi ; d'accord ?*

Wǒ míngtiān . . . nǐ jiāli qù ; hǎo-bù-haǒ ?

4 *Tout le monde mangera des raviolis ; d'accord ?*

Dàjiā dōu . . . jiǎozi, hǎo— . . — hǎo ?

5 *Est-ce que tu a un moment de libre demain ?*

Nǐ míngtiān . . . kòng ma ?

6 *Qui cherches-tu ?*

Nǐ zhǎo . . . . ?

第四十课
DÌ SÌ-SHÍ (40) KÈ

参观
Cānguān

今天我们参观这个研究所。

1 — Jīntiān wǒmen cānguān zhèi-ge yánjiū-suǒ.

我有几个问题想问一下！

2 — Wǒ yǒu jǐ-ge wènti xiǎng wèn yí-xià !

FĀYĪN 发音

Tss'hann kouann. — **1** yènn tjio ssouo.

我非常高兴认识你！

Corrigé de l'exercice leçon 39

2 míngtiān. — **3** dào. — **4** chī — bù. — **5** yǒu. — **6** shéi.

QUARANTIEME LEÇON

Une visite

1 — Aujourd'hui nous visitons ce Centre de Recherches.
(aujourd'hui / nous / visitons / ce (spécificatif)/ recherches / centre)

2 — Je souhaiterais poser quelques questions !
(moi / avoir / quelques / (spécificatif) / questions / avoir envie de / questionner / un peu)

好！可以！你就问吧！

3 – Hǎo ! Kěyǐ ! Nǐ jiù wèn ba !

这个研究所是哪年成立的？

4 – Zhèi-ge yánjiū-suǒ shi něi nián (1) chénglì de ?

是一九五八年成立的！

5 – Shi yī-jiǔ-wǔ-bā nián chénglì de !

你们这儿主要是作什么的？

6 – Nǐmen zhèr zhǔyào shi zuò shénme de ?

主要是搞电子计算机。

7 – Zhǔyào shi gǎo diànzǐ-jìsuànjī. (2)

哦！……作研究工作吗？

8 – Ó ! . . . . . Zuò yánjiū gōngzuò ma ?

对！我们这儿只搞研究！

9 – Duì ! Wǒmen zhèr zhǐ gǎo yánjiū !

不搞生产！

Bù gǎo shēngchǎn !

生产由哪个单位来负责？

10 – Shēngchǎn yóu něi-ge dānwèi lái fùzé ? (3)

FAYIN 发音

4 tch'heng lite. – **6** djouyao sheu dzouo shemme. – **7** kao tiènndzeu tjissouanntji. – **9** sheng tch'hann. – **10** foudze.

3 — C'est bon ! Vas-y ! Pose tes questions !
(bien ! // possible ! // toi / alors / questionner / allez !)

4 — En quelle année a été fondé ce Centre ?
(ce / (spécificatif) / centre de recherches / est / quelle ? / année / fondé / **de***)*

5 — Il a été fondé en 1958 !
(c'est / 1 - 9 - 5 - 8 - année / fondé / **de***)*

6 — Et quelle est votre principale activité, ici ?
(vous / ici / principalement / c'est / faire / quoi ? / **de***)*

7 — Nous nous occupons principalement (surtout) de calculatrices électroniques (d'informatique).
(principalement / c'est / faire / électroniques / calculatrices)

8 — Oh ! . . . Et, ce que vous faites, c'est de la recherche ?
(oh ! // faire / recherche / travail / est-ce que ?)

9 — Oui ! Ici, nous ne faisons que de la recherche. On ne s'occupe pas de la production.
(exact ! // nous / ici / uniquement / faire / recherche // ne pas / faire / production)

10 — (Et pour ce qui est de la) production alors, quel est l'organisme qui en est chargé ?
(production / pris en charge par / quel ? / (spécificatif) / organisme / (venir) / (s'en) occuper)

NOTES

(1) "Quel . . .?" se prononce *nǎ* ou *něi*. "En quelle année ?" : *něi nián* ? Dans cette phrase, nous retrouvons la formule d'insistance en *shi. . . . de*, la particule *de* se plaçant alors toujours **en fin de phrase.**

(2) *Gǎo* est un synonyme de *zuò*, "faire", mais plus populaire, parfois aussi à la limite du vulgaire. Ainsi, apprenez à distinguer : *nǐ zuò shénme ?* ("que fais-tu ? ") ; *nǐ gǎo shénme ?* (qu'est-ce que fabriques ? Qu'est-ce que tu bricoles ?) *Diànzǐ* signifie "électronique". *Jìsuànjī* est le mot "calculatrice". La combinaison des deux termes désigne les **ordinateurs.**

(3) Attention à ne pas confondre *yǒu* (le verbe "avoir") et *yóu* ("de la part de" / "pris en charge par" / "par"). *Yóu* sert à introduire l'agent, la personne ou l'organisme responsable. *Yóu nǐ lái juédìng* ! (C'est toi qui prendras la décision !) *Yóu shéi lái fùzé* ? (Qui en est le responsable ?)

由"上无三厂"！
11 – Yóu "Shàng-Wú-Sān-Chǎng"！

"上无三厂"，什么意思？
12 – "Shàng-Wú-Sān-Chǎng", shénme yìsi ? (4)

"上"是上海！"无"是无线电！
13 – "Shàng" shi Shànghǎi ! " Wú" shi wúxiàndiàn !

懂了！懂了！"三厂"的意思是
14 – Dǒng le ! Dǒng le ! "Sān-Chǎng" de yìsi shi

"第三个工厂"！
"dì sān-ge gōngchǎng" !

对！完全对！好了！
15 – Duì ! Wánquán duì ! Hǎo le !

现在我们去参观吧！
Xiànzài wǒmen qù cānguān ba !

FĀYĪN 发音

12 shemme yisseu. – 13 oussiènntiènn.

LIÀNXÍ 练习

明天我们去参观什么？
1 – Míngtiān wǒmen qù cānguān shénme ?

这个字是什么意思？
2 – Zhèi-ge zì shi shénme yìsi ?

他搞什么工作？
3 – Tā gǎo shénme gōngzuò ?

11 – Pour la production, c'est l'U.T.R.S.
(pris en charge par / Shang (haï) / T. (S.F.) / Trois / Usine)

12 – Qu'est-ce que ça veut dire, l'U.T.R.S. ?
(Shang (haï) / **sans** */ trois / usine // quelle ? signification)*

13 – "S", c'est Shanghaï. "T", c'est "T.S.F."
("Shang" / c'est / **Shang***haï // "sans" / c'est* **sans***-fil-télégraphie)*

14 – Ah ! Ça y est ! J'ai compris ! "U.T.", ça veut dire "**U**sine numéro **T**rois" !
"compris / **le** *! // compris /* **le** *! //,"trois-usine"/* **de** */ signification / c'est / numéro / trois / (spécificatif) / usine)*

15 – Exact ! Tu as entièrement raison ! Bon, allez ! Maintenant, on va faire la visite !
(exact ! // absolument / exact // bien / **le** *! // maintenant / nous / aller / visiter / allez !)*

NOTES (suite)

(4) Les chinois sont friands des sigles et abréviations. Nous avions vu *Běidà*, "Université de Pékin", abréviation de *Běijīng Dàxué*. On pourra rencontrer *Rén-Dà*, abréviation de *Rénmín Dàibiǎo Dàhuì* : Assemblée Nationale Populaire.
Shénme yìsi ? , **ou** *shi shénme yìsi* ? : "Qu'est-ce que ça signifie ?", "Que veut dire .....?". Attention à la prononciation de *yìsi* : "yisseu".

EXERCICES

1 Demain, qu'est-ce que nous allons visiter ?
2 Cet idéogramme, qu'est-ce qu'il signifie ?
3 Qu'est-ce qu'il fait comme travail ?

我现在都懂了！

4 — Wǒ xiànzài dōu dǒng le !

Wánchéng jùzi

1 *Est-ce que je peux poser quelques questions ?*

Wǒ kěyǐ-bù-kěyǐ ... jǐ-ge wèntí ?

2 *De quoi es-tu chargé (responsable) principalement ?*

Nǐ zhǔyào fùzé ...... ?

3 *Ici, nous ne faisons pas de recherche.*

Zhèr, wǒmen bù gǎo ......

4 *Ce que tu dis est entièrement juste (tu as tout à fait raison)!*

Nǐ shuō .. wánquán duì !

第四十一课
DÌ SÌ-SHÍ-YĪ (41) KÈ

来晚了
Lái-wǎn le

快一点儿！已经开演了！

1 — Kuài yìdiǎnr ! Yǐjīng kāi-yǎn le !

FĀYĪN 发音

1 Yitjing k'haye yènn le.

4 Máintenant, je comprends tout !

Corrigé de l'exercice leçon 40

1 Wèn. – **2** shénme. – **3** yánjiū. – **4** de.

我们这儿只搞研究!

Ne vous préoccupez pas outre mesure du vocabulaire de seconde importance présenté dans certains dialogues. L'important est de retenir les tournures les plus usitées à force de les rencontrer dans les leçons, jour après jour. N'hésitez pas à reprendre les leçons précédentes ; mais surtout, tâchez de garder le rythme quotidien de travail. Votre succès en dépend.

QUARANTE ET UNIEME LEÇON

Arrivés en retard

1 – Dépêche-toi ! (La représentation est)déjà commencée !
(vite / un peu plus // déjà / commencé-représentation / **le** *!)*

好！买两张票！你先进去吧！

2 — Hǎo ! Mǎi liǎng-zhāng piào ! (1) Nǐ xiān jìn-qù ba !

我们是第几排？

3 — Wǒmen shi dì jǐ pái ? (2)

第五排！很近！

4 — Dì wǔ pái ! Hěn jìn !

那好！这样就听得很清楚！

5 — Nà hǎo ! Zhèyàng jiù tīng de hěn qīngchu !

今天演什么戏？

6 — Jīntiān yǎn shénme xì ?

今天是话剧，“茶馆”！

7 — Jīntiān shi huàjù, “Cháguǎr” ! (3)

作者是谁？你知道吗？

8 — Zuòzhě shi shéi ? Nǐ zhīdào ma ?

作者是老舍！

9 — Zuòzhě shi Lǎo Shě !

他还在吗？

10 — Tā hái zài ma ?

FĀYĪN 发音

2 liang djang p'hiao. — **3** ti tji p'haye. — **7** r'houa tju — tch'ha koua'eurr.

2 — Bon ! Je vais acheter deux billets ! Toi, rentre d'abord !
(bien ! // acheter / deux / (spécificatifs) / billets // toi / tout d'abord / entrer-aller / allez !)
3 — A quel rang sommes-nous ?
(nous / sommes / numéro / combien ? / rangée)
4 — Nous sommes au cinquième rang ! C'est très près !
(numéro / cinq / rangée // très près)
5 — C'est parfait ! Comme ça, on pourra entendre parfaitement !
(eh bien / bon ! // ainsi / donc / entendre / **de***/ très / clairement)*
6 — Quelle pièce joue-t-on aujourd'hui ?
(aujourd'hui / représenter / quelle ? / pièce)
7 — Aujourd'hui c'est une pièce de théâtre moderne. Ça s'appelle "La maison de thé".
(aujourd'hui / c'est / théâtre parlé // maison de thé)
8 — Et qui en est l'auteur ? Tu le sais ?
(auteur / est / qui ? // tu / sais / est-ce que ?)
9 — L'auteur, c'est Lao She.
10 — Et, est-ce qu'il est encore de ce monde ?
(lui / encore / être ici (vivant) / est-ce que ?)

NOTES

(1) Pour les objets plats, présentant une surface large et une petite épaisseur, le spécificatif est *zhāng*. Il en va ainsi des feuilles de papier, tickets, tables, etc.
Piào : ticket. *Fēijī piào*, billet d'avion ; *huǒchē piào*, billet de train. "Deux", en dehors des nombres ordinaux, se dit *liǎng*, et non pas *èr*.

(2) Pour exprimer les nombres ordinaux il suffit de faire précéder le chiffre de *dì*. Lorsque la phrase est à la forme interrogative, il suffit de remplacer le chiffre par *jǐ* ("combien?")

(3) Les spectacles de théâtre chinois (*xì*) sont variés. On distingue les théâtres traditionnels locaux : *jīngjù*, "opéra de Pékin" ; *yuèjù*, "opéra cantonais" ; *píngjù* (théâtre de la province du Héběi), et des formes plus modernes, comme le *huàjù*, théâtre parlé (et non pas chanté).
"La Maison de thé" décrit l'évolution d'un de ces établissements typiques de l'ancien Pékin, depuis la fin de la dynastie des Qing jusqu'à la période du Kuomintang. L'auteur, Lao She, familier de la vie et des coutumes de Pékin, est un des grands auteurs chinois contemporains. Il fut tué dès le début de la révolution "culturelle", en 1966.

已经死了！是1966年去世的。
11 – Yǐjīng sǐ le ! Shi Yī-jiǔ-liù-liù nián qùshì de. **(4)**

真可惜！
12 – Zhēn kěxī !

休息的时候，我去买
13 – Xiūxi de-shíhou **(5)**, wǒ qù mǎi
一份儿说明书！好不好？
yí-fènr shuōmíngshū ! Hǎo-bù-hǎo ?

好！
14 – Hǎo !

FĀYĪN 发音

11 yitjing sseu le – sheu yi tjio lio lio niènn tshu sheu te.

LIÀNXÍ 练习

请你等我一会儿！
1 – Qǐng nǐ děng wǒ yìhuěr.

已经开始了吗？
2 – Yǐjīng kāishǐ le ma ?

11 – Non ! Il est mort en 1966.
(déjà / mort / **le** *// c'est / en 1966 / année / mourir /* **de***)*

12 – C'est vraiment dommage !

13 – A l'entr'acte j'irai acheter un programme ; d'accord ?
(entr'acte /au moment de / moi / aller / acheter/ un / (spécificatif) / livret explicatif // d'accord - pas - d'accord ?)

14 – D'accord !

NOTES (suite)

(4) *Sǐ le* (mort) est une formule quelque peu brutale. On lui préfère, dans les conversations plus officielles, le terme *qùshì le* (mourir / disparaître).

(5) Au théâtre, *xiūxi* désigne l'**entr'acte**. Le sens premier est "repos". *Nǐ xiūxi ba !* (va donc te reposer !) *Xiànzài xiūxi wǔ fēn zhōng !* (Et maintenant, 5 minutes de repos / d'entr'-acte).
La formule *de-shíhou* signifie "lorsque / quand / au moment où. . .", et elle est placée **après** la description du moment. *Chī-fàn de shíhou* : quand on mange, au moment de manger. *Kàn-shū de shíhou* : quand on lit. *Wǒ zài de-shíhou* : quand je suis là . . . *Lǎo Wáng zài de-shíhou wǒmen dōu hěn gāoxìng :* Quand Wang est là, nous sommes tous très contents. *Kāi-chē de-shíhou néng-bù-néng chōu-yān* ? : Quand on conduit, est-ce qu'on peut fumer ?, etc.

EXERCICE

1 Attends-moi un instant ! (Je te prie de m'attendre un moment !)
2 Est-ce que c'est déjà commencé ?

这儿听得很清楚。

3 – Zhèr tīng de hěn qīngchu.

你要不要休息？

4 – Nǐ yào-bú-yào xiūxi ?

Wánchéng jùzi

1 *Dépêchez-vous je vous prie !*

Qǐng nǐmen .... yìdiǎnr !

2 *J'ai déjà attendu dix minutes ! (Cela fait déjà dix minutes que j'attends).*

Wǒ ...... děng-le shí fēn zhōng.

3 *C'est très dommage ! Nous sommes (arrivés) en retard !*

Hěn .... ! Wǒmen lái- ... le !

4 *Quelle pièce joue-t-on aujourd'hui ?*

.... yǎn shénme xì ?

第四十二课

DÌ SÌ-SHÍ-ÈR (42) KÈ

QUARANTE-DEUXIEME LEÇON

REVISION ET NOTES

Notes à relire. – 36e leçon : (2), (3), (4) – 37e : (1), (6) 38e : (5), (6), (7) – 39e : (2) – 41e : (5).

3 Ici, on entend très bien (très distinctement / très clairement).
4 Est-ce que tu veux te reposer ?

Corrigé de l'exercice leçon 41

1 Kuài. – **2** yǐjīng. – **3** kěxī – wǎn. – **4** jīntiān.

现在我们去参观吧!

N'oubliez pas que le seul moyen efficace pour éviter les quiproquos liés au grand nombre d'homophones en chinois parlé consiste à étudier l'écriture idéographique. Armez-vous de patience et d'un stylo à pointe fine, et recopiez les caractères les plus courants. Peu à peu, vous les mémoriserez, presque sans peine !

---

1 ATTENTION A L'ORDRE DES MOTS. – "Qu'est-ce que tu fais maintenant ?" 你现在作什么? *nǐ xiànzài zuò shénme ?* [toi / maintenant / faire / quoi ?]. Dans toutes les phrases simples, l'ordre est [sujet / verbe / complément]. La plupart du temps, l'ordre correspond à la formulation "populaire" française : "tu fais quoi ?", "il achète quoi ?". Le "truc" consiste à toujours exprimer le complément d'objet **après le groupe verbal.** Par ailleurs, ne pas oublier que la **date** s'exprime toujours

avant l'action (avant le verbe).
Enfin, retenez que les **adverbes**, l'expression du lieu et tous les "groupes prépositionnels" (pour. . . . ., avec. . . . ., envers. . . . ., de. . . ., vers. . . ., etc.) se placent également toujours **avant le verbe** :

你现在作什么？
Nǐ xiànzài zuò shénme ?

Qu'est-ce que tu fais maintenant ?

你明天作什么？
Nǐ míngtiān zuò shénme ?

Qu'est-ce que tu fais demain ?

他给你写了两封信！
Tā gěi nǐ xiě-le liǎng-fēng xìn !

Il t'a écrit deux lettres !

[lui / pour / toi / a écrit / deux lettres]

我在那儿有很多朋友！
Wǒ zài nàr yǒu hěn duō péngyou !

J'ai beaucoup d'amis là-bas !

[moi / là-bas / avoir / beaucoup / amis]

2 Attention aux adverbes ! "Je pense (que) le mieux (serait)(que) tu (y) ailles toi-même!"我想最好还是你去！*wǒ xiǎng zuìhǎo háishi nǐ qù* ! La langue chinoise est en général très concise. D'où, bien souvent, son apparente simplicité. Les verbes ne se conjuguent pas, pas de conditionnel, pas de subjonctif. Le "que" ne se traduit pas, etc. Encore une fois, il est capital, vous en comprendrez les raisons, de placer les adverbes **à la bonne place**, de respecter **l'ordre des mots** dans la phrase. Faites attention aux notes explicatives, et soulignez au besoin d'un trait de couleur les schémas, qu'il convient de respecter impérativement.

3 Le déterminant précède toujours le déterminé. 王老师！*Wáng Lǎoshī* ! Professeur Wang ! 放假的问题！*fàngjià de wèntí !* Le problème des vacances ! Ces deux exemples pour une nouvelle fois rappeler que le complément (déterminant) du nom le précède toujours, que la particule de détermination soit intercalée ou non.
"Professeur Wang" se dit en mot à mot : [Wang / professeur], et "le problème des vacances" se dit [vacances / (particule) / problème]. Pour les noms de famille, les titres, fonctions, etc. on se dispense d'intercaler la particule de détermination.
Nous avons vu que ce schéma n'est pas uniquement valable pour le **génitif** et le **possessif**. L'ordre est également le même pour les autres formes de la détermination, comme par exemple pour le **relatif** : 去的人… *Qù de rén*, "les gens qui y vont".
Pour ne pas vous tromper, souvenez-vous que l'ordre est tout simplement **l'inverse de la formulation française :** "Le problème des vacances" : 放假的问题… *fàngjià de wèntí* ; "les amis qui étudient le chinois" : 学中文的朋友… *xué zhōngwén de péngyou*. **Il suffit d'inverser.** Quant au pronom relatif, il est "traduit" par la particule de détermination, que l'on intercale **entre le groupe verbal et le nom.**
En compliquant un peu, lorsque la phrase comprend plus de deux éléments de détermination, eh bien !

. . . . il suffit tout simplement de prendre la phrase française "à rebrousse poil" ! "Les amis / des gens / qui / étudient le chinois" se traduira : [étudient chinois / **de** / gens / **de** / amis], 学中文的人的朋友… *xué zhōngwén de rén de péngyou.*

4 Les particules de fin de phrase. — Elles sont capitales pour exprimer le mode ou le temps des verbes. Par exemple pour l'impératif (ou l'invite), pour exprimer un souhait ou la formule"n'est-ce pas", notez la particule "ba" :

到旅馆去吧！
Dào lǚguan qù ba !

"Allons à l'hôtel !"

好吧？
Hǎo ba ?

C'est d'accord, n'est-ce pas ?

你去吧！
Nǐ qù ba !

Vas-y !

他们都懂吧！？
Tāmen dōu dǒng ba !

Ils comprennent **tous**, n'est-ce pas ?

(*ou bien* : ils comprennent **tout**, n'est-ce pas ?)

你累了吧？！
Nǐ lèi le ba ! ?

Tu es fatigué, non ?

5 Les verbes d'état, verbes de qualité. — Appelés aussi "adjectifs verbaux", ils se placent immédiatement **après le sujet**, la plupart du temps précédés d'un adverbe. 我有点儿累！ *Wǒ yǒudiǎnr lèi*, je (suis) un peu fatigué: Nous avons déjà rencontré bon nombre de ces verbes. Par exemple 累 *lèi*, "être fatigué" ; 饿 *è*, "avoir faim" ; 清楚 *qīngchu*, "clair", "intelligible" ; 晚 *wǎn*, "en retard" ; " 可惜 *kěxī*, "dommage". Avec ces verbes il ne faut jamais intercaler le verbe "être" 是 *shì* entre le nom sujet et le verbe d'état (ou de qualité). Le verbe "être" n'est utilisé que dans les "définitions" pour exprimer une identité entre deux noms, entre deux groupes nominaux. Par exemple "il **est** professeur" ; "il **est** (un homme) chinois" ; "ceci **est** une table", etc.
Par contre, dans les phrases comme "j'(ai) soif", "je (suis) fatigué", "j'(ai) chaud", "il (est) bien", etc., il suffira de placer directement le verbe définissant l'état **après le nom-sujet**. "Avoir" ou "être", dans tous ces cas, ne se traduit pas en chinois. "Je suis fatigué" : 我累。*wǒ lèi*. "Il est bien" : 他好。*tā hǎo*. "J'ai soif" : 我渴。*wǒ kě*. "C'est très dommage": 很可惜！ *hěn kěxī*. "C'est pas mal non plus !": 也不错 !*yě bú-cuò*.

6 L'adverbe 有点儿 *yǒudiǎnr.* — Il signifie "avoir un peu" . . ." ou "être un peu . . . .", et se place juste avant un verbe de qualité."Etre un peu fatigué" : 有点儿累 *yǒudiǎnr lèi*. "Avoir un peu faim" : 有点儿饿 *yǒudiǎnr è*. Cet adverbe ne s'emploie qu'avec les **verbes de qualité / verbes d'état.** Pour les verbes d'action, "un peu" se traduit au moyen de 一下 *yí-xià*, que l'on place alors **après le verbe d'action** : "Attends un peu" : 等一下！ *děng yí-xià*. On rencontre parfois le synonyme "yìdiǎnr":

"Mange un peu !" : 吃一点儿吧！ *chī yìdiǎnr ba !*

7 Demander à quelqu'un de faire quelque chose. 请你来！*Qǐng nǐ lái !* "Je te prie de venir", "viens s'il te plaît !" Le verbe 请 *qǐng* est employé dans des formules de politesse, pour demander un service, ou inviter quelq'un à faire quelque chose. C'est également le verbe "inviter". Quelques exemples : 请他来吧！*qǐng tā lái ba !* "Demandez-lui de venir !, Qu'il vienne !" 请你说吧！*Qǐng nǐ shuō ba !* "Parle ! Je te prie de bien vouloir parler !" 请你到这儿来吃饭！ *Qǐng nǐ dào zhèr lái chī-fàn* "Viens manger ici !" Mais également avec le sens "inviter" : 他请我。*tā qǐng wǒ* "il m'invite". 你请他们坐吧！*Nǐ qǐng tāmen zuò ba !* "Invite-les à s'asseoir ! " "Demande-leur de bien vouloir s'asseoir !"

8 Le mot 意思 *yìsi* **(sens, intérêt, signification). –** Il a de nombreux emplois idiomatiques. Nous avions rencontré 有意思 *yǒu yìsi* (c'est intéressant, amusant); 很有意思*hěn yǒu yìsi* (très intéressant, très amusant). Il existe deux façons d'exprimer la négation : 没有意思 *méiyǒu yìsi* (pas intéressant, pas amusant), parfois abrégé en 没意思！*méi yìsi* (pas intéressant), ou bien l'expression : 不很有意思 *bù hěn yǒu yìsi* (pas très intéressant).
Avec le sens de "signification", on rencontre ce mot dans la formule ………是什么意思？ *. . . . shi shénme yìsi ?* (Que signifie . . . . . ?), dans laquelle l'élément sur lequel porte la question est placé **en tête de la phrase**. Quand à la réponse, elle est en général formulée de la façon suivante : ………的意思是……… *....de yìsi shi . . . . .* (. . . . veut dire . . . .), mot à mot, "la signification de . . ., c'est . . . .)这个字的意思是什么？ *Zhèi-ge zì de yìsi shi shénme ?* (Que veut dire ce caractère ?) 这句话是什么意思？*Zhèi-jù huà shi shénme yìsi ?* (Que signifie cette phrase ?), deux formulations synonymes pour demander le sens de quelque chose.

9 Locutions à bien retenir :

你看！
Nǐ kàn !

tu vois ! regarde !

问题很复杂！
Wèntí hěn fùzá !

Le problème est très compliqué !

就是他！
Jiù shi tā !

C'est bien lui ! C'est lui !

没关系！
Méi guānxi !

Ça ne fait rien ! Ce n'est pas grave !

你有没有空？
Nǐ yǒu-méiyǒu kòng ?

Est-ce que tu as un moment de libre ?

完全对了！
Wánquán duì le !

C'est tout à fait exact !

快一点儿！
Kuài yìdiǎnr !

Dépêche-toi !, dépêchez-vous !, plus vite !

10 Ecrivez en chinois (exercice deuxième vague)

1 Il est chez lui en train d'écrire une lettre.
2 Je vous demande de (bien vouloir) rentrer un peu plus tôt !
3 Est-ce que le professeur Wang est (sera) d'accord ?
4 Est-ce que les gens qui parlent chinois sont nombreux ?
5 Les gens qui parlent la langue chinoise sont-ils nombreux ?
6 La personne qui écrit, qui est-ce ?
7 Qui écrit une lettre ?
8 Que fais-tu principalement ici ?
9 Ici, qu'est-ce que tu fais principalement ?
10 Les gens qui comprennent ne sont pas nombreux.
11 Il y a peu de gens qui comprennent.
12 Quand viendra-t-il en France ?

11 Traduction :

他在家里写信。
1 Tā zài jiāli xiě-xìn.

请你们早一点儿回来！
2 Qǐng nǐmen zǎo-yìdiǎnr huílai !

王老师同意不同意？
3 Wáng lǎoshī tóngyì-bù-tóngyì ?

说中文的人多不多？
4 Shuō zhōngwén de rén duō-bù-duō ?

说中国话的人多吗？
5 Shuō zhōngguó-huà de rén duō ma ?

写信的人是谁？
6 Xiě-xìn de rén shi shéi ?

我在那儿有很多朋友!

谁写信？
7 Shéi xiě-xìn ?

你在这儿主要是作什么？
8 Nǐ zài zhèr zhǔyào shi zuò shénme ?

你在这里主要是作什么的？
9 Nǐ zài zhèli zhǔyào shi zuò shénme de ?

懂的人不多。
10 Dǒng de rén bù duō.

懂的人不很多。
11 Dǒng de rén bù hěn duō.

第四十三课
DÌ SÌ-SHÍ-SĀN (43) KÈ

很满意
Hěn mǎnyì

老王！你哥哥现在怎么样？
1 – Lǎo Wáng ! Nǐ gēge xiànzài zěnmeyàng ? (1)

他什么时候到法国来？
12 Tā shénme shíhou dào Fǎguó lái ?

Au bout de ces quarante-deux leçons, êtes-vous satisfait de votre travail ? Bien entendu, vous ressentez certaines difficultés, et ne pouvez éviter quelques hésitations dans les exercices de traduction. Tout en introduisant chaque jour des éléments nouveaux, nous reviendrons constamment sur ce qui a été introduit dans les leçons précédentes, et en particulier sur les tournures les plus éloignées de la formulation française. C'est surtout après la leçon cinquante, lors de la **deuxième vague**, qu'il vous sera demandé, après chaque leçon, de réviser une à une les premières leçons (en faisant, lorsque vous les rencontrerez lors de ce "deuxième passage", les exercices de traduction, oralement puis par écrit). A force de rencontrer les tournures idiomatiques vous les mémoriserez peu à peu, sans peine. Un dernier mot : ne relâchez jamais l'attention à porter aux tons !

QUARANTE-TROISIEME LEÇON

Très content

1 – (Mon vieux) Wang ! Comment va ton frère (maintenant) ?
(vieux / Wang // ton / frère aîné / maintenant / comment ?)

NOTES

(1) Nous avons déjà signalé que, pour les membres de la famille, on peut **sous-entendre la particule de détermination** *de* dans les pronoms personnels : "mon frère (aîné)" *wǒ gēge,* ou bien

他好象很满意！
2 – Tā hǎoxiàng hěn mǎnyì !

我今天刚收到他的信！
Wǒ jīntiān gāng (2) shōudào tāde xìn !

那儿的生活，他现在习惯了吗？
3 – Nàr de shēnghuó, tā xiànzài xíguàn le ma ? (3)

我想他现在一定习惯了！
4 – Wǒ xiǎng tā xiànzài yídìng xíguàn le !

他在东京已经住多久了？
5 – Tā zài Dōngjīng yǐjīng zhù duō-jiǔ le? (4)

住了四个月了！
6 – Zhù-le sì-ge yuè le ! (5)

那不错！他日文
7 – Nà bú-cuò ! Tā rìwén
肯定说得很好了！
kěndìng shuō de hěn hǎo le !

他现在习惯了吗？

FĀYĪN 发音

3 Hsi kouann le.

2 — On dirait qu'il est très content !
(lui / on dirait que / très / satisfait)
Je viens (justement) de recevoir une lettre de lui aujourd'hui.
(moi / aujourd'hui / je viens de / recevoir / sa lettre)

3 — Et alors ! Il s'est habitué à la vie là-bas ?
(là-bas / **de** */ la vie // lui / maintenant / habitué /* **le** */ est-ce que ?)*

4 — Je pense que maintenant il s'est sûrement habitué !
(je / pense / lui / maintenant / certainement / habitué / **le***)*

5 — Ça fait combien de temps qu'il habite à Tokyo ?
(lui / à / Tokyo / déjà / avoir habité / combien de temps ?)

6 — Cela fait déjà quatre mois !
(habité / quatre / **spécificatif** */mois /* **le***)*

7 — Eh bien ! C'est pas mal ! Il doit certainement parler très bien le japonais !
(eh bien ! / pas mal ! // lui / langue japonaise)
(certainement / parler / **de** */ très / bien /* **le***!)*

NOTES (suite)

wǒde gēge. "Son frère (cadet)" *tā dìdi*, ou bien *tāde dìdi* ; "ma femme (mon mari)" *wǒ àiren*, ou bien *wǒde àiren*. De la même manière : "ma famille / chez moi / ma maison " *wǒ jiā*, ou bien *wǒde jiā*.

(2) *Gāng* est un adverbe qui se place **juste avant le verbe**, et indique que l'action vient d'avoir lieu, dans **un passé très récent.** (Voir leçon 22.) Il a un synonyme : *gāngcái* (voir leçon 29, note 5.)

(3) Attention à toujours bien **inverser par rapport au français,** et intercaler *de* entre le déterminant et le déterminé. "La vie de là-bas : *nàr de shēnghuó* ; les voitures de Monsieur Li : *Lǐ Xiānsheng de chē* ; les habitudes des chinois : *zhōngguórén de xíguàn* ; le problème de la nourriture : *chī-fàn de wèntí*, etc.

(4) Attention à toujours bien placer **le lieu avant le groupe verbal !** Par ailleurs, la **durée** s'exprime toujours **après le verbe**. "Je suis resté deux jours" : *wǒ dāi-le liǎng tiān* ; "J'y ai habité deux ans" : *wǒ zhù-le liǎng nián. Duō-jiǔ* est l'interrogatif "combien de temps ?"

(5) Toutes les fois que cela est possible, on sous-entend le sujet. Plus la phrase est concise, mieux c'est. Ici notez les deux *le*. Le suffixe verbal de **l'action accomplie**, et la particule de fin de phrase des nouvelles situations. "Aujourd'hui, cela fera déjà quatre mois qu'il y habite".

这我不知道！
8 – Zhè wǒ bù zhīdào !

他打算什么时候回来？
9 – Tā dǎsuàn shénme shíhou huílai ?

可能明年才回来！
10 – Kěnéng míngnián cái (6) huílai !

他爱人也去了吗？
11 – Tā àiren yě qù-le ma ?

没有！他的爱人跟小胖
12 – Méiyǒu ! (7) Tāde àiren gēn Xiǎo Pàng

一起住在香港！
yìqǐ zhùzài Xiānggǎng !

小胖是谁？
13 – Xiǎo Pàng shi shéi ?

小胖就是他们的儿子！
14 – Xiǎo Pàng jiù shi tāmende érzi !

FĀYĪN 发音

10 ming niènn tss'haye r'houéi laye. – 12 hsiao p'hang. – **12** yi tshi djoudzaye hsiang kang. – **14** eu'rr dzeu.

8 — Ça, ma foi, je n'en sais rien !
(ça / moi / pas / savoir)

9 — Et quand compte-t-il rentrer ?
(lui / compter / quand ? / revenir)

10 — Il est possible qu'il ne rentre que l'an prochain !
(possible que / l'année prochaine / seulement / revenir)

11 — Sa femme aussi y est allée ?
(sa / femme / également / allée / **le** */ est-ce que ?)*

12 — Non ! Sa femme est restée (habiter) à Hong Kong avec Petit Pang.
(non // sa / femme / avec / petit / grassouillet /)
(ensemble / habiter à / Hong Kong)

13 — Qui est-ce, Petit Pang ?
(petit /grassouillet / est / qui ?)

14 — C'est leur fils !
(petit / grassouillet / justement / c'est / leur / fils)

NOTES (suite)

(6) L'adverbe *cái* a plusieurs sens. Le plus courant est une restriction portant sur la **date**. L'action a eu lieu ou aura lieu plus tard que précédemment prévu. *Tā zuótiān cái gàosu wǒ* (il ne m'a prévenu qu'hier) ; *wǒ qùnián cái kāishǐ* (je n'ai commencé que l'année dernière). *Tā míngtiān cái néng lái* (il ne pourra venir que demain) ; *wǒ míngnián cái kāishǐ* (je ne commencerai que l'an prochain). *Cái* se place immédiatement **devant le groupe verbal.**

(7) Attention à la négation du passé : *méiyǒu* (sous-entendu : *tā méiyǒu qù,* elle n'y est pas allée). Dans cette phrase, *méiyǒu* se traduit en français par "non!" *Nǐ qù-guo Rìběn ma* ("est-ce que tu as déjà été au Japon ?") *Méiyǒu !*("non !")

LIÀNXÍ 练习

1 — 你的爱人现在怎么样？
Nǐde àiren xiànzài zěnmeyàng ?

2 — 你现在习惯了吗？
Nǐ xiànzài xíguàn le ma ?

3 — 我等了两个月了！
Wǒ děng-le liǎng-ge yuè le !

4 — 他也在香港吗？
Tā yě zài Xiānggǎng ma ?

Wánchéng jùzi

1 *J'ai reçu deux lettres. (Spécificatif pour les lettres :* **fēng***)*

Wǒ .... — le liǎng-fēng xìn.

[Notez les trois expressions synonymes]

2 *Toi, est-ce que tu parles bien chinois ?*

Nǐ zhōngwén shuō de hǎo— .. —hǎo ?

3 *Le chinois, est-ce que tu le parles correctement ?*

Nǐ zhōngguó-huà .... de hǎo-bù-hǎo ?

4 *Parles-tu bien chinois ?*

Nǐ hànyǔ shuō .. hǎo-bù-hǎo ?

EXERCICES

1 Comment va ta femme (ton mari) maintenant ?
2 Est-ce que tu t'y es fait, maintenant ? (t'es-tu habitué ?)
3 Cela fait (déjà) deux mois que j'attends !
4 Et lui aussi est à Hong Kong ?

N'oubliez pas qu'il existe une importante règle **de changement de ton** *qui affecte le troisième ton : une syllabe au troisième ton, en fin d'énoncé, isolée, ou devant une pause, conserve sa valeur intégrale. Par contre s'il est suivi d'une syllable au 1er, au 2e ou au 4e ton, le troisième ton devient alors un "demi troisième ton" : la voix descend vers les graves, mais ne remonte pas vers les aigus. Enfin, lorsqu'il est suivi d'une autre syllabe au troisième ton, le premier se prononce alors au deuxième ton. "Bonjour",* 你好！ **nǐ hǎo**, *se prononce en fait* **níhǎo**. *"Possible",* 可以！ **kěyǐ**, *se prononce en fait* **kéyǐ**. *Ailleurs, comme dans* 老王！ **Lǎo Wáng** *(***Vieux Wang***),* 好象 **hǎoxiàng** *(***on dirait que***) ou* 已经 **yǐjīng** *(déjà), la première syllabe reste grave. La voix ne remonte pas.*

Corrigé de l'exercice leçon 43

1 Shōudào. – **2** bù. – **3** shuō. – **4** de. –

5 *Est-ce que sa femme aussi est d'accord ?*

Tāde ..... yě tóngyì ma ?

6 *Je viens (vais) avec toi ; d'accord ?*

Wǒ gēn nǐ .... qù ; hǎo-bù ... ?

ECRIVEZ EN CHINOIS (EXERCICES DEUXIEME VAGUE)

1 On dirait qu'il n'est pas satisfait !
2 On dirait qu'il n'est pas content !
3 Depuis combien de temps étudies-tu ? (Tu as étudié combien de temps ?)
4 Que compte-t-il faire ?
5 Il reviendra peut être (dès) demain !

第四十四课
DÌ SÌ-SHÍ-SÌ (44) KÈ

买东西
Mǎi dōngxi

这猪肉多少钱？

1 — Zhèi zhū-ròu duōshǎo qián ? (1)

FĀYĪN 发音

Maye tonghsi. — **1** djou jow. —

Corrigé de l'exercice leçon 43

5 àiren. – 6 yìqǐ – hǎo.

TRADUCTION 翻译： *FĀNYÌ:*

他好象不满意！
1 – Tā hǎoxiàng bù mǎnyì !

他好象不高兴！
2 – Tā hǎoxiàng bù gāoxìng !

你已经学了多久？
3 – Nǐ yǐjīng xué-le duō-jiǔ ?

他打算作什么？
4 – Tā dǎsuàn zuò shénme ?

他可能明天就回来！
5 – Tā kěnéng míngtiān jiù huílai !

QUARANTE-QUATRIEME LEÇON

Aller faire les courses

1 – Combien coûte cette viande de porc ?
(cette / porc / viande / combien ? / monnaie)

NOTES

(1) Ici une formule abrégée : on a sous-entendu le spécificatif : *zhèi-ge zhū-ròu*, "cette viande de porc".
Qián, monnaie, argent. *Wǒ méiyǒu qián* ("je n'ai pas d'argent) *tā yǒu qián* ("il a de l'argent") ; *tā yǒu hěn-duō qián* ("il a beaucoup d'argent"), mais aussi *tā hěn yǒu-qián* ("il est très riche").

九毛钱一斤！
2 – Jiǔ máo qían yì jīn ! (2)

好！来一斤！
3 – Hǎo ! Lái yì jīn !

还要别的吗？
4 – Hái yào biéde ma ? (3)

有没有香肠？
5 – Yǒu-méiyǒu xiāngchǎng ?

有！您看！特别好吃！
6 – Yǒu ! Nín kàn ! (4) Tèbié hǎochī !

四毛八一斤！
7 – Sì máo bā yì jīn !

好！来半斤！
8 – Hǎo ! Lái bàn jīn !

还要什么？
9 – Hái yào shénme ?

不要别的了！一共多少钱？
10 – Bú yào biéde le ! Yígòng duōshǎo qián ?

一共一块一毛四！
11 – Yígòng yí kuài yì máo sì !

这是两块！
12 – Zhèi shi liǎng kuài !

FĀYĪN 发音

4 piéte. – **11** yi k'houaye yi mao sseu.

2 — 9 *mao* (90 "centimes") la livre !
(neuf / **mao** *(dizaine de centimes) / une / livre)*
3 — Bon ! Mettez-m'en une livre !
(bien ! // venez / une / livre)
4 — Voulez-vous encore autre chose ?
(encore / vouloir / autre chose / est-ce que ?)
5 — Est-ce que vous avez du saucisson ?
(avoir-pas-avoir ? / saucisson)
6 — Bien sûr ! Regardez ! Et il est délicieux !
(j'en ai ! // vous / regardez ! //particulièrement / bon-à-manger)
7 — (Il vaut) 4,8 *mao* (48 "centimes") la livre !
(quatre / **mao** */ (et) huit (***fen***, centimes) / une / livre)*
8 — Bon, allez ! Mettez-m'en une demi-livre !
(bien ! // venez / demi / livre)
9 — Et avec ceci ?
(encore / vouloir / quoi ?)
10 — Non, ça sera tout ! Combien vous dois-je, en tout ?
(pas / vouloir / autre chose // en tout / combien de ? / monnaie)
11 — En tout ça vous fait 1 *kuai*, 1 *mao* et 4 (*fen*) [1,14 F.].
(en tout / un / **kuai** */ un /* **mao** */ quatre)*
12 — Tenez ! Voici 2 *kuai* !
(ça / c'est / deux / **kuai***)*

NOTES (suite)

(2) La monnaie chinoise est le *yuán*, appelé officiellement *rénmínbì* ("monnaie du peuple"). Dans la vie courante, on parle en *kuài*. Le *kuài* est divisé en dix *máo*. Le *máo* est divisé en dix *fēn*. Par conséquent un *kuài* correspond à cent *fēn*. "Trois francs quarante cinq" se traduira donc [3 kuai, 4 mao et 5 fen] *: sān kuài sì máo wǔ* ; "deux francs trente neuf" : *liǎng kuài sān máo jiǔ*. On fait parfois **suivre le prix** du mot *qián* ("argent / monnaie") . Deux francs , *liǎng kuài qián.* "Cinq centimes" : *wǔ fēn qián*, etc.

(3) *Biéde* : "autre chose" ; sous-entendu *biéde dōngxi* ("d'autres choses"). Notez : *biéde rén* (les autres personnes") ; *biéde dìfang* (les autres endroits) ; *biéde cài* (d'autres plats), etc. *Yǒu-méiyǒu biéde cài* ? ("est-ce qu'il y a d'autres plats ?") *Méiyǒu biéde bànfǎ* ("il n'y a pas d'autres moyens"),...

(4) Il existe un "vous "de politesse, à la deuxième personne du singulier. Il est prononcé *nín*. L'idéogramme est composé de *nǐ* (tu), sous lequel figure la **clé du coeur**. *Nín guì xìng ?* ("comment vous appelez-vous ?).

找您八毛六！
13 – Zhǎo nín bā máo liù ! (5)

好！谢谢你！明天见！
14 – Hǎo ! Xièxie nǐ ! Míngtiān jiàn !

你忘了？明天关门儿！
15 – Nǐ wàng le ? Míngtiān guān ménr !

FĀYĪN 发音

13 pa mao lio. – **15** ni ouang le ming t'hiènn kouann meu'rr.

LIÀNXÍ 练习

这个贵不贵？
1 – Zhèi-ge guì-bú-guì ?

四毛钱一个！
2 – Sì máo qián yí-ge !

买两个吧！
3 – Mǎi liǎng-ge ba !

给你八毛！
4 – Gěi nǐ bā máo !

13 — Bon, je vous dois 8 *mao* et 6 *fen* (tenez !)
(chercher (pour) / vous / huit / **mao** */ six)*
14 — Bien ! Merci ! A demain !
(bien / merci / demain / (se) voir !)
15 — Non ! Vous avez oublié ! Demain, on est fermé! [Demain, on ferme !]
(Vous / oublié // demain / fermer (la) porte)

NOTES (suite)

(5) Lorsqu'on rend la monnaie, la formule pour dire "tenez, voici votre monnaie ! est "je cherche pour vous...[je vous dois...]", par exemple *zhăo nín bā máo* ("je vous dois 80 centimes"). *Zhăo nĭ liăng kuài* ! ("Tenez ! ! Voici vos deux francs !") Si, sur une grosse coupure (un billet de 10 *kuai* par exemple), le marchand n'arrive pas à faire (trouver) de la monnaie, il dira : *zhăo-bù-kāi* ! "Je n'ai pas de monnaie ! " (Mot à mot : j'ai beau *chercher*, je n'arrive *pas* à *"ouvrir* - briser" ce billet !).

Nous reviendrons bientôt sur l'expression de la monnaie. Exercez-vous à manier les divers termes chinois qui correspondent à nos francs, dizaines de centimes et centimes. Que cela devienne un automatisme ! Exercez-vous par exemple à payer "en chinois" ! "Trois francs vingt-sept" : 三块两毛七 **sān kuài liăng máo qī**; *"deux francs soixante-quinze" :* 两块七毛五 **liăng kuài qī máo wŭ** . *"80 centimes" se dit* 八毛 **bā máo**, *et "22 centimes" se traduit :* 两毛二 **liăng máo èr**.

EXERCICES

1 Est-ce que c'est cher, ça ?
2 Quarante centimes pièce ! (Quatre *mao* chaque.)
3 Allez ! J'en achète deux ! (Vas-y ! Achètes-en deux !)
4 Voici 80 centimes ! (je vous donne 8 *mao* !)

Wánchéng jùzi

1 *Est-ce que la viande de porc est chère ?*

Zhū– . . . guì– . . –guì ?

2 *Vous deux ! Qu'est-ce que vous voulez acheter ?*

Nǐmen liǎng wèi ! Yào . . . shénme ?

3 *Demain, est-ce que c'est dimanche ?*

. . . . , shì-bú-shì lǐbài-tiān ?

4 *La viande de porc, c'est délicieux (particulièrement bon à manger) !*

Zhū-ròu . . . . . hǎo-chī !

Savez-vous maintenant compter jusqu'a dix ? — **yī**, 二 **èr**, 三 **sān**, 四 **sì**, 五 **wǔ**, 六 **liù**, 七 **qī**, 八 **bā**, 九 **jiǔ**, 十 **shí**.

第四十五课
DÌ SÌ-SHÍ-WǓ (45) KÈ

不舒服
Bù shūfu

张先生！好象外边儿有人！

1 – Zhāng Xiānsheng ! Hǎoxiàng wàibiānr yǒu rén ! **(1)**

FĀYĪN 发音

Pou shoufou. – **1** ouaye pieu'rr.

Corrigé de l'exercice leçon 44

1 Ròu – bú. – **2** mǎi. – **3** míngtiān. – **4** tèbié.

Et maintenant, essayons jusqu'à vingt : 十一 **shí-yī,**
十二 **shí-èr,** 十三 **shí-sān,** 十四 **shí-sì,**
十五 **shí-wǔ,** 十六 **shí-liù,** 十七 **shí-qī,**
十八 **shí-bā,** 十九 **shí-jiǔ,** 二十 **èr-shí.**
Exercez-vous de temps en temps, en vous servant de la numérotation des pages, que vous trouverez uniquement en phonétique, ou bien de la numérotation des leçons, que vous trouverez également en idéogrammes.

QUARANTE-CINQUIEME LEÇON

Pas très en forme

1 – Monsieur Zhang ! On dirait qu'il y a quelqu'un dehors !
(Zhang / Monsieur ! // on dirait (que) / dehors / il y a / gens)

NOTES

(1) *A l'extérieur* : *Wàibiān* (prononcez "ouaye piènn"), ou, à la pékinoise : *wàibiānr* ("ouaye pieu'rr"). *A l'intérieur* se dit *lǐbiān* ("lipiènn"), ou *lǐbiānr* ("lipieu'rr).

谁呀？
2 – Shéi ya ?

我是王春的姐姐！
3 – Wǒ shi Wáng Chūn de jiějie ! (2)

进来！进来！…他怎么了？……
4 – Jìn-lái ! Jìn-lái ! . . . . Tā zěnme le ? (3) ....

我那本书，带来了吗？
5 Wǒ nèi-běn shū (4), dài-lái le ma ?

王春今天有点儿不舒服；
6 – Wáng Chūn jīntiān yǒudiǎnr bù shūfu (5);

他说他不能来。
7 tā shuō tā bù néng lái.

哦！他病了！
8 – Ò ! Tā bìng le !

他有点儿感冒！
9 – Tā yǒudiǎnr gǎnmào ! (6)

他病了！

FĀYĪN 发音

9 kann mao. –

2 — Qui est là ?
3 — Je suis la soeur de Wang Chun !
4 — Entre ! Entre ! . . . Qu'est-ce qu'il lui est arrivé ? . . . .
(entre ! / viens ! // entre ! / viens ! // lui / qu'a-t-il ?)
5 Et mon livre alors, est-ce que tu l'as apporté ?
(mon / ce / (spécificatif) / livre // porter-venir / **le** */ est-ce que ?)*
6 — Aujourd'hui Wang Chun n'est pas très en forme;
(aujourd'hui / Wang Chun / (avoir) un peu / pas en forme)
7 Il dit qu'il ne pourra pas venir.
(il / dit / lui / ne pas / pouvoir / venir)
8 — Oh ! Il est malade ?
9 — (Je pense qu'il doit) être un peu grippé !
(lui / (avoir) un peu / grippé)

NOTES (suite)

(2) N'oubliez pas que le déterminant du nom se place toujours **avant le nom,** et que l'on **intercale entre les deux éléments** la particule *de. Bàba de dìdi* le frère (cadet) de mon père ; *dìdi de bàba* le père de mon frère cadet.

(3) *Jìn-lái !* "Viens ! [et entre !]". Mais comparez à *nǐ jìn-qù ba* ! ("Vas-y ! Entre ! ") Dans le second cas, les **deux** interlocuteurs sont à l'extérieur du lieu dans lequel ils se proposent de pénétrer.

(4) Attention ! Le **spécificatif**, pour les livres et les revues, n'est pas *ge*. C'est *běn* ("penn"), parfois prononcé à la pékinoise, comme dans ce dialogue : *běnr* ("peu'rr"). "Deux livres" se dira donc *liǎng-běn shū.*

(5) *Bù shūfu* : "pas en forme, pas dans son assiette". Mais attention à *shūfu*, qui est plutôt employé avec le sens de "à l'aise", "se sentir bien quelque part", "confortable", etc. *Zhèr yǐzi hěn shūfu* ("ici les chaises sont très confortables"). *Zhèr hěn shūfu, bù lěng yě bú rè* ! ("ici on est vraiment à l'aise [bien], il ne fait ni trop froid ni trop chaud !")

(6) *Gǎnmào*, "grippé", "être grippé". *Shāngfēng*, "être enrhumé. *Tóuténg*, "avoir mal à la tête". *Tòng*, ou *téng* : "avoir mal". Tous ces verbes peuvent être précédés de *yǒudiǎnr* ("un peu", " j'ai un peu . . .").

没什么关系吧？……那，
10 – Méi shénme guānxi ba ? (7) . . . . . Nà,

我那本书，怎么办呢？
11 Wǒ nèi běnr shū, zěnme bàn ne ?

他说很对不起，让你等了很久。
12 – Tā shuō hěn duìbuqǐ, ràng nǐ děng-le hěn jiǔ.

是啊！…这本书，我很需要！
13 – Shì a ! . . . Zhèi-běnr shū, wǒ hěn xūyào !

我看，他明天晚上也不能来！
14 – Wǒ kàn, tā míngtiān wǎnshàng yě bù néng lái !

那就等他病好了再说吧！
15 – Nà jiù děng tā bìng hǎo-le zài shuō ba ! (8)

还是你去找他吧！
16 – Háishi nǐ qù zhǎo tā ba ! (9)

FĀYĪN 发音

11 néi peu'rr shou.

Progressivement, nous découvrons que les catégories grammaticales ne sont pas aussi rigides qu'en français. Par exemple, certains verbes, appelés "optatifs" comme "avoir envie de", "avoir besoin de", peuvent être précédés de l'adverbe "très". Ainsi : 需要 **xūyào** *("avoir besoin de") ou* 想 **xiǎng** *("avoir envie de") peuvent être rencontrés sous la forme* 很需要 **hěn xūyào** *("avoir* **énormément** *besoin de") ou* 很想 **hěn xiǎng** *("avoir* **très** *envie de").*

10 – J'espère que ce n'est pas trop grave ! . . . . . .
Mais alors,
(il n'y a pas / la moindre / implication / n'est-ce pas ? // mais alors)

11 et mon livre ? Comment faire ?

12 – Il dit qu'il est vraiment désolé (de) vous faire attendre si longtemps !
(il / dit / très / désolé / faire en sorte que / vous / attendre / très longtemps)

13 – Effectivement ! . . . . Ce livre, j'en ai **vraiment** besoin !
(oui / ah ! // ce / (spécificatif) / livre // moi / très / (en avoir) besoin)

14 – A mon avis, demain soir il ne pourra pas venir non plus !
(moi / voir (que) // lui / demain /soir / également / ne pas / pouvoir / venir)

15 – Bon, eh bien, attendons qu'il soit guéri, et puis on en reparlera à ce moment là !
(alors / donc / attendre / lui / guéri / ensuite à nouveau / parler / allez !)

16 – Vous savez, je crois que le mieux serait quand même que vous alliez le chercher vous-même !
(quand même le mieux serait que / vous / aller / chercher / lui !)

NOTES (suite)

(7) Expression idiomatique : "j'espère que ça n'aura pas d'implications (de conséquences) trop graves". Ne pas confondre avec *méi guānxi !* : "ce n'est pas grave", "ça ne fait rien", "tant pis !"

(8) *Bìng* : une **maladie** *; bìng le* : **être malade** *; bìng hǎo-le* : **être guéri, rétabli. Il est très gravement malade** *: tā bìng de hěn lìhai* . **Il a été malade deux ans** : *tā bìng-le liǎng nián*. **Voilà déjà deux mois qu'il est malade** *: tā bìng-le liǎng-ge yuè le !*
Míngtiān zài shuō ba ! "On en reparlera demain !" *Chī-le fàn zài zǒu !* "On partira quand on aura mangé !" *Xià yí-cì zài tán ba !* "On continuera la discussion la prochaine fois !"

(9) *Háishi* a plusieurs sens. **Interrogatif,** il signifie" . . . ou bien . . . ?" Mais ici, il correspond à la tournure française : "il vaudrait quand même mieux que", " le mieux serait que". Expression synonyme : *zuìhǎo háishi . . . .* (Voir leçon 17 note 8, et leçon 36 note 6.) *Háishi nǐ qù ba !* **Le mieux serait que tu y ailles toi-même !** *Wǒmen háishi qù ba !* **Allons-y quand même !**

那我现在就去吧！

17 — Nà wǒ xiànzài jiù qù ba !

我实在很需要那本书！

18 Wǒ shízài hěn xūyào nèi-běn shū !

是啊！我知道！他借了四个月，

19 — Shì a ! Wǒ zhīdao ! Tā jiè-le sì-ge yuè, **(10)**

还没有还给你！太不应该了！

20 hái méiyǒu huán-gěi nǐ **(11)** ! Tài bù yīnggāi le ! **(12)**

FĀYĪN 发音

17 r'haye sheu. — **18** sheudzaye. — **20** r'haye mèyo r'houann kèye ni.

LIÀNXÍ 练习

外边儿有没有人？

1 — Wàibiānr yǒu-méiyǒu rén ?

我这几天有点儿不舒服。

2 — Wǒ zhèi-jǐ tiān yǒudiǎnr bù shūfu.

还给我吧！

3 — Huán-gěi wǒ ba !

你也需要这个吗？

4 — Nǐ yě xūyào zhèi-ge ma ?

17 — Bon, alors j'y vais tout de suite !
(alors / moi / maintenant / donc / aller)
18 J'ai effectivement très besoin de ce livre !
(moi / vraiment / très / avoir besoin de / ce livre)
19 — Mais oui, je sais bien ! Voilà déjà quatre mois qu'il vous l'a emprunté,
(oui / ah ! // je / sais // il / a emprunté / **le** */ quatre / (spécificatif) / mois)*
20 et il ne vous l'a toujours pas rendu ! Quel toupet !
(pas encore / rendu-à / vous // trop / pas acceptable / **le** *!)*

NOTES (suite)

(10) *Jiè* signifie "emprunter", mais également . . . . "prêter" ! Ici, le contexte montre bien qu'il s'agit du sens "emprunter". Dans le sens de "prêter", le verbe se construit avec *gěi* ("à", "pour") : *Nǐ jiè-gěi tā ba !* "Prête-le lui ! " *Nǐ néng-bù-néng jiè-gěi wǒ ?* ("Est-ce que tu peux me le prêter ?") Ou encore, en plaçant le complément d'attribution en tête : *wǒ gěi tā jiè-le yí wàn kuài qián* (" Je lui ai prêté 10 000 francs").

(11) Attention à l'idéogramme *hái*, qui a deux lectures, et deux sens différents. Lorsqu'il est lu *hái*, il s'agit de "encore", ou bien, comme ici, du *hái* de *hái méiyǒu* ("pas encore"). Mais lorsqu'il est lu *huán*, il s'agit du verbe "rendre". Il y a comme ça en chinois plusieurs dizaines d'idéogrammes qui ont deux prononciations différentes, correspondant à deux sens différents. On construit *huán* avec *gěi* ("pour", "à") : *huán-gěi wǒ ba !*("Rends-le moi !") *Míngtiān huán-gěi nǐ !* ("Je te le rendrai demain !")

(12) Expression idiomatique :"Quelle audace !", "il est culotté !", "quel toupet !", "c'est vraiment inacceptable, contraire aux habitudes, insensé". Mot à mot : "il n'aurait vraiment pas *dû faire* ça !" *Yīnggāi* est le verbe "devoir". Nous avions vu (leçon 31) son synonyme : *gāi*, et dans les leçons 36 et 37 un autre synonyme : *děi*.

EXERCICES

1 Est-ce qu'il y a des gens (du monde) dehors ?
2 (Moi) ces jours-ci je ne suis pas très en forme.
3 Rends-le moi !
4 **Toi aussi** tu as besoin de ça ? (*Ou bien* tu as besoin de **cela aussi** *?)*

Wánchéng jùzi

1 *Le mieux serait quand même que j'y aille moi aussi !*

Zuìhǎo ...... wǒ yě qù !

2 *Demain soir non plus il ne peut (pourra) pas venir.*

Tā .... yě bù néng lái.

3 *Quand es-tu libre ? Quand êtes-vous libre ?*

Nǐ shénme ...... yǒu kòng ?

第四十六课

DÌ SÌ-SHÍ-LIÙ (46) KÈ

复习
Fùxí

今天我们大家再复习一次！
1 — Jīntiān wǒmen dàjiā zài fùxí yí-cì ! (1)

好！
2 — Hǎo !

FĀYĪN 发音

Fouhsi.

Corrigé de l'exercice leçon 45

1 Háishi. – **2** míngtiān wǎnshàng. – **3** shíhou.

Désormais, les dialogues sont enregistrés à **vitesse d'élocution normale.** *Seules les légères pauses entre chaque réplique sont quelque peu prolongées.* N'hésitez pas *à reprendre* **plusieurs fois de suite** *l'écoute des dialogues. C'est en multipliant les exercices d'écoute que vous parviendrez à assimiler le plus facilement les tournures usuelles, que nous rencontrons très fréquemment.*

QUARANTE-SIXIEME LEÇON

révision

1 – Aujourd'hui nous (tous) allons encore une fois faire des révisions !
(aujourd'hui / nous / tout le monde / à nouveau / réviser / une / fois)

2 – D'accord !
(bon !)

NOTES

(1) *Dàjiā :* **tout le monde** . *Wǒmen dàjiā* : **nous tous.** *Zài* est l'adverbe **à nouveau**, que l'on retrouve dans *zàijiàn*, **au revoir** ! Attention à ne pas confondre avec *zài* **se trouver quelque part/à.** Bien que se prononçant de la même façon, il s'agit de deux mots différents, représentés par deux idéogrammes distincts.
Cì, **fois** , n'a pas besoin d'être introduit pas un spécificatif. **Une fois** *: yí-cì* ; **deux fois** : *liǎng-cì* ; **la première fois** : *dì yí cì ;* **la deuxième fois** : *dì-èr cì.* Il en est de même pour *nián* (année) et *tiān* (jour). **Deux ans** *: liǎng nián* ; **trois jours** *: sān tiān.*

难不难？…学中文难不难？

3 – Nán-bù-nán ? . . . Xué zhōngwén nán-bù-nán ?

你懂不懂？…他们懂不懂？

4 – Nǐ dǒng-bù-dǒng ? . . . Tāmen dǒng-bù-dǒng ?

老王去不去？…老王去过没有？

5 – Lǎo Wáng qù-bú-qù ? . . . Lǎo Wáng qù-guo méiyǒu ? (2)

他吃过没有？…他来过没有？

6 – Tā chī-guo méiyǒu ? . . . Tā lái-guo méiyǒu ?

你喜欢这本书吗？

7 – Nǐ xǐhuan zhèi-běn shū ma ? (3)

他打算什么时候去？

8 – Tā dǎsuàn shénme shíhou qù ?

他打算什么时候到中国去？

9 – Tā dǎsuàn shénme shíhou dào Zhōngguó qù ?

FĀYĪN 发音

6 laye kouo mèyo.

3 — Est-ce que c'est difficile ? . . . . Est-ce que c'est difficle d'étudier le chinois ?
(difficile-pas-difficile ? // apprendre / langue chinoise / difficile-pas-difficile ?)

4 — Est-ce que tu comprends ? . . . Est-ce qu'ils (elles) comprennent ?
(toi / comprendre-pas-comprendre ? // ils (elles) comprendre-pas-comprendre ?)

5 — Est-ce que [Vieux] Wang y va ? . . . Est-ce que Wang y a (déjà) été ?
*(vieux / Wang / (y) aller-pas (y) aller ? // vieux / Wang / y avoir été (aller-**guo**) / ne pas ?)*

6 — Est-ce qu'il (en) a (déjà) mangé ? . . . Est-ce qu'il est (déjà) venu ?
*(il / manger-**guo** / ne pas (avoir) ? // il / venir-**guo** / ne pas ?)*

7 — Est-ce que tu aimes ce livre (—ci) ?
(tu / aimes / ce (celui-ci) / (spécificatif) / livre / est-ce que ?)

8 — Quand compte-t-il (y) aller ?
(il / compte / quel ? /moment / aller)

9 — Quand compte-t-il aller en Chine ?
(il / compte / quel ? / moment / vers / Chine / aller)

NOTES (suite)

(2) Le suffixe verbal *—guo* indique **un passé d'expérience**, un passé "ponctuel". L'action a (au moins une fois) déjà eu lieu dans le passé. En français, on traduit le plus souvent par **déjà**. A la **forme négative**, comme pour la négation de la forme accomplie en *le*, on utilise *méiyǒu*. Quant à l'**interrogation**, on peut l'exprimer avec la particule de fin de phrase *ma* (*nǐ qù-guo ma ?* Y as-tu déjà été ?), mais également avec la formule alternative, comme par exemple dans *nǐ qù-guo méiyǒu qù-guo ?* [y as-tu déjà été ?] En général, on se dispense, dans ce cas, après *méiyǒu*, de répéter le verbe : *nǐ qù-guo méiyǒu ?* Autres exemples : *tā lái-guo méiyǒu ?* ou bien *tā lái-guo ma ?* [Est-ce qu'il est déjà venu ?] *Nǐ chī-guo zhōngguó-fàn ma ?* [Est-ce que tu as déjà mangé de la cuisine chinoise ?]
En cas de réponse négative, avec le suffixe *—guo*, on rendra parfois en français par "jamais", "ne jamais avoir..." : *wǒ méiyǒu qù-guo* [je n'y suis jamais allé]; *wǒ méiyǒu chī-guo zhèi-ge cài* [je n'ai encore jamais mangé ce plat].

(3) Attention à toujours employer avec un nom **le spécificatif qui convient !** Le plus courant est *ge*, mais il y en a beaucoup d'autres !

昨天晚上我见过他！
10 – Zuótiān wǎnshang wǒ jiàn-guo tā !

明天晚上你有没有空？
11 – Míngtiān wǎnshang nǐ yǒu-méiyǒu kòng?

我跟你一起去，好不好？
12 – Wǒ gēn nǐ yìqǐ qù (4), hǎo-bù-hǎo ?

那本书，他还没有还给我！
13 – Nèi-běn shū, tā hái méiyǒu huán-gěi wǒ!

请你快点儿说吧！
14 – Qǐng nǐ kuài-diǎnr shuō ba ! (5)

好！今天就到这儿！
15 – Hǎo ! Jīntiān jiù dào zhèr !

FĀYĪN 发音

13 r'haye mèyo r'houann kèye ouo.

LIÀNXÍ 练习

请你再说一次吧！
1 – Qǐng nǐ zài shuō yí-cì ba !

明天我再来一次吧！
2 – Míngtiān wǒ zài lái yí-cì ba !

快点儿吃吧！
3 – Kuài-diǎnr chī ba !

你见过他吗？
4 – Nǐ jiàn-guo tā ma ?

10 — Hier soir, je l'ai vu !
*(hier / soir / je / voir-***guo** */ lui)*

11 — Est-ce que tu es libre demain soir ?
(demain / soir / toi / avoir-pas-avoir ? / moment de libre)

12 — Je vais y aller avec toi ; d'accord ?
(moi / avec / toi / ensemble / aller // bien-pas-bien ?)

13 — Ce livre (—là), il ne me l'a toujours pas [pas encore] rendu !
(ce (celui-là) / (spécificatif) / livre / il / encore / ne pas avoir / rendu / pour / moi)

14 — Dépêche-toi de parler !
(prier / toi / (de) / vite / un peu plus / parler / allez !)

15 — Bon ! ça ira pour aujourd'hui ! (On va s'arrêter là aujourd'hui !)
(bien ! // aujourd'hui/justement (uniquement)/ arriver (jusqu'à) / ici)

NOTES (suite)

(4) "Aller avec ...." est en général exprimé *gēn .....yìqǐ qù*, où *gēn* (**avec**) et yìqǐ (**ensemble**) viennent "encadrer" la personne que l'on accompagne. Ce n'est cependant pas obligatoire. *Nǐ gēn shéi qù ?* , **ou bien** *nǐ gēn shéi yìqǐ qù* ? [Avec qui y vas-tu ?]

(5) *Kuài-diǎnr* , ou *kuài-yìdiǎnr* : "plus vite", "dépêche-toi de . . ." On peut également employer tout simplement *kuài*, suivi du groupe verbal : *kuài qù ba ! kuài-diǎnr qù ba ! Nǐ kuài-yìdiǎnr qù ba !* (Dépêche-toi d'y aller !) *kuài zǒu !* (Partons en vitesse !) *Nǐ kuài lái !* (Viens vite !)

EXERCICES

1 Répète-le encore une fois, je te prie ! (Dis-le encore une fois !)
2 Je reviendrai demain (encore) une fois) !
3 Dépêche-toi de manger !
4 Est-ce que tu l'as déjà vu (rencontré) ?

Wánchéng jùzi

1 Qui (y) *va avec toi ?*

Shéi . . . nǐ yìqǐ qù ?

2 *Quand part-il ?*

Tā .... zǒu ?

3 *Aujourd'hui je ne suis pas libre (je n'ai pas de moment disponible).*

.... wǒ méiyǒu kòng.

N'oubliez pas que seule l'étude des **idéogrammes** *peut vous permettre de lever les ambiguïtés dûes aux nombreux* **caractères homophones.** *Certes, le contexte et la fonction grammaticale sont utiles, mais vous devez au moins savoir* **lire,** *donc* **distinguer** 再 **zài** [*à nouveau / ensuite*] *et* 在 **zài** [*à / en / se trouver à*].

第四十七课
DÌ SÌ-SHÍ-QĪ (47) KÈ

你属什么？
Nǐ shǔ shénme ?

爸爸！你是哪一年生的？
1 — Bàba ! Nǐ shi nǎ yī nián shēng de ?

一九三七年！
2 — Yī-jiǔ-sān-qī nián ! **(1)**

Corrigé de l'exercice leçon 46

1 Gēn. – **2** shénme shíhou. – **3** jīntiān.

今天就到这儿!

De la même façon, comparez les idéogrammes 快 **kuài** *[rapide / vite] et* 块 **kuài** *[francs / unité monétaire]. Par ailleurs, certains idéogrammes, différents sur le papier, ne se différencient à l'audition que par le* **ton.** *Ainsi* 买 **mǎi** *[acheter] et* 卖 **mài** *[vendre]. C'est donc ces deux difficultés principales qu'il faut chercher à surmonter, en étudiant* **l'écriture idéographique,** *et en cherchant à mémoriser, et reproduire le plus correctement possible, les* **tons.**

QUARANTE-SEPTIEME LEÇON

De quel signe es-tu ?

1 – Papa ! En quelle année es-tu né ?
(Papa // toi / es / quelle ? / (une) / année / né / **de***)*

2 – En 1937 !

NOTES

(1) Les années, comme les numéros de téléphone, s'énoncent chiffre par chiffre, en ne dépassant jamais 9. "1984" se dit [un / neuf / huit / quatre / année] : *yī-jiǔ-bā-sì-nián.* "L'an 2000" : *èr-líng-líng-líng nián.*

那你属什么？
3 – Nà nǐ shǔ shénme ? (2)

属牛！
4 – Shǔ niú !

"属牛" 是什么意思？
5 – Shǔ niú shi shénme yìsi ?

中国人有一种习惯，
6 – Zhōngguó-rén yǒu yì-zhǒng (3) xíguàn,

就是用十二个动物来代表年岁。
7 jiù shì yòng (4) shí-èr ge dòngwu lái dàibiǎo niánsuì.

什么动物呢？
8 – Shénme dòngwu ne ?

老鼠、牛、老虎、兔子、龙、蛇…；
9 – Lǎoshǔ, niú, lǎohǔ, tùzi, lóng, shé ;

让哥哥接着说！
10 ràng gēge jiēzhe shuō !

好！我说：还有马、羊、猴子、鸡、
11 – Hǎo ! Wǒ shuō : hái yǒu mǎ, yáng, hóuzi, jī,

狗、猪！
gǒu, zhū !

FAYIN 发音

4 Shou nio. – **9** lao r'hou, t'houdzeu. – **11** r'howdzeu, dji, kow, djou.

3 – Alors, de quel signe es-tu ?
(alors ! // tu / appartiens (à) / quoi ?)

4 – Je suis du Boeuf !
(appartiens (au) / Boeuf)

5 – Qu'est -ce que ça veut dire "être du Boeuf " ?
(appartenir (à) / Boeuf / c'est / quelle ? / signification)

6 – Les chinois ont une coutume (habitude),
(les chinois / ont / une / sorte de / habitude)

7 (qui consite à) représenter les âges au moyen de douze animaux.
(justement / c'est / au moyen de / douze / spécificatif) / animaux / (pour) venir / représenter / âge)

8 – Et quels sont ces animaux ?
(quels ? / animaux / alors !)

9 – (il y a) le Rat, le Boeuf, le Tigre, le Lièvre, le Dragon, le Serpent ;

10 on va demander à ton grand-frère de continuer (maintenant) !
(faire que / ton / frère aîné / à la suite / dise)

11 – Bon ! A moi ! Après, il y a le Cheval, le Mouton le Singe, le Coq, le Chien et le Porc !
(bien ! // moi / dire // encore / il y a / cheval / mouton / singe / poule / chien / porc)

NOTES (suite)

(2) Comme cette leçon l'explique, le **zodiaque chinois** est composé d'un cycle de douze animaux. **Tous les douze ans**, c'est le même signe qui revient, en suivant l'ordre donné dans le dialogue. En sachant que 1900 était une année du Rat, on en déduit que furent également années du Rat : 1912, 1924, 1936, 1948, 1960, 1972, 1984, etc. Il est ensuite facile de retrouver sous quel signe une personne est née.

(3) *Zhǒng* est un spécificatif, qui s'emploie avec n'importe quel nom, dans le sens de "sorte de", "espèce de". *Nǐ yào něi zhǒng ?* (Quelle sorte veux-tu ?) *Zhèi zhǒng yě bú-cuò !* (Cette sorte n'est pas mal non plus !) *Zhèi zhǒng rén* (Cette sorte de gens) ; *wǒ bù xǐhan nèi zhǒng* (je n'aime pas cette sorte-là).

(4) *Yòng* : "au moyen de / avec ". Le groupe prépositionnel introduit par *yòng* est toujours placé **avant le groupe verbal** : *tāmen yòng kuàizi chī-fàn* (ils mangent avec des baguettes) ; *tā yòng máobǐ xiě-zì* (il écrit avec un pinceau).

比方说你妈妈是属马的！
12 – Bǐfāng-shuō nǐ māma shi shǔ mǎ de !

我呢？我属什么？
13 – Wǒ ne ? Wǒ shǔ shénme ?

你属狗！一九七〇年是狗年！
14 – Nǐ shǔ gǒu ! Yī-jiǔ-qī-líng nián shi gǒu nián !

啊呀！属狗可不太好！
15 – Aya ! Shǔ gǒu kě (5) bú tài hǎo !

LIÀNXÍ 练习

你是哪一年开始学中文的？
1 – Nǐ shi nǎ yī nián kāishǐ xué zhōngwén de ?

他是什么时候来的？
2 – Tā shi shénme shíhou lái de ?

一种很好的习惯！
3 – Yì zhǒng hěn hǎo de xíguàn !

这个东西代表什么？
4 – Zhèi-ge dōngxi dàibiǎo shénme ?

12 – Par exemple ta mère, tu vois , [eh bien] elle est du [signe du] Cheval !
(par exemple / (parler de) / ta / mère / est / appartenir (à) / Cheval / **de***)*

13 – Et moi alors ? De quel signe suis-je ?
(moi / alors ! // moi / j'appartiens (à) / quoi ?)

14 – Toi, tu es du Chien ! En 1970, c'était une année (du) Chien !
(toi / appartiens (à) / chien // 1-9-7-0 année / c'est / chien / année)

15 – Aïe ! Etre né sous le signe du Chien, ce n'est vraiment pas formidable !
(oh la la ! // appartenir (à) / chien / mais alors ! / pas / trop / bien)

NOTES (suite)

(5) *Kě* est ici une particule marquant une opposition, une surprise, un étonnement : *zhèi kě hěn hǎo* (ça, par contre, c'est très bien !) *Nǐ kě bù néng zhèyàng zuò !* (Tu sais, tu ne peux pas agir de la sorte !) *Nǐ kě huílai le !* (Ah ! Te revoilà !) *Wǒ kě bù zhīdào* ! (Ça vraiment, moi je n'en sais rien !)

EXERCICES

1 En quelle année as-tu commencé à étudier le chinois ?
2 Quand est-il arrivé ?
3 Une très bonne habitude !
4 Que représente cette chose ?

Wánchéng jùzi

1 *C'est en 1949 qu'il est arrivé.*

Tā shi yī-jiǔ-sì-jiǔ . . . lái de .

2 *En quelle année est-on ?*

Jīn nián shi . . . yī nián ?

3 *Quels animaux aimes-tu (préfères-tu) ?*

Nǐ xǐhuan . . . . . . dòngwu ?

4 *Quel animal aimes-tu ?*

Nǐ . . . . . . něi-ge dòngwu ?

5 *Il n'aime pas manger de (viande de) lapin.*

Tā bù xǐhuan . . . tùzi ròu.

第四十八课

DÌ SÌ-SHÍ-BĀ (48) KÈ

几点了？
Jǐ-diǎn le ?

今天几号？
1 – Jīntiān jǐ-hào (1)

FĀYĪN 发音

Tji tiènn le. – **1** tji r'hao.

Corrigé de l'exercice leçon 47

1 Nián. – **2** něi. – **3** shénme . – **4** xǐhuan. – **5** chī.

妈妈 **māma,** *et* 爸爸 **bàba** *sont des termes familiers, mais employés volontiers en Chine par des adultes. Ils n'ont pas uniquement le sens de "papa" ou "maman", mais également celui de "père" et "mère". Deux adultes peuvent très bien, au cours d'une conversation, employer l'expression* 你爸爸怎么样？ **nǐ bàba zěnmeyàng :** *(Comment va ton père ?) ou bien* 你妈妈也去吗？ **nǐ māma yě qù ma** *? (Est-ce que ta mère y va aussi ?)*

Notez la fréquence d'emploi de la formule d'insistance (toujours pour des verbes à la forme accomplie), qui permet de passer de 他昨天来了。 **tā zuótiān lái-le** *(il est arrivé hier) à* 他是昨天来的。**tā shi zuótiān lái de** *(c'est hier qu'il est arrivé).*

QUARANTE-HUITIEME LEÇON

quelle heure est-il ?

1 – Quel jour [le combien!] sommes-nous, aujourd'-hui
(aujourd'hui / quel ? / numéro)

NOTES

(1) *Jīntiān jǐ-hào*, ou *jīntiān shi jǐ-hào ?* "Le combien sommes-nous aujourd'hui ?", "Quel jour sommes-nous ? " [La réponse attendue est le **jour du mois**] *Jǐ* signifie "combien ?, le combien ?", et on attend comme réponse un **chiffre**. *Hào* signifie "numéro", et sert à exprimer les **jours du mois** *: sān-shí-yī hào*, "le 31" ; *yī hào*, "le 1er" ; *èr-shí hào*, "le 20".

十三号！
2 – Shí-sān-hào !

今天星期几？
3 – Jīntiān xīngqi-jǐ (2)

星期六！
4 – Xīngqi-liù !

现在几点了？
5 – Xiànzài jǐ-diǎn le ? (3)

六点！
6 – Liù-diǎn !

好！谢谢你！
7 – Hǎo ! Xièxie nǐ !

这班飞机几点到新加坡？
8 – Zhèi-bān (4) fēijī jǐ-diǎn dào Xīnjiāpō ?

两个小时，够吗？

FĀYĪN 发音

4 hsing tshi lio.

2 — (On est le) treize !
(treize / numéro)
3 — (Et) quel jour de la semaine (sommes-nous)?
(aujourd'hui / semaine-quel (numéro) ?)
4 — (Nous sommes) samedi !
(samedi)
5 — Quelle heure est-il ?
(maintenant / combien / heure / **le***)*
6 — Il est six heures !
(six // heures)
7 — Bon ! Merci !
8 — A quelle heure cet [l'] avion arrive à Singapour?
(ce / spécificatif) / avion / quelle ? / heure / atteindre / Singapour)

NOTES (suite)

Les **mois** s'expriment avec *yuè*. En faisant précéder *yuè* de *yī* ("un"), on a *yī-yuè* "janvier" ; *èr-yuè* signifie "février" ; *sān-yuè* veut dire "mars", et ainsi de suite, jusqu'à *shí-èr-yuè*, qui veut dire "décembre". "Le premier avril" se dit : *sì-yuè yī-hào* (on exprime d'abord le mois, puis le jour).

(2) *Xīngqi* veut dire "semaine". *Yí-ge xīngqi* :"une semaine" ; *liǎng-ge xīngqi* : "deux semaines". *Xīngqi-jǐ* ? Quel jour (de la semaine) ? Les **jours de la semaine sont** : *xīngqi-yī* (lundi) ; *xīngqi-èr* (mardi) ; *xīngqi-sān* (mercredi) ; *xīngqi-sì* (prononcer *hsingtshi sseu !)* (jeudi) ; *xīngqi-wǔ* (vendredi) ; *xīngqi-liù* (samedi). Pour "dimanche" il existe deux synonymes : *xīngqi-rì* (prononcer *hsingtshi-jeu)*, ou *xīngqi-tiān*.

(3) *Xiànzài jǐ-diǎn le*? "Quelle heure est-il maintenant ?" *Diǎn* sert à exprimer **l'heure qu'il est** (voir leçon 16). Pour les minutes,on utilise *fēn*. On peut faire suivre l'expression de l'heure du mot *zhōng* ("horloge / heure"). *Sān-diǎn liù-fēn* **ou** *sān-diǎn liù-fēn zhōng* (3 heures et 6 minutes). Notez qu'en Chine on ne dit pas "14 heures", mais "deux heures de l'après-midi" : *xiàwǔ liǎng-diǎn* ; on ne dit pas "21 heures", mais "neuf heures du soir " : *wǎnshàng jiǔ-diǎn,* mais nous aurons l'occasion d'y revenir. N'oubliez pas que, pour l'expression d'une **durée,**"heure" [60 minutes] se dit *xiǎoshí* (Voir leçon 25, note 2).

(4) *Bān* est le spécificatif utilisé pour désigner les lignes d'aviation, ou les lignes de transport en commun. *Zhèi-bān chē* : "cet autobus".

八点二十五分！
9 — Bā-diǎn èr-shí-wǔ-fēn !

那快了！
10 — Nà kuài le !

嗯！不到两个小时！
11 — Ǹg ! (5) Bú dào liǎng-ge xiǎoshí !

你的表准不准？
12 — Nǐde biǎo zhǔn-bù-zhǔn ?

可能慢一分钟！……你的表呢？
13 — Kěnéng màn yì-fēn-zhōng ! . . . .
Nǐde biǎo ne ?

我没表！买不起！
14 — Wǒ méi biǎo ! Mǎi-bù-qǐ ! (6)

FĀYĪN 发音

12 djounn pou djounn.

LIÀNXÍ 练习

明天星期几？
1 — Míngtiān xīngqi-jǐ ?

星期六你有空吗？
2 — Xīngqi-liù nǐ yǒu kòng ma ?

今天是不是星期二？
3 — Jīntiān shì-bú-shì xīngqi-èr ?

9 — A huit heures (et) vingt-cinq (minutes)
(huit / heures / vingt-cinq / minutes)

10 — Mais ! C'est pour bientôt, alors !
(alors ! / rapide ! / **le***)*

11 — Absolument ! Dans à peine [moins de] deux heures (nous serons arrivés) !
*(hm ! // pas / jusqu'à / deux-***ge** */ heures (de durée)*

12 — Est-ce que ta montre marche bien ? [est-elle à l'heure ?]
(ta / montre / exacte-pas-exacte ?)

13 — Elle retarde peut-être d'une minute ! . . . . . Et la tienne, alors ? !
(peut-être / lente / une-minute- (d'horloge) // ta / montre / alors !?)

14 — Moi, je n'ai pas de montre ! Je n'ai pas assez d'argent pour m'en acheter !
(moi / ne pas avoir (de) / montre // acheter-pas-réussir)

NOTES (suite)

(5) Exclamation, marquant l'acquiescement : "Hm !" "Oui! C'est ça ! Absolument !" (prononcer Mm !)

(6) Formule appelée "potentiel négatif" : le verbe en tête exprime l'action que l'on aurait bien voulu accomplir. Ensuite vient l'expression de l'impossibilité, de l'incapacité à faire quelque chose (avec des formes verbales telles que *bù-qǐ, bù-liǎo, bù-chéng, bù-hǎo, . . .,* qui signifient "ne pas réussir à / ne pas parvenir à . . .") Exemples : *Wǒ chī-bù-liǎo* ["je n'arriverai pas à manger (tout) ça"] *; tā zuò-bù-liǎo* ["il n'arrivera pas à faire ça"] *; wǒmen mǎi-bù-qǐ ; tài guì le !* ["Nous n'avons pas assez d'argent pour acheter ça ; c'est trop cher !"]

EXERCICES

1 Quel jour (de la semaine) serons-nous demain ?
2 Samedi, est-ce que tu es libre ?
3 Est-ce bien mardi aujourd'hui ?

两个小时，够吗？
4 – Liǎng-ge xiǎoshí, gòu ma ?

Wánchéng jùzi

1 *Quelle heure est-il ?*

Xiànzài .. – diǎn le ?

2 *Il va bientôt être six heures et demie !*

.... liù-diǎn bàn le !

3 *Maintenant, il est huit heures et demie.*

.... bā-diǎn bàn le !

4 *A quelle heure y vas-tu ?*

Nǐ jǐ– .... –zhōng qù ?

第四十九课
DÌ SÌ-SHÍ-JIǓ (49) KÈ
QUARANTE-NEUVIEME LEÇON

REVISIONS ET NOTES

Notes à relire. – 43e leçon : (1), (4), (6) – 44e : (1), (2). – 45e : (1), (3) – 46e : (2), (3), (4) – 47e : (1), (2) – 48e : (4).

1 **Les pronoms possessifs** sont formés par les pronoms auxquels on ajoute comme suffixe la particule de détermination. On ne distingue pas, en chinois, de pronom

4 Est-ce que **deux heures** cela sera suffisant ?
(Il s'agit ici d'une durée)

Corrigé de l'exercice leçon 48

1 Jǐ. – **2** Kuài. – **3** xiànzài. – **4** diǎn.

Demain vous étudierez la dernière des 49 leçons du **PREMIER TOME** *du* **CHINOIS SANS PEINE**. *Vous trouverez ensuite un* **INDEX** *qui vous permettra de retrouver les explications concernant tous les mots introduits. Vous trouverez également la transcription fidèle de tous les mots des leçons de révision qui figurent dans l'enregistrement. Lorsque vous aurez bien assimilé ce premier tome, il vous restera encore les cinquante leçons du* **DEUXIEME TOME**, *ainsi que les exercices de* **DEUXIEME VAGUE**, *pour parfaire votre apprentissage des rudiments du chinois parlé. Bon courage, et . . . à bientôt !*

---

possessif féminin ou masculin : 我的 *wǒde* (le mien, la mienne, mon, ma, mes) ; 你的 *nǐde* (ton, ta, tes, le tien, les tiens) ; 他的 *tāde* (son, sa, ses, le sien, les siens) ; 我们的 *wǒmende* (notre, nos) ; 你们的 *nǐmende* (vos, votre, vôtre) ; 他们的 *tāmende* (leur, leurs).

Il peut arriver que, pour des objets personnels ou les membres de la famille, on sous-entende le suffixe : 我爸爸 *wǒ bàba* (mon papa, mon père) ; 我爱人 *wǒ àiren* (ma femme).

2 La phrase chinoise simple répond toujours au schéma: [sujet + verbe + complément]. Un conseil : ne "calquez" jamais votre exposé chinois d'après l'énoncé en français ! Ainsi, "qui est-il ?" se traduit 他是谁 ?

tā shi shéi ?, qui en mot à mot signifie ["Lui / c'est / qui ?"]. "Je ne suis pas libre demain" se dira :
我明天有事儿。*wǒ míngtiān yǒu shìr,* ou
我明天没有空。 *wǒ míngtiān méiyǒu kòng* [moi / demain / pas libre]. Les tournures chinoises étant parfois très éloignées de notre "bon français", et proches du "petit nègre", il faut surtout s'exercer à **écouter (et lire) les dialogues**, à les lire souvent, **à haute voix** ; et ainsi la **mémorisation progressive** de ces tournures se fera sans peine. Cela deviendra un mécanisme, et les tournures étudiées se graveront dans votre mémoire. Vous pourrez alors, en introduisant le nouveau vocabulaire, étendre votre domaine de conversation.

3 Les homophones.

— Nous vous l'avons souvent répété : il existe certains mots qui, bien que s'écrivant au moyen de deux idéogrammes différents, se prononcent de la même façon. Par exemple 在 *zài* (se trouver quelque part) et 再 *zài* (à nouveau). Prononcés de façon isolée, il est impossible de préciser duquel il s'agit. Une fois écrits en idéogrammes, on peut les différencier. Cependant, nous entendons toujours ces mots à l'intérieur d'une phrase, **dans un contexte**. C'est le contexte, et le ton de la phrase qui permettent de "décoder", sans quiproquos trop fréquents ; par exemple 我在这儿 *wǒ zài zhèr* signifie" je **suis ici**". Indépendamment de ces **caractères homophones,** il en existe d'autres qui ne se distinguent **que par le ton**. Et, là, il faut très scrupuleusement respecter leur prononciation, car une erreur de ton peut rendre la phrase inintelligible. Ainsi, ne confondez pas 买 *mǎi* (acheter) et 卖 *mài* (vendre) ! ou encore 鸡 *jī* (coq), 记 *jì* (noter) ou 几？ *jǐ* (combien) ; ou même 象 *xiàng* (comme), 香 *xiāng* (parfumé) et 想 *xiǎng* (penser que). Il est vrai que grammaticalement ces mots n'ont pas la même nature, et il serait impossible de rencontrer 鸡 *jī* (coq, poule) en position verbale ! Cependant, il peut arriver que deux mots de même nature soient proches phonétiquement ! Ne dites pas 数年 *shù nián* ("plusieurs années") alors que vous vouliez dire 鼠年 *shǔ nián* (l'année du Rat) ! Ne considérez pas comme "secondaire" l'apprentissage des tons. Il s'agit d'une phase capitale de votre étude. Nous y reviendrons encore souvent !

4 这 **Zhèi** et 那 **nèi.** – Ne confondez pas ces deux démonstratifs. Le premier désigne un objet ou une personne qui est **proche** de la personne qui en parle. Le second désigne quelque chose de plus **éloigné**. Ainsi : 那个人很好。 *Nèi-ge rén hěn hǎo* [cette personne (–là) est très bonne, très gentille]; 那天我不舒服。 *nèi-tiān wǒ bù shūfu* [ce jour-là, je n'étais pas en forme]. En passant, remarquez une nouvelle fois que les verbes chinois ne se "conjugant" pas, c'est une difficulté de plus qui disparaît ! Ici c'est "ce jour-là" qui indique que l'on parle d'un moment **passé**. Souvenez-vous enfin que parfois on peut rencontrer conjointement un démonstratif précédé d'un pronom personnel, qui précise **encore plus** l'objet dont on parle : 我那本书 *wǒ nèi-běn shū* [ce livre-là, à moi], 你这个朋友有点儿特别！ *nǐ zhèi-ge péngyou yǒudiǎnr tèbié* [ton / cet ami / cet ami que tu as là / cet ami à toi / il est un peu bizarre !].

5 病了 **Bìng le,** 不舒服 **bù shūfu. – Bìng le** signifie "être malade" alors que *bù shūfu* veut simplement dire "ne pas être (très) en forme". Ces deux "verbes d'état", "verbes de qualité", se placent **juste après le sujet.** Pas besoin du verbe "être", qui, lui, ne peut être suivi que d'un **nom**, ou d'un **groupe nominal** (segment de phrase dont le noyau est un **nom**)

6 想 *Xiǎng,* 要 *yào,* 会 *huì,* 能 *néng,* 可以 *kěyǐ,* 应该 *yīnggāi,* 得 *děi.*
On appelle ces verbes "outils" des **verbes optatifs. Ils**

peuvent être suivis d'une proposition complète contenant un groupe verbal. Ils expriment une faculté, une possibilité, un souhait, ou une exigence. Certains ont des sens proches : 想 *xiǎng*, ou aussi 很想 *hěn xiǎng* : "avoir (très) envie de" ; 我很想到中国去！ *wǒ hěn xiǎng dào Zhōngguó qù* [j'ai très envie d'aller en Chine]. 要 *Yào* (**vouloir**, mais parfois aussi **falloir**) : 我也要去参观！ *wǒ yě yào qù cānguān !* [moi aussi, je veux participer à la visite !], 要半个小时 *yào bàn-ge xiǎoshí* [il faut une demi-heure] ; 会 *huì* [savoir, pouvoir, savoir faire quelque chose, **après apprentissage**] 我不会开车。 *wǒ bú huì kāichē* [je ne sais pas conduire]. (A ne pas confondre avec 知道 *zhīdao* savoir, **avoir connaissance d'un renseignement** : 我不知道他的地址。 *wǒ bù zhīdao tāde dìzhǐ*, je ne connais pas son adresse). 他会说中国话。 *Tā huì shuō zhōngguó-huà* [il sait parler chinois]. Un second sens de 会 *huì*: la possibilité, la probabilité il est possible que . 他明天不会来。 *Tā míngtiān bú huì lái* (il ne saurait venir demain) ; 他出去了，不会在家里。 *tā chūqu le bú huì zài jiāli* il est sorti, il ne saurait être (ça m'étonnerait qu'il soit) chez lui (à la maison)]. 能 *Néng* pouvoir, être capable de 我也能去！ *wǒ yě néng qù* [moi aussi, je peux (y) aller!] 能 *Néng exprime parfois* aussi la **permission**, la **possibilité** sous certaines conditions : 你能不能来？ *Nǐ néng-bù-néng lái ?* [est-ce que tu peux (as-tu le droit de) venir ?] 可以 *kěyǐ* est proche de 能 *néng :* 我不可以还给你！ *wǒ bù kěyi huán-gěi nǐ* [je ne peux pas (pas le droit, pas la possibilité de) te le rendre] ; 得 *Děi* et 应该 *yīnggāi* signifient **devoir, falloir** : 得走了！ *děi zǒu le !* [il faut partir, il faut y aller] ; 应该还给他！ *yīnggāi huán-gěi tā !* [il faut le lui rendre]. Ne confondez pas tous ces verbes, mais, encore une fois, c'est **dans la pratique** que vous arriverez à maîtriser leurs nuances.

Patience ! Et, faites-nous confiance !

7 , **La date s'exprime toujours avant le verbe,** avant l'action ; "j'y suis allé hier" : 我昨天去了。 *wǒ zuótiān qù-le* , "il commence demain" : 他明天开始。 *tā míngtiān kāishǐ*. Une nouvelle

fois : ne calquez pas d'après le français, et suivez toujours les règles et les schémas qui sont indiqués dans les notes ! Pour les jours de la semaine, lorsqu'ils sont là pour exprimer la date à laquelle a eu lieu, ou aura lieu une action, la place est également avant le verbe : "il commence mercredi" 他星期三开始。 *tā xīngqi-sān kāishǐ.* Par contre, si le jour de la semaine est le **seul élément** après le sujet, on l'exprime dans la seconde partie de la phrase ; il ne s'agit plus de la date à laquelle a lieu l'action, mais la date est alors dans la phrase le groupe "complément" : "aujourd'hui **c'est jeudi**" : 今天星期四。 *jīntiān xīngqi-sì*, ou bien : 今天是星期四。 *jīntiān shi xīngqi-sì* . ["Jeudi" est alors en position de complément].

8 **PRONONCIATION**. N'oubliez pas qu'après **z, c, s, zh, ch, sh** et **r,** la lettre "i" ne se prononce pas. Elle correspond à une "non voyelle", à un **e muet.**

Exercez-vous à prononcer les sons suivants, en respectant les tons.
(Ces sons figurent dans l'enregistrement)
zǐ, cì, sī ; (un peu comme dans "nœud")zhī, chī, shì ; rì ; zài, cài, sài ; zhōu, chōu, shōu ; ròu ; luàn, guǎn, huàn, wǎn ; (ne pas prononcer le "n" final !) miàn, diàn, tián, liàn ; (comme dans "hyène") shǔ, zhǔ, lù, hù, tǔ. (comme dans "loup")

9 QUELQUES TOURNURES IDIOMATIQUES A RETENIR :

是吧！？
— *Shì ba ?* n'est-ce pas ?

没关系！
— *Méi guānxi !* Ça ne fait rien !

没什么！
— *Méi shénme !* Ce n'est rien ! Ce n'est pas grave !

谁呀？
— *Shéi ya ?* qui est-ce ? qui va là ?

他怎么了？
— *Tā zěnme le ?* Comment va-t-il ? qu'est-ce qu'il lui est arrivé ?

算了！
— *Suàn le !* Laissons cela ! Laissons tomber ! Tant pis!

什么意思？
– *Shénme yìsi ?* Qu'est-ce que ça veut dire ?

10 ECRIVEZ EN CHINOIS (Exercice deuxième vague)

1 Tu parles très bien (le) chinois.
2 Combien ça coûte, en tout ?
3 J'ai attendu très longtemps.
4 Je l'ai vu (rencontré) hier.
5 C'est une mauvaise habitude
6 Quelle heure est-il ?
7 Quel jour de la semaine sommes-nous aujourd'hui?
8 Le combien sommes-nous aujourd'hui ?

11 Traduction 翻译 *Fānyì :*

你中国话说得很好！
1 a) Nǐ zhōngguó-huà shuō de hěn hǎo. **Ou bien :**

你汉语说得很好！
b) Nǐ hànyǔ shuō de hěn hǎo. **Ou bien :**

你中文说得很好！
c) Nǐ zhōngwén shuō de hěn hǎo.

一共多少钱？
2 Yígòng duōshǎo qián ?

我等了半天！
3 a) Wǒ děng-le bàn-tiān. **Ou bien :**

我等了很久！
b) Wǒ děng-le hěn-jiǔ. **Ou bien :**

我等了很长时间！
c) Wǒ děng-le hěn cháng shíjiān.

我昨天见过他。
4 Wǒ zuótiān jiàn-guo tā.

这个习惯不好！
5 Zhèi-ge xíguàn bù hǎo !

现在几点了？
6 a) Xiànzài jǐ-diǎn le ? **Ou bien :**

现在几点钟？
b) Xiànzài jǐ-diǎn zhōng ?

今天星期几？
7 Jīntiān xīngqi-jǐ ?

今天是几号？
8 Jīntiān shi jǐ-hào ?

DEUXIEME VAGUE. Demain, avec la cinquantième leçon, commence la **phase active** de votre travail. Après avoir étudié le dialogue, les notes et les exercices, comme d'habitude, désormais, vous reprendrez une à une les premières leçons. Avec la leçon 50 vous réviserez la leçon 1. Avec la leçon 51 vous réviserez la leçon 2, etc. Après les avoir écoutées, et lues, vous essaierez de traduire en chinois, oralement puis par écrit, le texte français de ces premières leçons. Vous serez aidé en cela par la traduction en **mot à mot** qui figure sous le texte en "bon français". Vous corrigerez vous-même vos fautes, en vous reportant au texte chinois, en phonétique et en idéogrammes. Chaque jour vous réviserez ainsi les premières notions introduites. Vous retrouverez avec plaisir le vocabulaire étudié les premiers jours, et vos connaissances se consolideront avec rapidité. Pour votre étude du deuxième tome, et votre "deuxième vague", nous vous souhaitons bon courage !

APPENDICE – I

Index des leçons de révision

Vous trouverez ci-dessous la liste des sons et des exemples présentés dans les leçons de révision, et qui figurent dans l'enregistrement. Pour retrouver l'écriture en idéogrammes, il suffira de vous reporter à la leçon et au paragraphe indiqué.

* * *

LEÇON 7

dì qī kè leçon 7

Paragraphe2 :
shì être – *shì* être –

Paragraphe 3 :
zǒu ! partons ! – *bú yào !* je n'en veux pas ! – *tā shi shéi ?* qui est-il ?

Paragraphe 4 :
bù non – *bù* non

Paragraphe 5 :
tāng soupe – *cài* plats – *kùzi* pantalon – *fùqin* père – *zài* à – *shū* livre – *shū* livre – *bǐ* stylo – *ji ; qi ; xi ;*

Paragraphe 6 :
yǒu avoir – *bù* non – *méiyǒu* ne pas avoir

Paragraphe 7 :
shi ; chi ; si ;

Paragraphe 8 :
lèi être fatigué – *zǒu* partir – *shénme* quoi ? Quel ?– *yào* vouloir – *shéi* qui ? – *zài* à –

Paragraphe 10 :
shéi qui ? – *zài* à –

Paragraphe 11 :
kè leçon – *dì* numéro – *yī kè* une leçon – *dì yī kè* première leçon

Paragraphe 12 :
wǒ rènshi tā je le connais – *tā shi shéi ?* qui est-ce ? – *wǒ lèi* je suis fatigué – *wǒ è* j'ai faim –

Paragraphe 15 :
nǐ mǎi-bù-mǎi shū ? est-ce que tu (veux) acheter des livres ? – *nǐ mǎi shū ma ?* est-ce que tu achètes des livres ? – *tā shi wǒ fùqin* c'est mon père – *wǒ bú rènshi tā* je ne le connais pas – *nǐ fùqin zài-bú-zài zhèr ?* est-ce que ton père est ici ? – *nǐ yào-bú-yào tāng ?* est-ce que tu veux de la soupe ?

* * *

LEÇON 14

dì shí-sì kè leçon 14

Paragraphe 1 :
1o) *zhi ; chi ; shi ; zi ; ci ; si ; zhì ; chì ; shì ; rì ;*

2°) *yao ; ye ; you ; yan ; ying ; yan ;*

3°) *ji ; qi ; xi ; zhe ; zhei ; zhong ; xi ; xiao ; xie ; xin ; xiang ; xing ;*

4°) *bàn ; bào ; bǐ ; bù ; piāo ; péng ; mǎi ; méi ; miàn ; dà ; dào ; dāng ; diǎn ; duì ;*

Paragraphe 2 :
zuò faire – *qù* aller – *chī* manger – *zuò fānyì* faire des traductions – *qù Zhōngguó* aller en Chine – *chī miàn* manger des nouilles – *wǒ hěn lèi* je suis fatigué – *zhèi-ge hěn guì* ça, c'est très cher – *nǐ àiren hěn piàoliang* ta femme est très jolie – *zhèr hěn lěng* ici, il fait très froid

Paragraphe 3 :
yào vouloir – *huì* savoir, pouvoir – *xiǎng* avoir envie de– *qù* aller – *qù chī-fàn* aller manger – *qù mǎi cài* aller faire son marché

Paragraphe 4 :
duì exact – *shì* oui ! – *bù* non – *méiyǒu* non, il n'y en a pas – *bù, wǒ bú qù* non, je n'y vais pas – *bù, bù hěn lěng* non, il ne fait pas très froid – *wǒ bú qù* je n'y vais pas

Paragraphe 5 :
ge (spécificatif) – *yí-ge péngyou* un ami – *sān-ge háizi* trois enfants – *yì-běn shū* un livre – *běn* (spécificatif des livres) – *ge* (spécificatif) – *yī* un – *yí-ge péngyou* un ami

Paragraphe 6 :
ba allez ! – *chī ba !* mange ! – *zuò ba !* fais-le donc ! – *nǐ shuō ba !* dis-le ! – *nǐ xiě ba !* écris-le donc !

Paragraphe 7 :
de (particule de détermination) – *hǎo de shū* un bon

livre – *hǎo de fángzi* une bonne maison – *hěn piàoliang de háizi* de très jolis enfants

Paragraphe 9 :
nǐ xiǎng zuò shénme ? qu'est-ce que tu as envie de faire ? – *nǐ àiren yě zhùzài zhèr ma ?* est-ce que ta femme aussi habite ici ? – *nǐ xiǎng mǎi shénme ?* qu'est-ce que tu veux acheter ? –*nǐ-gēge yǒu jǐ-ge háizi ?* combien d'enfants a ton frère aîné ? – *hǎo de shū guì ma ?* est-ce que les bons livres sont chers ? – *wǒ-àiren huì shuō yīngyǔ, kěshì tā bú huì xiě* ma femme sait parler l'anglais, mais elle ne sait pas l'écrire – *Lǎo Lǐ yě shi nǐ-de péngyou ma ?* Est-ce que Li est également un de tes amis ? – *wǒ bú qù chī-fàn ; nǐ ne ?* moi, je ne vais pas manger ; et toi ?

* * *

LEÇON 21

dì èr-shí-yī-kè leçon 21

Paragraphe 1 :
jia ; jiao ; jie ; jiu ; jian ; qia ; qiao ; qie ; qiu ; qian ; xia ; xiao ; xie ; xiu ; xian ; xin ; xing ; xiang ; zì ; cì ; sì ; zhī ; chī , shī ; zhè ; zhèi ; zhēn ; zhōng ; chē ; chū ; chī ; cì ; cài ; cǎi ; chái ; sī ; sì ; chī ; chí ; chǐ ; chì ; – *liù* six – *tiān* jour –

Paragraphe 2 :
èr-shí-yī vingt-et-un

Paragraphe 3 :
zài à, en – *nǐ zài zhèr děng wǒ !* toi, attends-moi ici ! – *tā zài Zhōngguó gōngzuò* il travaille en Chine – *zhùzài* habiter à – *nǐ zhùzài zhèr* tu habites ici –

Paragraphe 4 :
shéi ? qui ? – *shénme ?* quoi ? – *ma ?* est-ce que . . . ?– *shénme shíhou ?* quand ? – *háishi ?* . . . ou bien . . . ? – *zěnme ?* comment ? – *shéi ?* – qui ? – *shéi qù mǎi cài ?* qui va acheter des légumes (faire les courses) ? – *nǐ děng shéi ?* qui attends-tu ? –

Paragraphe 5 :
liǎng-ge háizi deux enfants – *sān-ge péngyou* trois amis– *wǔ-ge jiějie* deux (grandes) soeurs – *qī-ge lǎoshī* sept professeurs – *liǎng-ge*、*yánsè* deux couleurs – *ge* (spécificatif) – *liǎng-běn shū* deux livres – *yí-liàng chē* une voiture

Paragraphe 6 :
yě aussi, également – *yě bù* non plus, également ne pas – *tài* trop – *bú tài* pas trop – *hěn* très – *yídìng* certainement, sûrement – *wǒ yě qù* j'y vais aussi – *wǒ yídìng gàosu tā* je le lui dirai sans faute ! –

Paragraphe 7 :
le (particule de fin de phrase) – *bú xià-yǔ le* il ne pleut plus – *wǒ bù xiǎng qù kàn-bìng le* je n'ai plus envie d'aller voir le médecin – *wǒ xiànzài yǒu gōngzuò le !* désormais, j'ai un travail ! – *le* (suffixe verbal) – *wǒ mǎi-le chē* j'ai acheté une voiture – *tā chī-le liǎng-ge cài* il a mangé deux plats

Paragraphe 8 :
de (particule de détermination) – *lǎoshī de shū* le livre du professeur – *wǒ-de shū* mon livre

Paragraphe 10 :
Lǎo Wáng de jiějie hái méiyǒu chē la soeur de Wang n'a pas encore de voiture – *nǐ-de gēge huì-bú-huì shuō zhōngwén ?* est-ce que ton frère aîné sait parler chinois ? – *nǐ-de àiren xiànzài zuò shénme ?* que fait ta femme (ton mari) désormais ? – *nǐ yào-bú-yào qí*

zìxíngchē ? est-ce que tu veux y aller en (faire du) vélo – *wǒ hái bú huì shuō zhōngwén* je ne sais pas encore parler chinois – *nǐ jiāli yuǎn-bù-yuǎn ?* est-ce que tu habites loin d'ici ? – *nǐ-de háizi shi nán-de háishi nǚ-de ?* tu as un garçon ou une fille ?

* * *

LEÇON 28

dì èr-shí-bā kè leçon 28

Paragraphe 1 :
dāi ; dái ; dǎi ; dài ;
fān , fán ; fǎn ; fàn ;
cāi ; cái ; cǎi ; cài ;
shī ; shí ; shǐ ; shì ;
chī ; chí ; chǐ ; chì.

Paragraphe 2 :
hǎo-bù hǎo ? d'accord ? –

Paragraphe 3 :
yǐqián avant – *yǐhòu* après – *xiànzài* maintenant – *le* (suffixe) – *tā hěn hǎo* il est très bien – *wǒ kàn wǒde péngyou* je vois mon ami – *wǒ kàn-le wǒde péngyou* j'ai vu mon ami – *yǐqián* avant – *huì* probablement – *yào* sur le point de –

Paragraphe 4 :
kuài le sur le point de – *kuàiyào le* sur le point de – *kuàiyào chī-fàn le !* on va bientôt manger ! – *míngbai-bù-míngbai ?* est-ce que tu comprends ? – *qù-bú-qù ?* est-ce qu'on y va ? – *lěng-bú-lěng ?* est-ce qu'il fait froid ? –

Paragraphe 5 :
shi . . . de (formule d'insistance) – *wǒ shi xué fǎyǔ de* moi, j'étudie le français – *nǐ shi xué shénme de ?* qu'est-ce que tu étudies ? – *tā shi zuótiān lái de* c'est hier qu'il est arrivé – *wǒ shi bù néng qù de* je ne peux pas y aller –

Paragraphe 6 :
cái ne . . . que – *tā zuótiān cái lái ne !* il n'est arrivé qu'hier seulement ! – *wǒ shi zuótiān cái gàosu tā de !* je ne l'ai prévenu qu'hier ! – *wǒ lǐbài-tiān cái néng qù* je ne pourrai y aller que dimanche – *tā xiàge-yuè cái néng dào* il n'arrivera que le mois prochain –

Paragraphe 7 :
yòng au moyen de, avec – *gēn* en compagnie de, avec – *zài* à, en – *tā gēn wǒ qù* il y va avec moi – *nǐ gēn shéi qù ?* avec qui y vas-tu ? – *tā yòng kuàizi chī-fàn* il mange avec des baguettes – *wǒ yòng máobǐ xiě hànzì* j'écris les idéogrammes chinois avec un pinceau – *tā zài Fǎguó xué fǎyǔ* il étudie le français en France – *wǒmen zài fànguǎnr chī-fàn* nous mangeons au restaurant – *tāmen zài zhèr zuò shénme ?* que font-ils ici ?

Paragraphe 8 :
qù aller – *lù* route –

Paragraphe 9 :
dào à vers – *tā dào nàr qù* il va là-bas – *nǐ dào nàr qù ?* où vas-tu ? – *dào* à, vers, arriver – *tā dào-le-ma ?* est-ce qu'il est arrivé ? –

Paragraphe 10 :
de (particule introduisant le complément de manière) – *tā xiě de hěn hǎo* il écrit très bien – *tā-de péngyou* son ami, ses amis –

Paragraphe 11 :
wǒ shi gāng lái de je viens d'arriver – *zàijiàn ! zàijiàn !*

au revoir ! au revoir ! – *méi guānxi !* ça ne fait rien ! – *hǎo-jíle !* c'est parfait ! – *wǒ wàng-le !* j'ai oublié ! – *zhēn-de ma ?* est-ce bien vrai ? –

Paragraphe 13 :
tā zuótiān cái lái c'est hier seulement qu'il est arrivé – *tā shi zuótiān cái lái de* c'est seulement hier qu'il est arrivé – *tā zài Zhōngguó yǒu hěn-duō péngyou* il a beaucoup d'amis en Chine – *kuài liù-diǎn-bàn le !* il va bientôt être six heures et demie ! – *tā shuō de tài kuài* il parle trop vite – *méi guānxi ! wǒ lǐbài-tiān yě kěyǐ !* ça ne fait rien ! dimanche, je peux aussi ! – *nǐ néng-bù-néng gàosu wǒ ?* est-ce que tu peux me le dire ? – *wèishénme nàme guì ?* pourquoi est-ce si cher ? – *yīnwèi hěn piàoliang !* parce que c'est très joli ! –

* * *

LEÇON 35

dì sān-shí-wǔ kè leçon 35

Paragraphe 1 :
mǎi acheter – *mài* vendre –
māi ; mái ; mǎi ; mài ;
fān ; fán ; fǎn ; fàn ;
chī ; chí ; chǐ ; chì ;
shī ; shí ; shǐ ; shì ;
sī ; sí ; sǐ ; sì.
shi ;
si.

Paragraphe 2 :
tā xué de hěn kuài il apprend très vite – *tā shuō de bù hǎo* elle ne parle pas bien – *tāde zì xiě de hěn piàoliang* ses idéogrammes,ils sont jolis (elle les écrit très joliment)

Paragraphe 3 :
tīng-shuō entendu dire que — *juéde* trouver que — *yào* vouloir — *wǒ tīngshuō nǐ shi zhōngguó-rén* j'ai entendu dire que tu étais chinois — *wǒ juéde zhèige dìfang bú-cuò* je trouve que cet endroit n'est pas mal —

Paragraphe 4 :
dōu tous, tout — *shū hen guì* les livres sont chers — *shū dōu hěn guì* les livres sont tous très chers — *dōu* tous — *wǒ dǒng* je comprends — *wǒ dōu dǒng* je comprends tout — *dōu* tout —

Paragraphe 5 :
hěn bú-cuò vraiment pas mal — *nǐ shūo shénme ?* qu'est-ce que tu dis ? — *nǐ zìjǐ qù kàn ba !* va voir toi-même ! — *hái kěyǐ !* ça peut encore aller ! — *hěn yǒu-yìsi* c'est très intéressant, très amusant — *zàijiàn !* au revoir ! — *shi xīn kāi de* ça vient d'ouvrir —

Paragraphe 6 :
hǎo le ! hǎo le ! bon, allez ! ça va ! ça suffit ! — *zàijiàn ! zàijiàn !* allez ! au revoir ! — *zǒu ba ! zǒu ba !* allez ! partons ! allons-y —

Paragraphe 8 :
duìbuqǐ ! hǎoxiàng méiyǒu shuǐ ! désolé ! on dirait qu'il n'y a pas d'eau ! — *wǒ gāngcái yǐjīng shuō le !* je viens de le dire à l'instant déjà ! — *tā zuìjìn máng-bù-máng ?* est-ce qu'il est très occupé ces temps-ci ? — *shíjiān guò de hěn kuài !* le temps passe très vite ! — *zhèige dìfang hěn yǒu-yìsi !* cet endroit est très amusant ! — *tā míngtiān jiù kāishi !* il commence (dès) demain ! — *nǐde mèimei zěnmeyàng ?* comment va ta (petite) soeur ?

* * *

LEÇON 42

dì sì-shí-èr kè leçon 42

Paragraphe 1 :
nǐ xiànzài zuò shénme ? qu'est-ce que tu fais maintenant ? – *nǐ xiànzài zuò shénme ?* que fais-tu maintenant ? – *nǐ míngtiān zuò shénme ?* que fais-tu demain ? – *tā gěi nǐ xiě-le liǎng-fēng xìn* il t'a écrit deux lettres – *wǒ zài nàr yǒu hěn duō péngyoú* j'ai beaucoup d'amis là-bas –

Paragraphe 2 :
wǒ xiǎng zuìhǎo háishi nǐ qù ! je pense que le mieux serait que tu y ailles toi-même !

Paragraphe 3 :
Wáng lǎoshī le professeur Wang – *fàngjià de wèntí* le problème des vacances – *qù de rén* les gens qui y vont – *fàngjià de wèntí* le problème des vacances – *xué zhōngwén de péngyou* les amis qui apprennent le chinois –

Paragraphe 4 :
dào lǚguǎn qù ba ! allons à l'hôtel ! – *hǎo ba !* c'est d'accord ! – *nǐ qù ba !* vas-y ! – *tāmen dōu dǒng ba ?* *ils comprennent tout, non ?* (**ou** : ils comprennent tous, n'est-ce pas ?) – *nǐ lèi le ba !* tu es fatigué, n'est-ce pas ? –

Paragraphe 5 :
wǒ yǒudiǎnr lèi je suis un peu fatigué – *lèi* être fatigué – *è* avoir faim – *qīngchu* clair, intelligible – *wǎn* tard, en retard – *kěxī* dommage – *shì* être – *wǒ lèi* je suis fatigué – *tā hǎo* il est bien, il va bien – *wǒ kě* j'ai soif – *hěn kěxī* c'est vraiment dommage – *yě bú-cuò* c'est pas mal non plus !

Paragraphe 6 :
yǒudiǎnr un peu, être un peu, avoir un peu – *yǒudiǎnr lèi* être un peu fatigué – *yǒudiǎnr è* avoir un peu faim – *yí-xià* un peu – *děng yí-xià !* attens un instant !– *chī yìdiǎnr ba !* mange un morceau ! mange un peu !

Paragraphe 7 :
qǐng nǐ lái ! viens ! – *qǐng* prier quelqu'un de bien vouloir . . . – *qǐng tā lái ba !* qu'il vienne ! demandez-lui de venir ! – *qǐng nǐ shuō ba !* je te demande de parler ! parle ! – *qǐng nǐ dào zhèr lái chī-fàn !* viens donc manger ici ! je t'invite ! – *tā qǐng wǒ* il m'invite – *nǐ qǐng tāmen zuò ba !* invite-les à s'asseoir ! demande-leur de s'asseoir ! –

Paragraphe 8 :
yìsi sens, intérêt, signification – *yǒu yìsi* c'est intéressant, amusant – *hěn yǒu yìsi* c'est très intéressant, très amusant – *méiyǒu yìsi* ce n'est pas intéressant, pas amusant – *méi yìsi* pas intéressant, sans intérêt – *bù hěn yǒu yìsi* pas très intéressant – . . . *shi shénme yìsi ?* que signifie . . . . ? – . . . *de yìsi shi* . . . . signifie : . . . – *zhèi-ge zì de yìsi shi shénme ?* que signifie ce caractère ? – *zhèi-jù huà shi shénme yìsi ?* que veut dire cette phrase ? –

Paragraphe 9 :
nǐ kàn ! tu vois ! regarde ! – *wèntí hěn fùzá !* c'est un problème très complexe ! – *jiù shi tā !* voilà ! c'est lui ! c'est bien lui ! – *méi guānxi !* ça ne fait rien ! ce n'est pas grave ! – *nǐ yǒu-méiyǒu kòng ?* est-ce que tu as un moment de libre ? – *wánquán duì le !* c'est tout à fait exact ! – *kuài yìdiǎnr !* plus vite ! dépêche-toi ! dépêchez-vous ! –

Paragraphe 11 :
tā zài jiāli xiě-xìn il est chez lui en train d'écrire (une) lettre – *qǐng nǐmen zǎo-yìdiǎnr huílai !* je vous demande

de bien vouloir rentrer un peu plus tôt ! – *Wáng lǎoshī tóngyì- bù-tóngyì ?* est-ce que le professeur Wang sera d'accord ? – *shuō zhōngwén de rén duō-bù-duō ?* est-ce que les gens qui parlent chinois sont nombreux ? *xiě-xìn de rén shi shéi ?* qui est celui qui écrit ? – *shéi xiě-xìn ?* qui écrit une lettre ? – *nǐ zài zhèr zhǔyào shi zuò shénme ?* quelle est ta principale activité ici ? – *nǐ zài zhèli zhǔyào shi zuò shénme de ?* ici, que fais-tu principalement ? – *dǒng de rén bù duō* les gens qui comprennent ne sont pas(très) nombreux – *dǒng de rén bù hěn duō* il y a peu de gens qui comprennent – *tā shénme shíhou dào Fǎguó lái ?* quand viendra-t-il en France ? –

* * *

LEÇON 49

dì sì-shí-jiǔ kè leçon 49

Paragraphe 1 :
wǒde mon, ma, mes, mien, mienne, miens, miennes – *nǐde* ton, ta, tes, tien, tienne, tiens, tiennes – *tāde* sa, son, sien, sienne, siens, siennes – *wǒmende* nos, nôtre, notres, nôtres – *nǐmende* votre, vôtre, votres, vôtres – *tāmende* leur, leurs – *wǒ bàba* mon père – *wǒ àiren* mon mari, ma femme –

Paragraphe 2 :
tā shi shéi ? qui est-ce ? – *wǒ míngtiān yǒu shìr* je suis pris demain / demain je ne suis pas libre – *wǒ míngtiān méiyǒu kòng* demain je ne suis pas libre

Paragraphe 3 :
zài se trouver (quelque part) – *zài* à nouveau / et puis ensuite – *wǒ zài zhèr* je suis ici – *mǎi* acheter – *mài* vendre – *jī* poule, coq – *jì* noter – *jǐ* combien (de...)?– *xiàng* comme – *xiāng* parfumé – *xiǎng* penser / avoir

envie de – *shù nián* plusieurs années – *shǔ nián* l'année du Rat –

Paragraphe 4 :
zhè ce, cet, cette, celui-ci, ces – *nà* ce, cet, cette, celui-là, ces – *zhèi* ce, celui-ci, ceux ci [**autre prononciation**] – *nèi* ce, celui-là, ceux-là [**autre prononciation**]– *nèi-ge rén hěn hǎo* cette personne (–là) est très gentille – *nèi tiān wǒ bù shūfu* ce jour-là, je n'étais pas très en forme – *wǒ nèi-běn shū* ce livre-là , à moi – *nǐ zhèi-ge péngyou yǒudiǎnr tèbié* cet ami-là (à toi) est un peu bizarre

Paragraphe 5 :
bìng le malade, être malade – *bù shūfu* ne pas être en forme –

Paragraphe 6 :
xiǎng avoir envie de /avoir l'intention de / penser que
yào vouloir
huì savoir / pouvoir
néng pouvoir
kěyǐ pouvoir
yīnggāi devoir / falloir
děi falloir / devoir
xiǎng avoir envie de / penser que / avoir l'intention de
hěn xiǎng avoir très envie de
wǒ hěn xiǎng dào Zhōngguō qù j'ai très envie d'aller en Chine
yào vouloir / falloir
wǒ yě yào qù cānguān ! moi aussi je veux (participer) à la visite !
yào bàn-ge xiǎoshí ! il faudra une demi-heure ! il faut une demi-heure !
huì pouvoir / savoir
wǒ bú huì kāi-chē je ne sais pas conduire
zhīdao savoir / avoir connaissance d'une information / connaître / être informé de

wǒ bù zhīdao tāde dìzhǐ je ne connais pas son adresse
tā huì shuō zhōngguó-huà il sait parler chinois
huì probable que / possible que / vraisemblablement
tā míngtiān bú huì lái il ne viendra sans doute pas demain
tā chūqule, bú huì zài jiāli il est sorti ; ça m'étonnerait qu'il soit chez lui (il ne saurait être à la maison)
néng pouvoir
wǒ yě néng qù moi aussi, je peux y aller !
néng pouvoir
nǐ néng-bù-néng lái ? est-ce que tu peux venir ?
kěyǐ pouvoir
wǒ bù kěyǐ huán-gěi nǐ je ne peux pas te le rendre
děi devoir / falloir
yīnggāi devoir / falloir
děi zǒu le ! il faut partir ! il faut s'en aller !
yīnggài huán-gěi tā ! tu devrais le lui rendre ! il faut lui rendre (ça) !

Paragraphe 7 :
wǒ zuótiān qù le j'y suis allé hier — *tā míngtiān kāishǐ* il commence demain — *tā xīngqi-sān kāishǐ* il commence mercredi — *jīntiān xīngqi-sì* aujourd'hui c'est jeudi — *jīntiān shi xīngqi-sì* aujourd'hui nous sommes jeudi —

Paragraphe 8 :
zǐ ; cì ; sī ;
zhī ; chī ; shì ;
rì ;
zài ; cài ; sài ;
zhōu ; chōu ; shōu ;
ròu ;
luàn ; guǎn ; huàn ; wǎn ;
miàn ; diàn ; tián ; liàn ;
shǔ ; zhǔ ; lù ; hù ; tǔ.

Paragraphe 9 :
shì ba ? n'est-ce pas ? — *méi guānxi !* ça ne fait rien ! —

méi shénme ! ce n'est rien, ce n'est pas grave ! – *shéi ya ?* qui est-ce ? qui va là ? – *tā zènme le ?* comment va-t-il ? que lui est-il arrivé ? – *suàn le !* laissons cela ! ça ne fait rien ! laissons tomber ! – *shénme yìsi ?* qu'est-ce que ça veut dire ? –

Paragraphe 11 :
fānyì traduction
nǐ zhōngguó-huà shuō de hěn hǎo tu parles très bien chinois
nǐ hànyǔ shuō de hěn hǎo tu parles très bien chinois
nǐ zhōngwén shuō de hěn hǎo tu parles très bien chinois
yígòng duōshǎo qián ? combien ça coûte, en tout ?
wǒ děng-le bàn-tian j'ai attendu très longtemps (une demi-journée)
wǒ děng-le hěn-jiǔ j'ai attendu très lontgemps
wǒ děng-le hěn cháng shíjiān j'ai attendu un long moment
wǒ zuótiān jiàn-guo tā hier, je l'ai rencontré (je l'ai vu hier)
zhèi-ge xíguàn bù hǎo c'est une mauvaise habitude
xiànzài jǐdiǎn le ? quelle heure est-il maintenant ?
xiànzài jǐ-diǎn zhōng ? quelle heure est-il ?
jīntiān xīngqi-jǐ ? quel jour (de la semaine) sommes-nous aujourd'hui ?
jīntiān shì jǐ-hào ? quel jour (du mois) sommes-nous aujourd'hui ?

* * *

APPENDICE – II

INDEX GENERAL

Vous trouverez ci-dessous la liste de tous les mots introduits dans le premier tome du **chinois sans peine**. Ils sont classés alphabétiquement, en respectant les conventions du PINYIN. Ainsi, le C est placé **avant** le CH. C'est pourquoi l'on trouvera les mots prononcés *ci* avant ceux prononcés *chi*. Lorsque deux mots sont transcrits de la même façon, on se basera pour les retrouver sur le **ton**. Cet index privilégie le découpage syllabe par syllabe (caractère par caractère) et non pas le classement alphabétique global du mot entier. Ainsi, *bǐjiào* sera placé avant *biǎo*, car *bǐjiào* est composé de deux syllabes, et la première, *bǐ*, se doit de précéder *biǎo* dans un classement qui tient compte de la nature **idéographique de la langue** chinoise.
(les numéros indiquent les leçons où le mot a été introduit, ou expliqué plus en détail).

* * *

PINYIN	IDEOGRAMMES	TRADUCTION	LEÇONS Nº
A			
ā	啊	ah ! oh !	23,32
āya	啊呀	oh la la ! aïe !	36,37
àiren	爱人	conjoint, femme, mari	9,30
ān	安	paix	25
ānjìng	安静	calme, paisible, tranquille	9
B			
bā	八	huit	8
Bālí	巴黎	Paris	24
ba	吧	(particule) n'est-ce pas ?	12,24
bǎihuò-shāngdiàn	百货商店	grand magasin	24
bān	班	(spécificatif)	48
bàn	办	faire	12

bàn	半	demi, et demie	16
bàn-ge xiǎoshí	半个小时	une demi-heure	25
bàn jīn	半斤	une demi-livre	44
bāo jiǎozi	包饺子	faire des raviolis chinois	39
bào	报	journal	3
běidà	北大	Université de Pékin	27
Běijīng	北京	Pékin	33
Běijīng-huà	北京话	dialecte pékinois	33
běn	本	(spécificatif)	45
bǐ	笔	crayon, stylo	3
bǐfāng shuō	比方说	par exemple	37,47
bǐjiào	比较	relativement, plutôt	33
biànfàn	便饭	repas simple, à la bonne franquette	39
biǎo	表	montre	48
biéde	别的	autre, les autres	44
bìng-haǒ le	病好了	être guéri	45

bìng le	病了	être malade	18,45
bù	不	non, ne pas.	1
bú-cuò	不错	pas mal	29,43
bú jiàndé	不见得	pas sûr	38
bú shì . . . ma ?	不是…吗？	n'est-ce pas . . . ?	23
bù shūfu	不舒服	pas en forme	45
bú yòng	不用	pas la peine de	39
bù zhǐ	不止	pas uniquement	37
bù zhǐ le ba !	不止了吧!	pas seulement ! pas uniquement, bien plus que ça !	37

C

cái	才	uniquement, seulement.	23,28,43
cài	菜	plats, mets, légumes.	2
cānguān	参观	visiter	40
cì	次	fois	19,32

CH

chá	茶	thé	30
cháng	长	long	25
chē	车	voiture, bus	15,25
Chén	陈	CHEN (non de famille)	27
chéng	城	ville	24
chénglì	成立	fonder	40
chī	吃	manger	18
chī-fàn	吃饭	manger	8,19
Chóngqìng	重庆	Tchongking	32
chōu	抽	fumer	23
chōu-yān	抽烟	fumer (une cigarette)	23
chū-le shìr	出了事儿	il est arrivé quelque chose	19
chūqu	出去	sortir	10
chūn	春	Printemps (prénom)	45

D

dǎ-diànhuà	打电话	donner un coup de téléphone	39
dà	大	grand	12
dàgài	大概	vraisemblablement	25
dàjiā	大家	tout le monde, tous	25,33,37
dǎ-pái	打牌	jouer aux cartes, au mahjong	31
dǎ qiáo-pái	打桥牌	jouer au bridge	31
dǎsuàn	打算	compter, avoir l'intention de	32,43
dǎting	打听	se renseigner	19,29
dāi	待	rester	17
dài	带	mener, conduire à	38
dàibiǎo	代表	représenter	47
dàifu	大夫	docteur	38
dānwèi	单位	rattachement professionnel, organisme, unité de travail	40
dāng (lǎoshī)	当（老师）	être (professeur)	27
dāngrán	当然	bien sûr	11,13,27,30

dòngwu.	动物	animal	47
dōu	都	tout, tous	24,25,33
duì	对	exact, juste, oui	9,22
duì	对	envers, à	38
duìbuqǐ.	对不起	désolé.	5,19
duì . . . hěn shúxī	对…很熟悉	connaître bien	38
duì le !	对了 ！	c'est vrai ! exact !	32
duō	多	nombreux	16
duō-cháng ?	多长	de quelle longueur ?	25
duō-cháng shíjiān ? . . .	多长时间？	combien de temps ?.	25
duō-dà le ?	多大了？	quel âge ?	20,34
duō-jiǔ ?	多久？	combien de temps ?.	43
duōshǎo ?	多少？	combien ?	44
duōshǎo qián ?	多少钱？	combien ça coûte ?	44

E

è.	饿	avoir faim	1

érzi	儿子	fils, garçon	43
èr	二	deux	2

F

Fǎguó	法国	France	27
fǎguó-rén	法国人	français	27
fǎwén	法文	langue française	27
fānyì	翻译	traduire, interprète, traducteur	13
fǎnzhèng	反正	de toutes façons, n'importe comment	25
fàn	饭	riz, nourriture	2
fànguǎnr	饭馆儿	restaurant	24
fāngbian	方便	pratique, commode	33
fāngyán	方言	dialecte	37
fángzi	房子	maison	9
fàngjià	放假	partir en vacances	36
fēicháng	非常	extrêmement	38

fēn . . . . 分 centime. 44
fēn . . . . 分 minute 48
fènr . . . . 份儿 (spécificatif) 41
fēng. . . . . 封 (spécificatif) 36
fùqin . . . . 父亲 père. 27
fùxí. . . . . 复习 réviser 34
fùzá. . . . . 复杂 complexe, compliqué. 37
fùzé. . . . . 负责 avoir la responsabilité de 40

G

gāi. . . . . 该 devoir. 31
gǎnmào . . . . 感冒 avoir la grippe 45
gāng. . . . . 刚 venir de (passé proche) 22
gāngcái . . . . 刚才 venir de (passé proche) 29
gāoxìng. . . . . 高兴 content, heureux, joyeux 38
gǎo . . . . 搞 faire. 40

gàosu	告诉	prévenir, avertir	18,25
gēge	哥哥	frère aîné	11,43
gè-zhǒng gè-yàng de	各种各样的	toutes sortes de	24
ge	个	(spécificatif)	11,12
gěi	给	à, pour	36
gēn	跟	avec	26
gēn . . . yìqǐ	跟…一起	avec . . .(ensemble)	24
gōngchǎng	工厂	usine	32,40
gōnggòng-qìchē	公共汽车	autobus	25
gōngyuán	公园	jardin public	17
gōngzuò	工作	travail, travailler	40
gǒu	狗	chien	47
gòu	够	assez, suffisant, suffisamment	16
guài-bù-dé	怪不得	pas étonnant que	27
guān	关	fermer	44
guān ménr	关门儿	c'est fermé, on ferme	44

hànyǔ	汉语	la langue chinoise	13
hànzì	汉字	les idéogrammes chinois	33
hǎo	好	bon, bien, gentil	1
hǎo-chī	好吃	délicieux, bon à manger	44
hǎo-jíle	好极了	excellent, parfait	22
hǎojiǔ	好久	cela fait longtemps que	39
hǎojiǔ bú jiàn le	好久不见了	cela fait longtemps qu'on ne s'est pas vus	39
hǎo le !	好了！	allez, ça va, ça suffit !	31
hǎoxiàng	好象	on dirait que	17,29,43
hē	喝	boire	30
hé	和	et, avec	33
hěn	很	très	9
hěn duō	很多	très nombreux, beaucoup de	16,24
hěn jiǔ	很久	très longtemps	45
hěn xūyào	很需要	avoir très besoin de	45
hěn yǒu yìsi	很有意思	très amusant, très intéressant	22

hóng	红	rouge	26
hóng chá	红茶	thé noir.	30
hóuzi	猴子	singe	47
hòutiān	后天	après-demain.	30
huā	花	dépenser	33
huà	话	langue, langage	33
huàbào	画报	revue illustrée	5
huàjù	话剧	théatre moderne (non chanté)	41
huàxué	化学	chimie	22
huānyíng	欢迎	bienvenue	22
huán	还	rendre	45
huán-gěi	还给	rendre à	45
huàn	换	changer de	25
huí-jiā	回家	rentrer chez soi, rentrer à la maison	15
huí-lai	回来	revenir, rentrer	18,30,43
huì	会	probable que (29) — savoir.	13,15,23,27

huǒchē . . . . 火车 train, chemin de fer 16

J

jī . . . . 鸡 coq, poule 47

jīchǎng . . . . 机场 aéroport 38

. . .jíle. . . . . …极了 extrêmement 22,39

jǐ . . . . 几 quelques 18

jǐ-diǎn ?. . . . . 几点? à quelle heure ? quelle heure ? 16

jǐ-diǎn le . . . . 几点了? quelle heure est-il ? 48

jǐ-ge . . . . 几个? combien de . . . ? 11

jǐ-hào . . . . 几号? quel numéro ? quel jour sommes-nous ? 48

jǐ-suì le ? . . . . 几岁了? quel âge ? 20,34

jiā . . . . 家 maison, logis, famille 15

jiāli . . . . 家里 à la maison, chez 17,36

jiàn . . . . 见 voir, rencontrer 14

jiǎng . . . . 讲 parler, discuter, raconter 37

jiǔ	久	longtemps	38
jiù	就	–justement (26) – dès (26,33) – alors (12) – eh bien	25,29
jiù shì !	就是！	absolument ! en effet !	31
jù	句	phrase (spécificatif)	37
juéde	觉得	trouver que	32
juédìng le	决定了	fixer, décider	26

K

kāi	开	ouvrir	29,32
kāi-chē	开车	conduire (une voiture)	15
kāishǐ	开始	commencer	33
kāi yǎn le	开演了	la séance a commencé, la représentation a commencé	41
kàn	看	voir, lire	23
kàn bìng	看病	aller consulter le médecin	18
kàn-kan	看看	regarder, jeter un coup d'oeil sur	24
kě	可	mais	23,26

kě	可	mais alors	27
kě	渴	avoir soif	30
kěnéng	可能	possible, probablement	19,26,29
kěshì	可是	mais.	16
kěxī	可惜	dommage.	41
kěyǐ	可以	possible, pouvoir	24,30
kěndìng	肯定	sûrement, certainement	27,43
kòng	空	moment libre	39
kuài	块	francs (unité monétaire)	16,44
kuài	快	—rapide, vite, rapidement	30,41
		—bientôt	22,31
		—se dépêcher de	16
kuài dào	快到	approcher de.	37
kuàiyào. . . le	快要…了	(futur proche)	26
kuàizi	筷子	baguettes.	23
kùzi	裤子	pantalon	3

L

la	啦	(exclamation de fin de phrase)	38
lái	来	venir, allez ! arriver, prendre	19,38,44
lái wǎn le	来晚了	arriver en retard	19
lǎo	老	vieux	6,26
lǎobǎn	老板	patron	36
lǎohǔ	老虎	tigre	47
Lǎo Shě	老舍	LAO SHE	41
lǎoshī	老师	professeur	18,27
lǎoshǔ	老鼠	rat, souris	47
le	了	particule modale, suffixe verbal	16,19
lèi	累	fatigué	1 a
Lǐ	李	LI (nom de famille)	6
lǐbài-tiān	礼拜天	dimanche	24
lìshǐ	历史	l'histoire	22
liǎr	俩儿	deux (personnes)	26

liǎng-ge	两个	deux	20
líng	零	zéro	38
lìng	另	autre, autres	36
liù	六	six.	6
liù-diǎn-bàn	六点半	six heures et demie	16
lěng	冷	froid, faire froid, avoir froid	10
lóng	龙	dragon	47
lù	路	route, chemin	19,24
lùyīnjī	录音机	magnétophone.	33
lǚguǎn	旅馆	hôtel	29,38

M

māma	妈妈	mère, maman	36
máfan	麻烦	importuner, déranger	39
mǎ	马	cheval.	47
Mǎ lǎoshī	马老师	le professeur MA	18

ma	吗	est-ce que . . . ?	1
mǎi	买	acheter	3
mǎi-bù-qǐ	买不起	ne pas pouvoir acheter	48
mǎi dōngxi	买东西	aller faire les courses, aller faire le marché	32,44
mǎimài	买卖	commerce, affaires	32
mǎnyì	满意	content, satisfait	43
màn	慢	en avance, lent.	38,48
máng	忙	occupé	30
máo	毛	dix centimes	44
méi	没	(négation du passé)	30
méi guānxi	没关系	ça ne fait rien	24,38
méiyǒu	没有	ne pas avoir	5
méiyǒu lái	没有来	ne pas être venu, pas arrivé.	19
méiyǒu shìr	没有事儿	n'avoir rien de spécial à faire, être libre	39
méiyǒu yìsi	没有意思	pas intéressant	17,22
mèimei	妹妹	soeur cadette	11

mén	门	porte	25,44
ménr	门儿	porte	44
men	们	(suffixe des pronoms personnels pluriels)	11
měngwén	蒙文	mongol, langue mongole	37
miàn	面	nouilles	8
miànbāo	面包	pain	2
míngbai	明白	comprendre	28
míngnián	明年	l'année prochaine	32,43
míngtiān	明天	demain	15,30,39

N

nǎ ?	哪	quel ?	47
nǎr ?	哪儿？	où ?	10,24,27
nà	那	mais alors	3
nà jiù	那就	eh bien alors	29,30
nàme	那么	– eh bien – si. . . (+ adjectif)	27,27,31

nàr	那儿	là-bas	24,27
nán	难	difficile	33
nán-de	男的	masculin, garçon	20
nán háizi	男孩子	garçon,fils	20
nán	南	sud	24
Nánjīng Lù	南京路	Nankin road	24
ne	呢	— mais alors — (action progressive)	13,27,31
něi	哪	quel ?	40
něi-ge	哪个?	lequel ? quel ?	40
nèiměng	内蒙	Mongolie Intérieure	37
néng	能	pouvoir	37
nǐ	你	— tu, toi — ta,ton	1,11
nǐmen	你们	vous	24
nián	年	année	38
niánsuì	年岁	âge	47
ng	嗯	hm ! Oui ! en effet !	48

nín	您	vous.	18,39,44
niú	牛	boeuf, vache	47
nǚ-de	女的	féminin, fille	20
nǚ-háizi	女孩子	fille	20
O			
ò	哦	oh !	4,27
ó ?	哦？	oh ? sans blague !	18,30
P			
pà	怕	craindre, avoir peur de	19
pái	排	rang, rangée	41
pàng	胖	gras, gros, grassouillet.	43
péngyou	朋友	ami, amie.	11
piào	票	billet, ticket	16
piàoliang	漂亮	joli, jolie	12
Q			
qī	七	sept	7

qí	骑	à dos de, en	15
qíguài	奇怪	bizarre, étrange	23
qìchē	汽车	voiture automobile	25
qián	钱	argent, monnaie	16
qīngchu	清楚	clair,clairement	18,20,27,41
qíngkuàng	情况	situation	38
qing	请	inviter à , prier de, demander de	25,38
qù	去	aller	8
qùshì	去世	décéder, mourir	41

R

ràng	让	faire que, demander de	45
rè	热	chaud	29
rèqíng	热情	chaud, chaleureux, sympathique	22
rén	人	gens, hommes, personnes	22
rénjia	人家	les gens, les autres, on	27
rénkǒu	人口	population	37

rènshi	认识	connaître	4,22
Rìběn	日本	Japon	43
rìwén	日文	la langue japonaise	43
rìzi	日子	les jours, le temps	30
róngyì	容易	facile	33
ròu	肉	viande	44
rúguǒ . . . jiù	如果…就…	si . . . alors	38

S

sān	三	trois	3
sì	四	quatre	4
Sìchuān	四川	Seutchouan, Sichuan	32
sījī	司机	chauffeur	38
sǐ-le	死了	mort	41
suàn le	算了	tant pis !	20
suì	岁	année, âge	20,30

SH

shāngdiàn	商店	magasin.	24
shàng	上	monter, aller, sur , dessus	21
shàng chē.	上车	monter dans le bus	21
shàngge-yuè	上个月	le mois dernier.	33
Shànghǎi	上海	Shanghaï	32
Shànghǎi-huà	上海话	dialecte shanghaïen	37
shé	蛇	serpent	47
shéi (ou : shuí)	谁	– qui ? – qui que ce soit	4,25
shénme ?	什么？	quoi ? quel ?	2,22,27
shénme shíhou ?	什么时候？	quand ?	18
shénme yìsi	什么意思？	que signifie . . . ?	40
shēng	生	né, naître.	47
shēngchǎn	生产	produire, production	40
shēnghuó	生活	vivre, vie	43
shēngrì	生日	anniversaire	30

shēngyi	生意	commerce, affaires	32
shěng	省	province	32
shí	十	dix	10,16
(de) shíhou	（的）时候	quand, lorsque	41
shíjiān	时间	temps	16,25,31,33
shízài	实在	véritablement, vraiment	45
shì	是	– être – oui, en effet	4,9,32,33
shì a !	是啊！	c'est vrai, en effet	31
shi . . . de	是…的。	(formule d'insistance)	22,36
shìr	事儿	choses, affaires	17,19
shōudào	收到	recevoir	43
shū	书	livre	3
shūbāo	书包	cartable, sac	12
shūdiàn	书店	librairie	5
shūfu	舒服	à l'aise, en forme	18,45
shúxī	熟悉	familier, connu	38

shǔ	属	appartenir	47
shuǐ	水	eau	29,30
shuō	说	dire, parler	13
shuō-huà	说话	parler	33
shuōmíngshū	说明书	programme, livret explicatif	41

T

tā	他	il,lui.	4
tā	她	elle	9,13
tāmen	他们	eux, ils	11
tài	太	trop	8
tán	谈	bavarder, parler, discuter	39
tāng	汤	soupe	2
tèbié	特别	particulièrement ; spécial.	44
tiān	天	jour	18
Tiān'ānmén	天安门	Porte de la Paix Céleste.	25

tīng	听	entendre, écouter	27
tīngshuō	听说	entendre dire que	33
tóngyì	同意	être d'accord	36
tóngzhì	同志	camarade	39
tùzi	兔子	lapin, lièvre	47

W

wàibiānr	外边儿	extérieur	45
wánquán	完全	absolument, entièrement	40
wǎn	晚	soir, tard	10,31,41
wǎn (le)	晚（了）	en retard	19
wǎnshàng	晚上	soir	29
Wáng	王	WANG (nom de famille)	6
wàng-le	忘了	oublié, oublier	20,25
wèishénme ?	为什么？	pourquoi ?	27,32
wèi !	喂！	allo !	39

X

xià-chē	下车	descendre de bus	25
xiàge-yuè	下个月	le mois prochain.	26,33
xiàwǔ	下午	après-midi	25
xià-yǔ	下雨	pleuvoir	17
xiān	先	tout d'abord	25,41
xiānsheng	先生	monsieur	36
xiànzài	现在	maintenant.	20,27,33
xiāngcháng	香肠	saucisson	44
Xiānggǎng	香港	Hong Kong.	43
xiǎng	想	—avoir envie de — penser que	8,12,16,27
xiǎng-bu-dào	想不到	qui aurait pu croire que	32
xiǎo	小	petit	12
xiǎoshí	小时	heure	25
xiě	写	écrire	13,16,33
xiěfǎr	写法儿	façon d'écrire	33
xiě-xìn	写信	écrire (une lettre)	36

xiě-zì	写字	écrire	33
xièxie	谢谢	merci ; non merci	23,30
xīn	新	nouveau, neuf, récemment	10,29
Xīnjiāpō	新加坡	Singapour	48
xīn kāi de	新开的	(qui)vient d'ouvrir	29
xìn	信	lettre	36
xīngqi	星期	semaine	48
xīngqi-èr	星期二	mardi	48
xīngqi-jǐ ?	星期几?	quel jour de la semaine ?	48
xīngqi-liù	星期六	samedi	48
xīngqi-rì	星期日	dimanche	48
xīngqi-sān	星期三	mercredi	48
xīngqi-sì	星期四	jeudi	48
xīngqi-tiān	星期天	dimanche	48
xīngqi-wǔ	星期五	vendredi	48
xīngqi-yī	星期一	lundi	48

xíng	行	ça va ! d'accord !	8
xínglǐ	行李	bagages, valise	16
xìng	姓	avoir pour nom de famille, se nommer	18
xìngkuī	幸亏	heureusement que.	9
xiūxi	休息	repos, se reposer, entr'acte	41
xūyào	需要	avoir besoin de	45
xué	学	étudier, études.	22,27
xuésheng	学生	élève, étudiant	27

Y

ya	呀	(exclamation)	4,26
yánjiū	研究	recherche.	40
yánjiūsuǒ	研究所	centre de recherches	40
yánsè	颜色	couleur	12
yǎn xì	演戏	jouer une pièce de théatre	41
yáng	羊	mouton.	47

yāo	一	un	39
yào	要	– vouloir – falloir – futur proche –	2,23,33,26
yě	也	également, aussi	3
yě bù	也不	non plus	3
yě méiyǒu	也没有	non plus	17
yī	一	un	1
yídìng	一定	certainement, sûrement	18,25
yí-ge	一个	un	12
yígòng	一共	en tout	44
yíxià	一下	un peu	17,29,38
yíyàng	一样	pareil, identique	33
yǐhòu	以后	après	25
yǐqián	以前	avant	22
yǐjīng	已经	déjà	27
yì	亿	centaine de millions	37
yìdiǎnr	一点儿	un peu	13,30,41

yìhuìr	一会儿	dans un instant	20
yìqǐ	一起	ensemble	24
yìsi	意思	intérêt, sens, signification	40
yīnwei	因为	parce que.	27,32
yīnggāi	应该	devoir, falloir	31,45
yīngwén	英文	langue anglaise.	38
yīngyǔ	英语	langue anglaise.	13
yòng	用	au moyen de ; utiliser.	23,28,33,47
yóu	由	pris en charge par	40
yóujú	邮局	bureau de poste	5
yǒu	有	avoir, posséder.	5
yǒudiǎnr	有点儿	être un peu (+ adjectif)	34,85
yǒu kòng	有空	être libre	39
yǒu rén	有人…	il y a des gens qui ...	31
yǒu shì	有事	avoir à faire, être occupé.	17
yǒu yìsi	有意思	être intéressant, amusant.	17,22,31

yǔ	雨	pluie	17
yuánliàng	原谅	excuser, pardonner	38
yuǎn	远	loin, éloigné	38

Z

zài	在	se trouver à, être (+lieu)	6,11,27
zài	在	être vivant	41
zài	再	– à nouveau – ensuite	25,45
zài-bú-zài	在不在？	est-il là ?	6
zàijiàn	再见	au revoir	25,28,31
zàngwén	藏文	langue tibétaine	37
zǎo	早	tôt	36
zǎo yìdiǎnr	早一点儿	un peu plus tôt	36
zěnme. . . ?	怎么…？	comment . . . ?	12,25,27
zěnme bàn ?	怎么办？	comment faire ?	12
zěnme le ?	怎么了？	qu'a-t-il ? que se passe-t-il ?	36,45
zěnmeyàng ?	怎么样？	que fait-il ? comment va-t-il ?	30,33

zì	字	idéogramme, caractère	33
zìjǐ	自己	soi, soi-même	29
zìxíngchē	自行车	bicyclette	15
zǒu	走	s'en aller, partir, marcher.	1
zuì	最	le plus	30,36
zuì hǎo	最好	le mieux, le mieux serait que...	19,36
zuìjìn	最近	récemment, ces derniers temps	30
zuótiān	昨天	hier	26
zuò	作	faire.	13
zuò	坐	être assis, s'asseoir.	25
zuò sān zhàn	坐三站	faire (emprunter le bus pendant) trois stations	25
zuò mǎimai	做买卖	être dans les affaires, faire du commerce	32
zuò shēngyi	做生意	faire du commerce	32
zuòzhě	作者	auteur	41

ZH

zhàn	站	station, arrêt.	25

zhāng	张	ZHANG (nom de famille)	26
zhāng	张	(spécificatif)	41
zhàngfu	丈夫	mari	30
zhǎo	找	chercher ; rendre la monnaie.	39,44
zhè	这	ça	20
zhèli	这里	ici	16
zhème ge rén	这么个人	un type comme ça	26
zhèr	这儿	ici	5
zhèyàng	这样	comme ça, ainsi, de cette façon	33,36,41
zhèi-ge	这个	ce, cet, cette, ça	32
zhèi-ge rén	这个人	cette personne	22
zhèi-ge yuè	这个月	ce mois-ci	33
zhèi jǐ tiān	这几天	ces jours-ci	18
zhēn	真	vraiment (+adjectif)	23
zhēn-de	真的	vrai	20,26,27
zhèngzài	正在	être en train de	36

zhī	枝	(spécificatif)	23
zhīdào	知道	savoir	24,27,36
zhǐ	只	uniquement, seulement.	37,38
zhǐ	止	stopper	37
zhōng	钟	horloge, heure	48
Zhōngguó	中国	Chine	11
zhōngguó-rén	中国人	chinois ; les chinois	11
zhōngwén	中文	la langue chinoise	13
zhōngwǔ	中午	midi, à midi	39
zhǒng	种	sorte de, espèce de	24,47
zhū	猪	cochon, porc.	44
zhǔyào	主要	principalement	40
zhù	住	habiter	43
zhùzài	住在	habiter à	9
zhūanyè	专业	spécialité	22
zhǔn	准	à l'heure ; exact	48

APPENDICE – III

Quelques mots usuels que l'on reconnaîtra dans les rues, sur les murs, dans les moyens de transport, etc.

* * *

idéogrammes	phonétique	traduction
出口	chūkǒu	sortie
入口	rùkǒu	entrée
海关	hǎiguān	douane
银行	yínháng	banque
人民银行	Rénmín Yínháng	Banque Populaire
邮局	yóujū	bureau de poste
医院	yīyuàn	hôpital
公园	gōngyuǎn(r)	jardin public
博物馆	bówùguǎn	musée
办公室	bàngōngshì	bureau
报亭	bàotíng	kiosque à journaux
书店	shūdiàn	librairie
新华书店	Xīnhuá Shūdiàn	Librairie Xinhua ("Chine Nouvelle")
外文书店	Wàiwén Shūdiàn	Librairie des langues étrangères
信托商店	xìntuō shāngdiàn	magasin d'articles d'occasion

浴池	yùchí	bains-douche
厕所	cèsuǒ	W.C.
男	nán	hommes
女	nǚ	femmes
百货商店	bǎihuò-shāngdiàn	grand magasin
饭馆	fànguǎn	restaurant
电影院	diànyǐngyuàn	cinéma
剧院	jùyuàn	théâtre
飞机场	fēijīchǎng	aéroport
售票处	shòupiàochù	guichet (de vente des billets)
信筒	xìntǒng	boîte aux lettres
北京	Běijīng	Pékin
上海	Shànghǎi	Shanghaï
广州	Guǎngzhōu	Canton
香港	Xiānggǎng	Hong Kong
台湾	Táiwān	Taïwan

…大街	. . . dàjiē	avenue . . .
地址	dìzhǐ	adresse
姓名	xìngmíng	nom et prénom

茶	chá	thé
酒	jiǔ	vin, alcool
冰棍	bīnggùnr	glace, sucette glacée
糕点	gāodiǎn	gâteaux
包子	bāozi	petit pain farci de viande, cuit à la vapeur
饺子	jiǎozi	raviolis chinois

面	miàn	nouilles

元	yuán	yuan, unité monétaire
角	jiǎo	dizaine de centimes, dizaine de "fen"
分	fēn	centime, "fen"
斤	jīn	livre
公斤	gōngjīn	kilo

北京日报	Běijīng Rìbào	Quotidien de Pékin
人民日报	Rénmín Rìbào	Quotidien du Peuple

此路不通	cǐ lù bù tōng	voie sans issue
请勿吸烟	qǐng wù xīyān	interdit de fumer
止步	zhǐ bù	défense d'entrer
请走东门	qǐng zǒu dōng mén	prière de passer par la porte côté EST

* * *

APPENDICE – IV

LISTE DES CLES
et leur signification éventuelle

Parfois la clé a plusieurs formes, selon qu'elle intervient à gauche ou en haut, à droite ou en bas. Les diverses variantes sont alors données sous le même numéro.

* * *

No	Clé	Sens
1	一	horizontal
2	丨	vertical
3	丶	point
4	丿	courbe à gauche
5	乙	
6	亅	vertical crochet
7	二	deux
8	亠	

No	Clé	Sens
9	人 亻	homme
10	儿	fils
11	入	entrer
12	八	huit
13	冂	
14	冖	
15	冫	glace
16	几	quelques
17	凵	
18	刀 刂	couteau
19	力	force
20	勹	
21	匕	cuiller
22	匚	
23	匸	

Nº	Clé	Sens
24	十	dix
25	卜	divination
26	卩 㔾	
27	厂	usine
28	厶	
29	又	encore
30	口	bouche
31	囗	enceinte
32	土 扌	terre
33	士	lettré
34	夂	
35	夊	
36	夕	soir
37	大	grand
38	女	femme

Nº	Clé	Sens
39	子 子	fils
40	宀	toit
41	寸	pouce
42	小	petit
43	尢 兀	
44	尸	cadavre
45	屮	
46	山	montagne
47	巛 川	rivière
48	工	travail
49	己 已 巳	
50	巾	serviette
51	干	sec
52	幺	
53	广	vaste

Nº	Clé	Sens
54	廴	marche
55	廾	
56	弋	
57	弓	arc
58	彐 ⺕ 彐	
59	彡	
60	彳	pas
61	心 ⺗ 忄	coeur
62	戈	hallebarde
63	户	famille
64	手 扌	main
65	支	branche
66	攴 攵	
67	文	langue
68	斗	boisseau

Nº	Clé	Sens
69	斤	livre
70	方	carré
71	无 旡	ne pas
72	日	soleil
73	曰	dire
74	月	lune
75	木	bois
76	欠	manquer
77	止	arrêter
78	歹 歺	mauvais
79	殳	
80	毋 母	mère
81	比	comparer
82	毛	poil
83	氏	famille

No	Clé	Sens
84	气	gaz
85	水 氵 氺	eau
86	灬 火	feu
87	爫 爪	griffe
88	父	père
89	爻	
90	爿	
91	片	tranche
92	牙	dent
93	牛 牜	boeuf
94	犬 犭	chien
95	玄	
96	玉 王	jade
97	瓜	cucurbitacée
98	瓦	tuile

No	Clé	Sens
99	甘	doux
100	生	naître
101	用	utiliser
102	田	champ
103	疋	pièce d'étoffe
104	疒	maladie
105	癶	
106	白	blanc
107	皮	peau
108	皿	vaisselle
109	目	oeil
110	矛	lance
111	矢	flèche
112	石	pierre
113	示 礻	montrer, rites

No	Clé	Sens
114	禸	
115	禾	céréales
116	穴	caverne
117	立	debout
118	竹 ⺮	bambou
119	米	riz
120	糸 纟	soie
121	缶	
122	网	filet
123	羊	mouton
124	羽	plume
125	老 耂	vieux
126	而	alors
127	耒	charrue
128	耳	oreille

No	Clé	Sens
129	聿	pinceau
130	肉 月	viande
131	臣	ministre
132	自	soi-même
133	至	arriver
134	臼	mortier
135	舌	langue
136	舛	
137	舟	embarcation
138	艮	
139	色	couleur
140	艸 艹	herbe
141	虍	tigre
142	虫	insecte
143	血	sang

No	Clé	Sens
144	行	marcher
145	衣 衤	vêtements
146	西	ouest
147	見 见	voir
148	角	corne
149	言 讠	parole
150	谷	vallée
151	豆	haricot
152	豕	cochon
153	豸	animal
154	貝 贝	coquillage
155	赤	rouge
156	走 走	marche
157	足 ⻊	pied
158	身	corps

Nº	Clé	Sens
159	車 车	véhicule
160	辛	âcre
161	辰	
162	辶	marche
163	…阝	oreille (à droite)
164	酉	
165	釆	cueillir
166	里	hameau
167	金 金 钅	or, métal
168	長 长 镸	long
169	門 门	porte
170	阝…	oreille (à gauche)
171	隶	
172	隹	oiseau à queue courte
173	雨	pluie

No	Clé	Sens
174	青 专	vert, bleu
175	非	ne pas
176	面	visage, nouilles
177	革	cuir
178	韋 韦	
179	韭	ciboulette
180	音	son
181	頁 页	page
182	風 风	vent
183	飛 飞	voler
184	食 食 饣	nourriture
185	首	tête
186	香	parfum
187	馬 马	cheval
188	骨	os

No	Clé	Sens
189	高	haut
190	髟	
191	鬥	
192	鬯	
193	鬲	
194	鬼	démon
195	魚 鱼	poisson
196	鳥 鸟	oiseau
197	鹵	salpêtre
198	鹿	cerf
199	麥 麦	blé
200	麻	chanvre
201	黃	jaune
202	黍	millet
203	黑	noir

Nº	Clé	Sens
204	黹	
205	黽 黾	
206	鼎	tripode
207	鼓	tambour
208	鼠	rat
209	鼻	nez
210	齊 齐	ensemble
211	齒 齿	dent
212	龍 龙	dragon
213	龟	tortue
214	龠	flûte

La liste ci-dessus présente les 214 radicaux traditionnels, tels qu'ils ont été définis dans le dictionnaire compilé sous le règne de l'empereur KANGXI au XVII° siècle. Nous en avons donné les formes classiques et simplifiées.

* * *

APPENDICE – V

BREF RAPPEL GRAMMATICAL

- **LE VERBE**, en chinois, comme tous les autres mots, est invariable. Il n'a qu'une seule forme graphique et une seule prononciation. Pas d'inflexion pour indiquer le nombre ou la personne, pas de conjugaison, pas de temps.

* * *

- C'est au moyen de **suffixes** (了 *le* , 过 *guò* , . . .) qu'on indiquera le mode (accompli, non -accompli), et avec des **adverbes** que l'on indiquera le temps (passé, passé proche, forme progressive, futur, . . .)

* * *

- **LES ADVERBES** se placent toujours avant le verbe. Les **SUFFIXES VERBAUX** (comme 了 *le* et 过 *guo*) se placent toujours après le groupe verbal.

* * *

- Le verbe être, lorsqu'il s'agit de la copule introduisant un substantif, est 是 *shì* (prononcé dans ce cas au ton léger : *shi*).

这是书
zhèi shi shū "C'est un livre "

他是老师
tā shi lǎoshī "Il est enseignant"

* * *

● La **négation** des verbes et des verbes de qualité (ou adjectifs verbaux) est 不 *bù*. Seule exception : le verbe "avoir" 有 *(yǒu)*, dont la négation est 没有 *méiyǒu.*

* * *

● 没有 *méiyou* est également la forme qui permet d'exprimer la négation du passé, ou le "non-accompli" :

我没有去
wǒ méiyǒu qù Je n'y suis pas allé.

他没有吃饭
tā méiyǒu chī-fàn il n'a pas mangé.

不难
bù nán Ce n'est pas difficile.

我不懂
wǒ bù dǒng Je ne comprends pas.

* * *

● On n'utilise JAMAIS 是 *shi* devant un "verbe de qualité" (ou"adjectif verbal"). Les **verbes de qualité** suivent directement le sujet ; éventuellement précédés d'adverbes :

他很累
Tā hěn lèi Il (est) très fatigué.

我不舒服
wǒ bù shūfu Je ne (suis) pas très en forme.

书不太贵
shū bụ́ tài guì Les livres ne sont pas trop chers.

* * *

- Le sujet se place en général en tête de phrase, le **schéma de base** étant SUJET / VERBE / COMPLEMENT :

他吃米饭
tā chī mǐfàn il mange du riz

我不买书
wǒ bù mǎi shū Je n'achète pas de livres

* * *

- La **particule interrogative** "est-ce que ......?" 吗 *ma* se place toujours en fin de phrase :

你去吗？
nǐ qù ma ? Est-ce que tu y vas ?

他来过吗？
tā lái-guo ma ? Est-ce qu'il est déjà venu ?

好吃吗？
hǎo-chī ma ? Est-ce que c'est bon ?

* * *

- Pour formuler une question, il est possible également d'utiliser la **formule alternative**, en faisant suivre le verbe de sa négation :

你去不去？
nǐ qù-bú-qù Est-ce que tu y vas ?

他来不来？
tā lái-bù-lái ? Est-ce qu'il vient ?

好吃不好吃？
hǎochī-bù-hǎochī Est-ce que c'est bon ?

你们累不累？
nǐmen lèi-bú-lèi ? Est-ce que vous êtes fatigués ?

* * *

- Le **complément de manière** (ou complément de degré) est introduit par la particule 得 *de*, placée juste entre le verbe et l'expression du degré :

你写得很好
nǐ xiě de hěn hǎo Tu écris très bien

他说得太快
tā shuō de tài kuài Il parle trop vite

她吃得太多
tā chī de tài duō Elle mange trop

* * *

- Pour le **complément de manière**, si le verbe est suivi d'un complément d'objet, il faut alors **répéter le verbe** après le complément :

他开车开得太快
tā kāi-chē kāi de tài kuài Il conduit trop vite (sa voiture)

你吃饭吃得太快
nǐ chī-fàn chī de tài kuài Tu manges trop vite

他做中国饭做得很好
tā zuò zhōngguó-fàn zuò de hěn hǎo Il fait très bien la cuisine chinoise.

* * *

- Les groupes prépositionnels se placent toujours avant l'action :

我跟你去
wǒ gēn nǐ qù J'y vais avec toi

他在那儿作什么？
tā zài nàr zuò shénme ? Que fait-il là-bas ?

他们从哪儿来？
Tāmen cóng nǎr lái ? D'où viennent-ils ?

他用筷子吃饭
tā yòng kuàizi chī-fàn Il mange avec des baguettes

* * *

● Le **déterminant** se place toujours AVANT l'élément déterminé, la particule de détermination 的 *de* s'intercalant entre les deux :

昨天买的书
zuótiān mǎi de shǔ Les livres achetés hier (hier / achetés / de / livres)

今天的报
jīntiān de bào le journal d'aujourd'hui (aujourd'hui / **de** / journal)

这个人的名字
zhèi-ge rén de míngzì le nom de cette personne (cette / personne / **de** / nom)

* * *

● Le **cas possessif** s'exprime de la même façon, en intercalant, la plupart du temps, la particule de détermination 的 *de* entre les deux éléments :

我的书
wǒ-de shū mon livre

老师的书
lǎoshī de shū le livre du professeur

我爱人的书
wǒ-de àiren de shū le livre de mon épouse

中国人的习惯
zhōngguó-rén de xíguàn les habitudes des chinois

* * *

● Ne jamais oublier d'intercaler le **spécificatif** entre l'adjectif numéral cardinal ou le démonstratif, et le nom :

三个人
sān-ge rén trois personnes

三本书
sān-běn shū trois livres

这本书
zhèi-běn shù ce livre

这三本书
zhèi sān-běn shū ces trois livres

● Le spécificatif le plus courant est 个 *ge*, mais il en existe beaucoup d'autres.

● Exceptions : 年 *nián* ("année"), 天 *tiān* ("jour"), et les mots signifiant "fois", comme par exemple 次 *cì* :

三年
sān nián trois ans

两天
liǎng tiān deux jours

十次
shí cì dix fois

* * *

● *Le* **lieu** est toujours introduit par une préposition. Le lieu où l'on est, le lieu où se déroule l'action, avec 在 *zài* :

我在中国学汉语
wǒ zài Zhōngguó xué hànyǔ J'étudie le chinois en Chine

他在北京教历史
tā zài Běijīng jiāo lìshǐ Il enseigne l'histoire à Pékin

● La provenance par 从 *cóng*

他从日本来
tā cóng Rìběn lái il vient du Japon

你们从哪儿来？
nǐmen cóng nǎr lái ? d'où venez-vous ?

● La destination, avec 到 *dào*

我到巴黎去
wǒ dào Bālí qù je vais à Paris

我到市场去买东西
wǒ dào shìchǎng qù mǎi dōngxi je vais au marché, faire des courses

* * *

Ces quelques règles de base, expliquées plus en détail dans les notes des leçons, et dans les leçons de révision, doivent vous permettre de voir plus clair dans la structure de la phrase chinoise. Une dernière recommandation : respectez toujours le plus scrupuleusement possible **la place des mots** les uns par rapport aux autres. De cela dépend votre réussite !

* * *

APPENDICE – VI

"Pour ceux qui voudraient en savoir un peu plus"

PETITE BIBLIOGRAPHIE

Hàn-Fǎ Cídiǎn
Dictionnaire chinois-français PEKIN 1964

Dictionnaire français de la langue chinoise
Institut RICCI 1976

Dictionnaire français-chinois SHANGHAI 1978

Chinese-English Dictionnary SHANGHAI 1977

Xīnhuá Zìdiǎn
Dictionnaire de poche chinois-chinois PEKIN 1971
(8000 idéogrammes, classés par clés et par phonétique)

L'Ecriture chinoise (V. ALLETON)
Que sais-je n° 1374

Grammaire du chinois (V. ALLETON)
Que-sais-je n° 1519

Grammaire élémentaire du chinois (A. RYGALOFF)
P.U.F.

Mémento grammatical du chinois moderne, Pékin, 1984.
300 phrases de chinois parlé, Pékin, 1985.

Aubin Imprimeur
LIGUGÉ, POITIERS

Achevé d'imprimer en juin 2006
N° d'édition 2409 / N° d'impression P 70013
Dépôt légal, juin 2006
Imprimé en France

Reliure : BRUN à Malesherbes